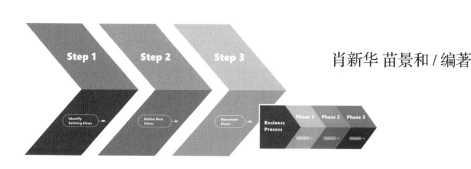

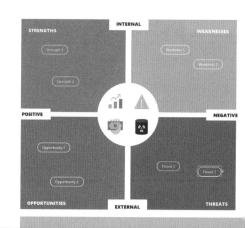

肖新华 苗景和 / 编著

MindManager

思维导图与信息可视化官方标准教程

U0369541

清华大学出版社

北京

内 容 简 介

MindManager 是一款不可多得的商务化思维导图软件。本书定位于初、中、高级 MindManager 读者。

通过本书的学习，初级读者能够创建导图文档，掌握常规方法绘制含有主题文本与图像、编号、图标的导图，绘制基本能用的导图；中级读者能初步使用任务窗格来进行快速操作与资源整合，全面掌握默认模板设置和使用空白模板来创建导图文档的方法，熟练管理导图文档及其属性；高级读者能够全面进行 MindManager 选项设置，熟练使用各种导图模板创建文档与自定义导图模板，全面掌握美化导图的方法，熟悉导图的发布共享、协同制作与审阅，从而游刃有余地使用 MindManager 来绘制规范、高质量的导图。

图书在版编目（CIP）数据

MindManager 思维导图与信息可视化官方标准教程 / 肖新华，苗景和编著 . —北京：清华大学出版社，2022.7
ISBN 978-7-302-61195-0

Ⅰ . ① M… Ⅱ . ①肖… ②苗… Ⅲ . ①思维方法－应用软件－教材 Ⅳ . ① B804-39

中国版本图书馆 CIP 数据核字 (2022) 第 117035 号

责任编辑：陈绿春
封面设计：潘国文
责任校对：胡伟民
责任印制：曹婉颖

出版发行：清华大学出版社
    网   址：http：//www.tup.com.cn，http：//www.wqbook.com
    地   址：北京清华大学学研大厦 A 座   邮   编：100084
    社 总 机：010-83470000   邮   购：010-62786544
    投稿与读者服务：010-62776969，c-service@tup.tsinghua.edu.cn
    质 量 反 馈：010-62772015，zhiliang@tup.tsinghua.edu.cn
印 装 者：三河市龙大印装有限公司
经   销：全国新华书店
开   本：210mm×260mm   印   张：17.75   字   数：625 千字
版   次：2022 年 9 月第 1 版   印   次：2022 年 9 月第 1 次印刷
定   价：99.00 元

产品编号：094723-01

序

Corel公司是最早进入图形图像领域的软件公司之一，也是世界顶级的软件公司之一。经过三十多年的发展，Corel公司的开发领域由原本单一的图形图像软件，逐渐延伸到更系统的软件解决方案，分别涉及矢量绘图与设计、数字自然绘画、数字影像、视频编辑、办公及文件管理、企业虚拟桌面、思维导图与可视化信息管理等七大领域。

信息时代，软件已经成为重要的生产力，好的软件能够化繁为简、化难为易，帮助各个行业提高工作效率，充分发挥劳动成果的价值，好的软件生产者应该以优化软件性能，提高生产力为己任。

在以上七个领域中，CorelDRAW和Painter分别是矢量绘图和自然绘画领域的标杆性产品，文件综合管理软件WinZip是世界上第一款基于图形界面的压缩工具软件，可视化管理和信息流控制软件MindManager是最早出现和应用范围最广的思维导图软件之一。

Corel软件在中国的应用领域广泛，随着软件版本的更新以及新的软件类型的加入，原有教材已经无法满足使用者和学习者的需求，社会上对新版教材的出版呼声较高。为响应社会各界用户的需求，适应新时代发展的特点，Corel中国近几年一直在精心筹备新版教材的编写和出版工作。

任何一款软件，让它真正"亮剑出鞘"，不仅要认识它的基础功能，更要了解它在行业中的应用技巧和具有行业属性的思维逻辑模型。Corel公司经过几十年的应用和发展，在各行各业积累了大量的优质用户，Corel专家委员会特地邀请了行业应用专家和业界高手来参与Corel官方标准教程的编写工作。他们不仅对软件本身有深入的了解，更具有多年的实践应用经验，读者在系统性地掌握软件功能的同时，更能获得宝贵的实践经验和应用心得，Corel系列软件可以为大家的工作和生活带来更大的价值。

本套教程作为Corel官方认证培训计划下的标准教程，将覆盖Corel公司的主要应用软件，包括CorelDRAW、Painter、会声会影、PaintShop Pro、MindManager等。

本套教程具备系统、全面、软件技能与行业应用相结合的特点，必将成为优秀的行业应用工具及教育培训工具，希望能为软件应用和教育培训提供必要的帮助，也感谢广大用户多年来对Corel公司的支持。

本套教程在策划和编写过程中，得到清华大学出版社的大力支持，在此深表谢意。

本套教程虽经几次修改，但由于编者能力所限，不足之处在所难免，敬请专家读者批评指正。

Corel公司中国区经理　张勇

▶ 前　言 ◀

语言和文字的发明，对人类发展的贡献无疑是巨大的。当初我们的祖先想去打大象时，就要画一头大象来告诉同伴今天捕猎的目标，大象画起来还是相对容易的，但怎么打、怎么分工、怎么配合，就需要语言辅助了。而要想把打大象的经验流传下来，那文字就要上场了。表达的内容越抽象，文字的撰写者和阅读者之间的理解误差就越大，而且因为个体阅历、经验、文化、性格的不同，对文字思想的理解也会千差万别。俗话说"一图胜千言"，将思想甚至思考的过程以图示化的形式还原出来就变得非常必要了。可视化的思维、沟通和协作，可以减少误解，加快理解，使工作更有效率，使团队配合更加顺畅。

在这里，我们把能够将信息（比如数据、文本、关系等）进行可视化呈现的工具称为"导图"。导图对我们的思维有引导和激发作用，能够帮助我们整理思路，发现事物之间的联系，促进信息的理解和传递，让我们更准确、高效地达成目标。

导图的适用群体非常广泛，也可以在学习、工作、商务等多方面提供帮助。通过整理知识要点关联，建立知识要点导图，用户可以提高学习效率；通过建立工作事项关联导图，管理者可以提高活动策划能力，促进团队协作。

要真正发挥导图的作用，一款好的导图工具软件是必不可少的。国外有专业团体专门做过一次调查，使用导图软件可以帮助用户大幅度提升工作效率，一个资深的导图软件使用者每周可以比普通人节省7个小时的时间。MindManager是一款不可多得的商务化思维导图软件，是从Buzan先生创造的思维导图体系来开发的，到如今它已经完全具备了自己的风格和特点：

（1）能将最初的概念转变成完整的计划。

（2）能将分散的信息从不同的平台聚合到一张导图上。

（3）通过为主题嵌入链接和文件，可方便快速地获取信息和资料。

（4）能更好地组织和分配任务，并跟踪任务进度。

（5）可直观便捷地管理相关文档，便于总结和知识传承。

（6）通过SmartRules可以让导图按照事先设置好的规则进行自动操作，帮助用户节省大量的时间和精力。

（7）通过与Microsoft Office的紧密协作可以大幅提升效率。

（8）通过内容捕获和共同编辑等功能使团队协作更加顺畅。

（9）提供"演练"模式，可摆脱以幻灯片为中心的演示方式，让演讲更加有吸引力。

如果您是一位MindManager初级读者，可以从了解MindManager导图分类、组成与绘制流程入手，通过"附表阅读建议"中的"初学者"对应内容，就能够创建导图文档，掌握常规方法绘制含有主题文本与图像、编号、图标的导图，进行主题内容的基本编辑，使用主题关系与边界，并使用基本视图，绘制基本能用的导图。

如果您想成为一位MindManager的中级读者，请继续阅读"附表阅读建议"中的"熟练者"对应内容，就能够进行必要的MindManager选项设置，并能初步使用任务窗格来进行快速操作与资源整合，全面掌握使用默认模板和空白模板来创建导图文档的方法，熟练管理导图文档及其属性，掌握通过复制与拆分快速创建主题，熟练使用链接、附件、任务、便笺、预警等附加信息，全面熟练使用主题关系与边界等对象信息和标识信息，熟练使用主题布局、主题格式、导图背景装饰、主题关系调整等美化导图方法，并使用各种视图来展现导图和将导图导出为各种格式文档来共享，从而能高效绘制规范、高质量的导图。

如果您想成为一位MindManager的高级读者，请继续阅读"附表阅读建议"中的"探索者"对应内容，就能够全面进行MindManager选项设置，熟练使用任务窗格进行快速操作与资源整合，熟练使用各种导图模板创建文档与自定义导图模板，熟悉导图文档保护方法，熟练使用插入导图（部件）、导入多种格式文档等高级技巧快速创建主题，全面掌握附加信息特别是表格和自定义信息，背景对象信息（形状、图像、图形与文本框），智能规则的使用，全面掌握美化导图的方法特别是导图样式的设置，各种视图的使用，熟悉导图的发布共享、协同制作与审阅，从而游刃有余地使用MindManager来绘制规范、高质量的导图，促进对导图内容的思考，从中体会MindManager的应用架构设计，体会各种软件间的交互共享，体会类似桌面办公软件的学习内容的相同性。

提醒：由于翻译瑕疵，部分界面使用了部分非规范的汉字与用语，例如图2-8，为了与读者界面保持一致，本书未做修改，特此说明。

本书的配套素材及阅读指导请用微信扫描下面的二维码进行下载，如果有技术性问题，请用微信扫描下面的技术支持二维码，联系相关人员进行解决。

如果在下载过程中碰到问题，请联系陈老师，联系邮箱：chenlch@tup.tsinghua.edu.cn。

配套素材   阅读指导   技术支持

编者

2022年7月

1　认识MindManager

1.1　MindManager思维导图·················1
　　1.1.1　导图类型·····················1
　　1.1.2　导图主题·····················7

1.1.3　导图绘制·····················8
1.2　启用MindManager················9
1.3　本章总结·······················13

2　创建与管理导图文档

2.1　新建导图文档···················14
2.2　管理导图文档···················17
　　2.2.1　打开导图文档···············17
　　2.2.2　保存、关闭导图文档与退出MindManager ······18
　　2.2.3　保护导图文档···············19

2.2.4　瘦身文档·····················20
2.2.5　通过任务窗格管理导图文档······21
2.3　查看导图文档属性···············23
2.4　本章总结·······················24

3　创建主题

3.1　主题分类·······················25
3.2　选取主题·······················26
　　3.2.1　主题选取标识···············27
　　3.2.2　单选主题···················27
　　3.2.3　连续多选···················28
　　3.2.4　任意多选···················31
　　3.2.5　全选·······················31
　　3.2.6　取消选取···················31
3.3　添加主题·······················31
　　3.3.1　通过常规方法添加主题·······31

3.3.2　通过复制导图文档添加主题······35
3.3.3　通过复制非导图文档添加主题·····40
3.3.4　通过主题拆分添加主题··········41
3.3.5　通过插入导图添加主题··········42
3.3.6　通过插入导图部件添加主题······43
3.3.7　通过导图汇总添加主题··········47
3.3.8　通过导入Excel数据添加主题·····49
3.4　删除主题·······················53
3.5　调整主题关系···················55
3.6　编辑主题内容···················57

3.6.1 编辑主题文本 ················ 58
3.6.2 编辑主题图像 ················ 58

3.6.3 设置主题内容格式 ············ 60
3.7 本章总结 ························60

4 附加信息

4.1 使用链接 ························62
4.1.1 添加链接 ···················· 63
4.1.2 识别链接 ···················· 68
4.1.3 管理链接 ···················· 68
4.1.4 链接选项 ···················· 74
4.2 使用附件 ························74
4.2.1 插入与识别附件 ·············· 75
4.2.2 管理附件 ···················· 76
4.3 使用便笺 ························79
4.4 设置预警信息 ····················83
4.5 设置任务信息 ····················85
4.5.1 认识任务信息 ················ 85
4.5.2 插入任务信息 ················ 86

4.5.3 修改与删除任务信息 ·········· 87
4.5.4 管理资源目录 ················ 89
4.5.5 设置日历任务选项 ············ 91
4.5.6 高效阅读任务信息导图 ········ 91
4.6 使用表格 ························92
4.6.1 插入电子表格为主题的附加信息 92
4.6.2 导入Excel范围为主题的附加信息 97
4.7 自定义信息 ······················98
4.7.1 认识自定义信息 ·············· 98
4.7.2 插入自定义信息 ·············· 99
4.7.3 管理自定义信息 ·············· 103
4.7.4 汇总计算 ···················· 105
4.8 本章总结 ·······················109

5 添加标识

5.1 设置编号 ·······················111
5.2 使用图标 ·······················113
5.2.1 认识图标 ··················· 113
5.2.2 在主题上使用图标 ··········· 114
5.2.3 添加可使用的图标 ··········· 119
5.2.4 编制图标图例和索引 ········· 122

5.3 使用标记 ·······················123
5.3.1 认识标记 ··················· 123
5.3.2 添加可使用的标记 ··········· 125
5.3.3 在主题上使用标记 ··········· 129
5.3.4 编制标记图例和索引 ········· 133
5.4 本章总结 ·······················134

6 插入对象

6.1 连接关系 ·······················138
6.2 标识边界 ·······················140
6.3 使用形状 ·······················142
6.4 使用图像 ·······················148
6.5 使用文本框 ·····················150
6.6 使用图形 ·······················153

6.7 使用对象群组 ···················156
6.8 使用智能规则 ···················159
6.8.1 添加智能规则 ··············· 159
6.8.2 编辑智能规则 ··············· 161
6.8.3 管理智能规则库 ············· 162
6.9 本章总结 ·······················162

7 美化导图

7.1 调整主题布局 ································· 165
  7.1.1 选用布局模式 ······················ 165
  7.1.2 配置主题连线 ······················ 168
  7.1.3 调整主题间距 ······················ 170
  7.1.4 设置主题对齐方式 ················ 171
7.2 设置主题格式 ································· 172
  7.2.1 设置主题内容格式 ················ 172
  7.2.2 设置主题形状大小 ················ 174

7.2.3 设置主题形状格式 ················ 176
7.2.4 复制与清除主题格式 ··········· 178
7.3 配置导图样式 ································· 181
  7.3.1 使用导图样式 ······················ 182
  7.3.2 自定义导图样式 ·················· 183
  7.3.3 设置默认导图样式 ················ 188
7.4 装饰导图背景 ································· 189
7.5 本章总结 ··· 191

8 按需展现

8.1 标准视图 ··· 194
8.2 辅助视图 ··· 195
8.3 标识视图 ··· 195
  8.3.1 图标视图 ····························· 195
  8.3.2 标记视图 ····························· 197
  8.3.3 链接导图视图 ······················ 198
8.4 任务视图 ··· 201
  8.4.1 计划视图 ····························· 202
  8.4.2 甘特图 ································· 203
8.5 演示视图 ··· 207

8.5.1 演练视图 ····························· 207
8.5.2 幻灯片视图 ·························· 209
8.6 自定义视图 ····································· 211
  8.6.1 过滤显隐主题 ······················ 211
  8.6.2 设置显隐主题信息 ················ 213
  8.6.3 折叠与展开主题 ·················· 215
  8.6.4 使用缩放与窗口显示导图 ····· 216
  8.6.5 状态栏设置 ·························· 220
8.7 本章总结 ··· 220

9 协同共享

9.1 应用导图模板 ································· 221
  9.1.1 认识预置模板 ······················ 223
  9.1.2 设置默认模板 ······················ 229
  9.1.3 创建模板 ····························· 229
  9.1.4 修改模板 ····························· 230
  9.1.5 模板对比 ····························· 231
9.2 导图分享 ··· 232
  9.2.1 共享发布 ····························· 232
  9.2.2 导出 ··································· 233
  9.2.3 打印 ··································· 238
9.3 协同制作 ··· 238
  9.3.1 共同编辑 ····························· 239

9.3.2 导入 ··································· 241
9.3.3 使用Snap ··························· 242
9.4 审阅导图 ··· 244
  9.4.1 拼写检查 ····························· 245
  9.4.2 注释 ··································· 246
  9.4.3 修订 ··································· 247
  9.4.4 更改 ··································· 248
9.5 使用Zapier进行共享 ····················· 249
9.6 与SharePoint协作 ························· 250
9.7 与MS-Office协作 ························· 251
  9.7.1 与Microsoft Word协作 ········· 253
  9.7.2 与Microsoft Excel协作 ········· 253

9.7.3 与Microsoft Project协作 ·················· 253   9.8 本章总结 ······························· 257

9.7.4 与Microsoft Outlook协作 ·············· 254

10 窗格选项与平板

10.1 任务窗格 ····························· 258   10.2.3 编辑操作 ·························· 263

10.2 选项设置 ····························· 259   10.2.4 文件保存 ·························· 265

    10.2.1 初始化 ···························· 260   10.2.5 信息内容 ·························· 267

    10.2.2 视觉效果 ························· 262   10.3 平板模式 ·························· 269

附表 阅读建议

1
认识 MindManager

MindManager是Corel公司的一款用于绘制思维导图的软件。在认识MindManager之前，先来了解一下MindManager所定义的思维导图。

1.1　MindManager思维导图

MindManager思维导图是借助图画结构，通过主题，辅以文本、图像和视觉等元素，把知识、思绪进行可视化呈现，以更好地实现"理解性记忆"和"结构化思考"的一种学习交流表达方式（图1-1），本书中更多地将"思维导图"简称为导图。

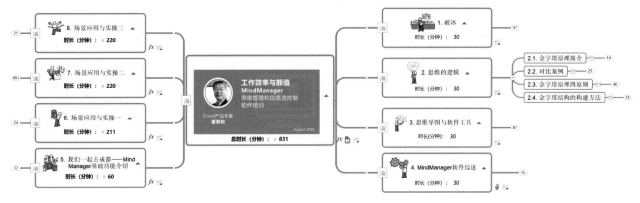

图1-1

MindManager思维导图以主题为核心，通过引用导图模板，可由多人通过多种方式，借助布局、格式、样式等美化途径来协同组织导图主题，再通过多种针对性过滤展现方式进行分享，用于解决问题、交流思想的价值（图1-2）。

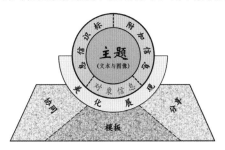

图1-2

1.1.1　导图类型

通常认知的思维导图称为经典导图，即由一个中心主题开始的树状导图。由于MindManager不仅能绘制经典导图，还能绘制一些其他图形，为了叙述方便，这些其他图形称为泛化导图。经典导图从布局划分为辐射状、右侧、树形导图和组织结构图，泛化导图从形状划分为时间线、流程图、概念图、维恩图、洋葱图、漏斗图、矩阵图与象限图、看板图、鱼骨图、表格图（图1-3）。

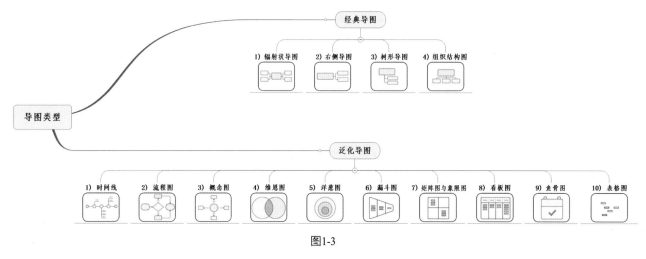

图1-3

1. 经典导图类型

1）辐射状导图

辐射状导图是思维导图的经典图形，它以一个主要想法或目标为中心，然后将子想法或子目标作为分支向四周发散。辐射状导图的结构关系是分层递进的，越重要的内容就越接近中心，后续每一层都是对上一层的支持和细化，这种结构可帮助你掌握事物的全貌，对复杂的问题进行拆解，并发现事物的内在联系，帮助你做出有效的决策。

2）右侧导图和树形导图

右侧和树形导图是辐射状导图的变种。当导图主要主题较少的时候，选用右侧导图；要梳理事物间的逻辑关系时，选用树形导图则更有帮助。

3）组织结构图

组织结构图不仅可用于绘制组织结构，也可用于经典导图在有限空间上的展现（纵横向调整）。

2. 泛化导图类型

1）时间线

时间线按时间顺序来组织内容，可以利用它来按日期填写任务，也可以在其他导图类型中加入任务信息，然后利用【视图】中的【计划】视图来创建。

2）流程图

流程图描述了执行流程所需步骤和决策序列，是一种用于分析、改进、记录和管理流程或程序的方法，由带箭头的连接线和各种符号组成。

> 📖 提示：在选用流程图类型后，为适应流程图绘制，部分主菜单也会发生变化，请参阅"9.1.1（8）流程图"。

3）概念图

概念图是由康奈尔大学教授Joseph D. Novak根据David Ausubel的意义学习理论研发的，对概念、知识和想法进行可视化组织和展现的图形工具。概念图主要包含节点、关键词、层次结构和交叉链接等元素，由节点和连线组成（图1-4）。

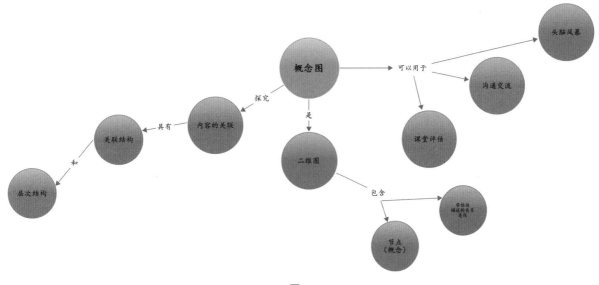

图1-4

4）维恩图

维恩图是英国数学家、逻辑学家和哲学家约翰·维恩（John Venn）于19世纪发明的，也称为集合图或逻辑图，它使用重叠的圆圈或其他形状来说明两组或更多组项目之间的逻辑或数学关系（图1-5（a）），包括交集（A∩B）、并集（A∪B）、对称差（A△B）、相对补集（B-A）、绝对补集（CUA）（图1-5（b）～（f）），维恩图可划分为多圆维恩图、缩放维恩图、圆柱维恩图（图1-5（g）～（i））。

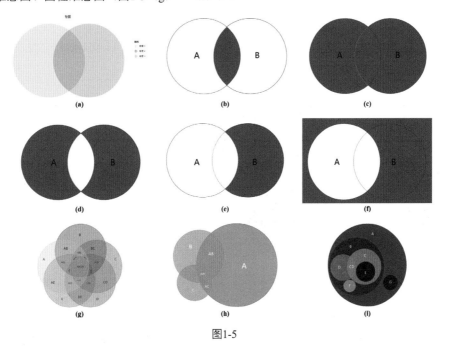

图1-5

5）洋葱图

洋葱图是由一层层嵌套着的圆形组成的图形，因其看起来像洋葱的横截面而得名。洋葱图能够在几个圆圈中完整地显示出事物的各个层次及之间的依赖关系，直观易懂，是一种非常具备视觉冲击力的可视化工具（图1-6（a）），典型的洋葱图如素质洋葱模型、软件开发洋葱架构、目标市场洋葱图、利益相关者洋葱图（图1-6（b）～（e））。

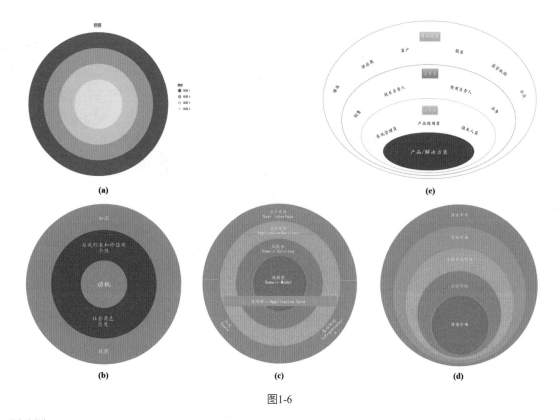

图1-6

6）漏斗图

漏斗图是对线性过程中各个阶段的数据进行可视化的图表工具，因其形状类似我们日常所用的漏斗而得名。漏斗图中的每个切片代表一个数据过滤的过程，数据用漏斗的宽度表示（图1-7（a）），典型的漏斗图有销售漏斗图、招聘流程跟踪漏斗图、订单流程跟踪漏斗图、转化率分析漏斗图（图1-7（b）～（e））。

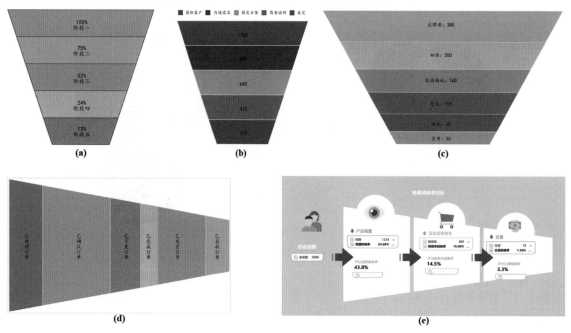

图1-7

7）矩阵图与象限图

矩阵图是一个数据对比表，它显示了两组或多组元素之间存在关系的强度，并在矩阵中两项相交的单元格中用数字或符号表示这种关系，包括L、T、Y、X和屋顶等五种类型（图1-8（a）～（e））。

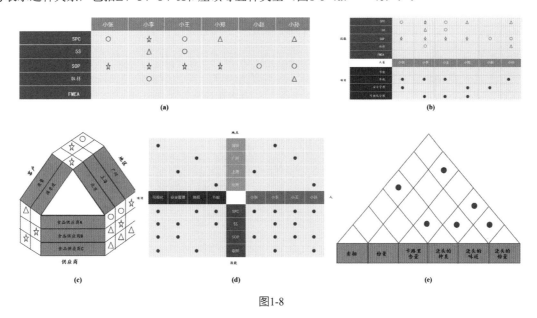

图1-8

象限图通过提炼出事物最重要的两个特征来形成X轴和Y轴，从而将相应的信息、目标或者策略分别放置到对应的四个象限。根据参数数量的不同又被称为2×2矩阵（四象限）或3×3矩阵（九象限）。典型的四象限图有用于时间和任务管理的艾森豪威尔矩阵、用于企业现有业务分析的波士顿矩阵、用于企业发展策略分析的安索夫矩阵和用于投资目标分析的Gartner魔力象限（图1-9（a）～（d））。

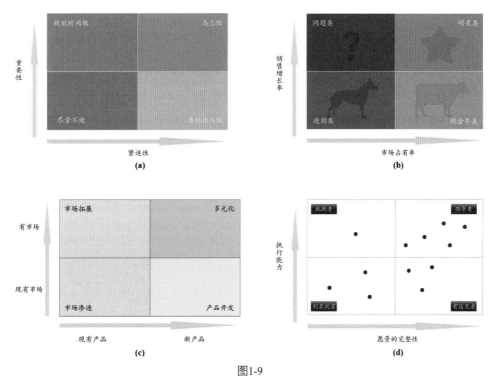

图1-9

矩阵图和象限图主要是帮助做决策分析和比较评估，并将过程和结果进行可视化展示。过程的可视化，可以把复杂抽象的事物关系进行直观的展示，让决策和分析更加简单、清晰、准确；结果可视化，则可以让团队及相关利益人员更好地接收和理解，使结果能够得以完好地执行并产生应有的效益。

8）看板图

看板图是一种可视化的工作流管理方法，最初由丰田汽车公司作为生产管理系统发明。通过看板图，丰田公司对生产系统的控制实现了灵活、高效和准时，提高了生产力，同时减少了原材料、半成品和成品的库存。看板图形式上是一个划分了几个垂直通道的白板，每个通道代表工作流程中的一个步骤。最经典的看板图由三个垂直的通道组成，它们分别是"待办事项""正在执行"和"完成"，通道里的每张卡片代表一项工作（图1-10（a））。看板图的结构形式是固定的，但它包含的垂直通道的数量和内容将随着具体工作内容的不同而变化，如用户故事看板图、应聘者看板图、以时间为主线的看板图（图1-10（b）～（d））。

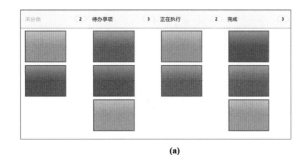

(a)

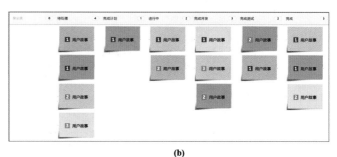

(b)

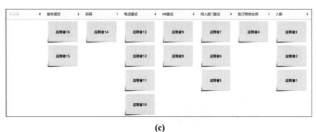

(c)

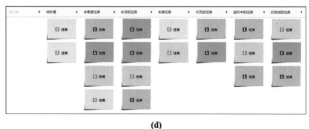

(d)

图1-10

9）鱼骨图

鱼骨图是一种发现事物因果关系的可视化工具，因其看起来像鱼的骨架而得名，鱼的头部代表问题，大的鱼刺代表造成问题的主要原因，上面分出来的小刺则代表更细节的原因。鱼骨的构建可以根据需要划分到多个级别，以将问题的原因定位得更加明确。鱼骨图由日本管理大师石川馨（Kaoru Ishikawa）发明，故又称为石川图或因果图（图1-11（a））。典型的鱼骨图有质量管理鱼骨图（5M1E）、营销鱼骨图（8P）、麦肯锡7S鱼骨图（图1-11（b）～（d））。

10）表格图

表格图是不带任何预设格式的导图形式，让你可以充分发挥自己的创造力，利用软件中的各种功能创造出属于自己的杰作。

> 提示：有关流程图、概念图、维恩图、洋葱图、漏斗图、矩阵图与象限图、看板图、鱼骨图的概念及其应用，请参阅相关专著。
> 关于导图模板与布局，导图模板请参阅"9.1应用导图模板"，导图布局请参阅"7.1调整主题布局"。

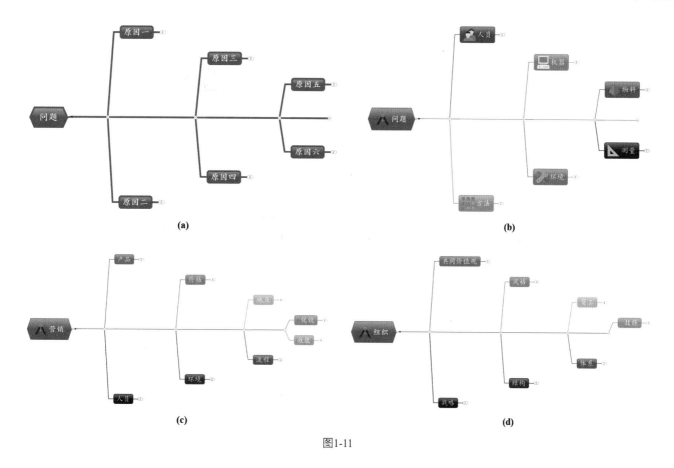

图1-11

1.1.2 导图主题

主题是导图的核心，是思维成果的体现。主题由主题内容和主题形状组成，通过布局和在主题形状之间标识从属关系的连线形成导图。主题内容可划分为主题文本（关键词）、主题图像、附加信息和标识信息（图1-12）。

- 导图需要在导图文档中绘制。在开始绘制思维导图前，需要创建导图文档，请参阅"2创建与管理导图文档"。
- 主题是导图的核心，主题文本是主题内容的重点，主题图像是主题内容的补充。在导图中添加主题是绘制导图的基础，编辑主题文本、添加主题图像、调整主题间关系，是添加主题的基本功，请参阅"3创建主题"。
- 附加信息是主题关键词的注释与补充，包括链接、附件、便笺、预警、任务信息、表格以及自定义信息，请参阅"4附加信息"。
- 标识信息是对主题的分类与标识，包括编号、图标与标记，请参阅"5添加标识"。
- 对象信息是对主题间关系的辅助性表达和导图内容的补充，包括主题关系与边界，图形（泳道、漏斗、表格），形状，图像和文本框，请参阅"6插入对象"。
- 类似于文档排版，为了提高易读性和操作高效性，主题形状用于分隔主题内容，以方便阅读，主题间连线表达主题间归属关系，导图布局调整主题空间相对位置，包括布局、样式与格式，请参阅"7美化导图"。

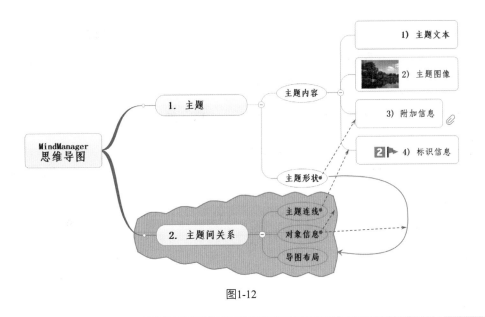

图1-12

> 📋 **提示**：标识信息与附加信息的最大不同是，标识信息仅是一个图元符号信息，而附加信息是可打开的信息。

1.1.3 导图绘制

导图从创建到应用，主要经过选择模板创建（导图）文档，首先添加主题、编辑文本，设置标识、附加信息、添加对象，然后美化导图，最后展现导图（图1-13）等过程。

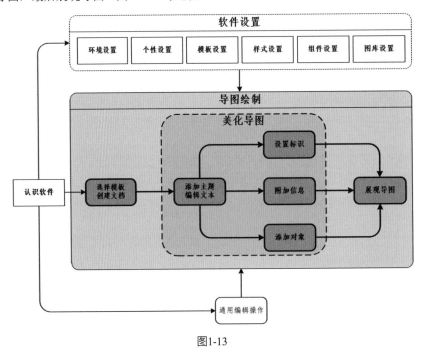

图1-13

在绘制导图前，需要对绘制工具MindManager软件做一个必要的了解与认识，并进行软件环境设置。为提高绘制效率，在绘制过程中，有必要系统地了解掌握通用编辑操作以及软件个性化、模板、样式、组件、图库等设置。

对MindManager软件的认识，请参阅"1.2启用MindManager"；软件个性化设置请参阅"10.1任务窗格""10.2选项设置"；模板管理请参阅"9.1应用导图模板"；组件设置请参阅"3.3.6（2）管理导图组件"；图库设置请参阅"5.2.3添加可使用的图标"；导图展现请参阅"8按需展现"。

1.2　启用MindManager

MindManager由软件工程师Mike Jetter于1994年推出的一个叫MindMan（1.0）软件发展而来，如今已成为世界著名的可视化信息管理工具软件。

Mike Jetter于1998年创立Mindjet公司，并将MindMan更名为MindManager。2002年，MindManager推出企业版，以及基于Palm OS和Microsoft Windows Mobile的移动版本，2006年推出支持Mac OS的版本，2008年推出Web版本，2011年推出支持iOS 和 Android 的客户端。

2016年MindManager被Corel公司收购，之后每年都会发布新版本。截至2022年，MindManager已经发布了二十多个版本，最新的Windows平台为MindManager22（MindManager的产品分阶段地在自然序号和年份之间切换），Mac平台为MindManager14。产品类型分为Essentials、Microsoft Teams、Professional和企业版，各类型的主要功能如表1-1所示，模式包括订阅与永久授权两种。

表1-1

主要功能	Essentials	Microsoft Teams	Professional	企业版
多种图表类型和布局	★	★	★	★
模板库	★	★	★	★
主题和定制	★	★	★	★
项目计划与任务管理	基本功能	基本功能	高级功能	高级功能
多个查看模式	★	★	★	★
发布和共享已发布的导图*	—	—	★	★
协同编辑*	—	—	★	★
个人内容捕获*	★	★	★	★
团队内容捕获和共享*	—	—	★	★
帮助 —— 在线和本地	★	★	★	★
在线存储支持	★	★	★	★
内容控制**	—	—	★	★
SharePoint Linker**	—	—	★	★
大规模部署功能	—	—	—	★
IT 管理门户	—	—	—	★
单密钥和单点登录激活	—	—	—	★

备注：表中*和**仅限订阅模式，**仅限Windows平台版本。

（1）软件的安装与卸载

为节省篇幅并保持有效性，请参考厂家对应产品安装与注册说明，本书不再重复。

（2）软件的进入与退出

单击桌面快捷图标（图1-14（a）（b））或开始菜单（图1-14（c）），可打开MindManager Snap 22（图1-14（d））和MindManager 22（图1-14（f）），单击其右上角的"×"关闭按钮，即可退出。

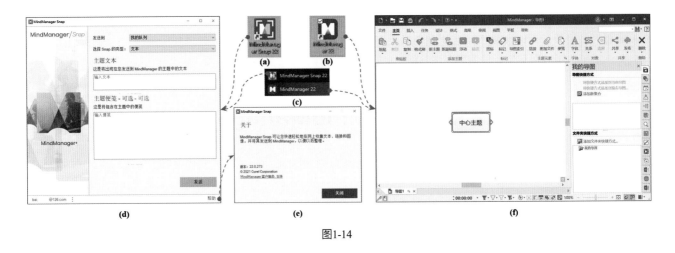

图1-14

> 📑 **提示**：在未明示时，本书使用MindManager的主软件MindManager 22。

（3）查看软件信息

在MindManager 22中，选择主菜单【文件】→【帮助】→【系统信息】（图1-15（a）（b）），可以看到MindManager软件的版权许可（图1-15（c））和MindManager软件的产品信息、插件启用和可共享外部软件信息（图1-15（d））。选择【查看更新】（图1-15（b））可以查看MindManager的最新更新，并可选择是否更新。

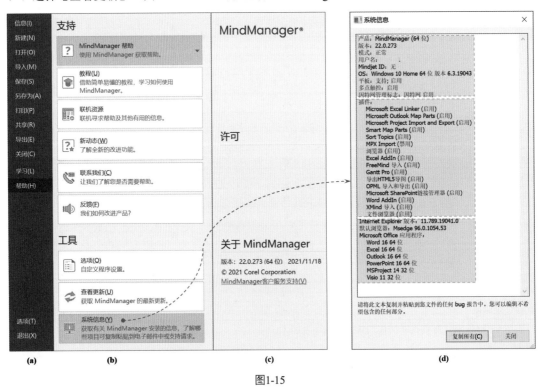

图1-15

（4）认识软件界面

MindManager界面（图1-16）与常用桌面办公软件基本相同，设有快速访问工具栏、软件名—当前文档名、登录与当前用户、菜单栏显示设置按钮、窗口控制按钮，主菜单（选项卡）、功能区（命令）、查找替换区、任务窗格区、任务窗格按钮区、迷你视图、文档选项卡、状态栏和空间最大的导图绘制区。

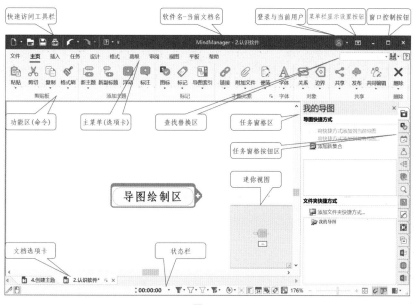

图1-16

　　快速访问工具栏的自定义（图1-17（b））、功能区的自定义（图1-17（c））、快速访问工具栏与功能区的上下位置调整（图1-17（c））与显隐设置（图1-17（e））、窗口控制按钮的使用、使用帮助（图1-17（a））与常用桌面办公软件相同。通过登录按钮可以登录软件、查看用户信息与登录注销（图1-17（d）），在查找替换区进行MindManager内容的查找与替换（图1-17（f））。迷你视图的使用请参阅"8.6.4（1）使用缩放显示导图"，任务窗格及任务窗格按钮的使用请参阅"10.1任务窗格"，状态栏的使用请参阅"8.6.5状态栏设置"，文档选项卡的使用请参阅"8.6.4（2）窗口多屏显示多个导图"。

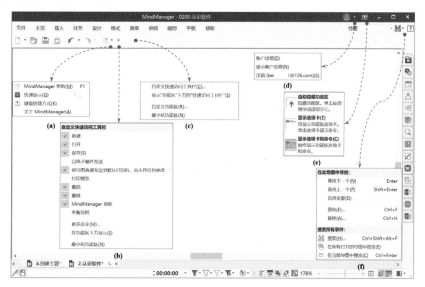

图1-17

（5）设置软件环境

　　MindManager软件环境的设置包括导图设置与选项设置。在导图主题使用自动编号、自动计算、链接、任务信息，涉及一些显示、计算规则的约定时，MindManager通过导图设置来实现；其他更多的软件环境通过MindManager选项来设置，请参阅"10.2选项设置"。

选择主菜单【文件】→【信息】→【地图设置】，打开【地图设置】对话框，可查看和设置有议题被过滤器隐藏时，对议题进行重新编号、重新计算公式、重新计算SmartRules，链接基础路径选择（图1-18）。

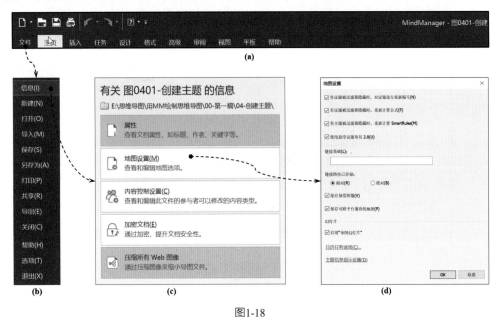

图1-18

在【地图设置】对话框（图1-19（a））中单击"日历任务选项"，打开【日历任务选项】对话框，可查看和设置工期与资源的计算规则（图1-19（b））；单击"主题信息显示设置"，打开【主题信息显示设置】，可对主题信息框、附加信息、标识信息进行显隐设置（图1-19（c）），可参阅"8.6.2设置显隐主题信息"。

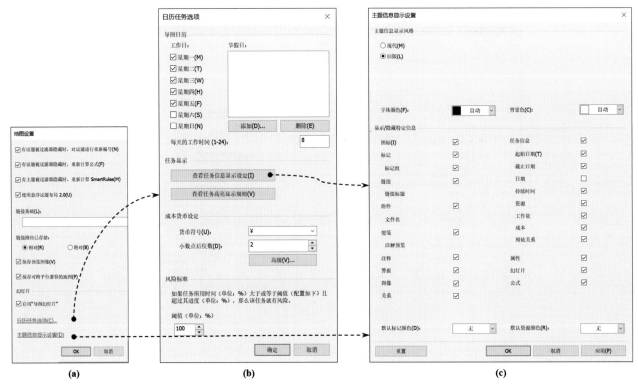

图1-19

提示："地图设置"应翻译为"导图设置"可能更确切。

这些设置主要用于编号（请参阅"5.1设置编号"）、自动计算（请参阅"4.7.4汇总计算"）、工期（请参阅"4.5设置任务信息"），链接（请参阅"4.1.4链接选项"），也可以在MindManager选项中设置（请参阅"10.2.5（6）调整工作日历和工作时间""10.2.5（8）设置过滤匹配与自动计算规则"）。

（6）个性化设置

设置用户导图文档记载的组织、用户名和邮箱信息，请参阅"10.2.4（1）设置用户信息"。

设置MindManager语言，请参阅"10.2.1（1）选择语言"。

（7）自我学习（帮助）

按F1键，或单击查找替换区右侧的"？"，或快速访问工具栏的"？"及其右侧下拉小三角（图1-17（a）），或选择主菜单【文件】→【帮助】→【MindManager帮助】（图1-15（a）（b）），可以获取帮助；选择【教程】【联机资源】【新动态】【联系我们】【反馈】可以获取简易的流媒体教程，寻找资源，了解MindManager的最新改进，联系技术支持与反馈改进建议。

提示：MindManager键盘快捷键可通过帮助【键盘快捷方式】（图1-15（a））获取，也可以查看菜单右侧的标示（见图1-17（f））。

1.3　本章总结

本章内容分为两部分。前一部分通过在宏观层面上了解MindManager软件所定义的思维导图分类与应用场景、导图组成特别是主题内容构成，以及导图绘制流程，从而梳理出MindManager软件所设置功能的内在逻辑，为理解掌握MindManager提供基础。后一部分介绍了如何建立MindManager软件环境，特别是了解MindManager界面，为下一步高效使用MindManager绘制思维导图奠定基础。

2
创建与管理导图文档

在开始写一篇文章前，得准备稿纸等媒介，纸张就相当于文章的容器。同样，在MindManager中绘制导图时，也需要建立一个导图文档来放置导图的内容，即新建导图。本章介绍导图文档的新建、管理与文档属性的查看。

2.1 新建导图文档

新建导图，需要基于模板或既有导图。分为基于默认模板、可选模板和既有导图。

> 📖 提示：导图模板的创建请参阅"9.1应用导图模板"。

（1）基于默认模板新建导图

● 直接新建基于默认模板的导图。直接打开MindManager软件，即新建了一个基于默认模板的导图文档（图 2-1），就可以进行导图内容的编辑工作了。

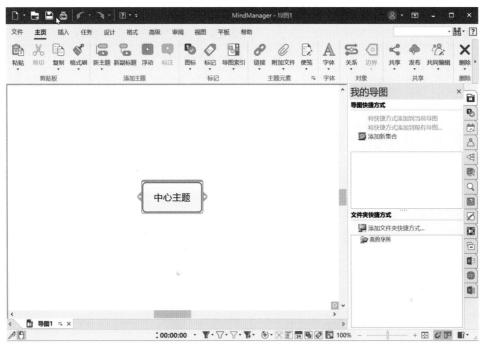

图2-1

● 在既有导图编辑状态下基于默认模板新建导图。单击快速访问工具 📄（新建）按钮（图2-2（a）），或在其下拉菜单中选择【默认导图】（图2-2（b）），即可新建一个基于默认模板的导图文档（图2-2（c））。

> 📖 提示：如何直接打开MindManager软件，请参阅"1.2（2）软件的进入与退出"；如何设置MindManager启动即基于默认模板创建导图文档，请参阅"10.2.1（2）设置启动方式"；默认导图模板的设置请参阅"9.1.2设置默认模板"。

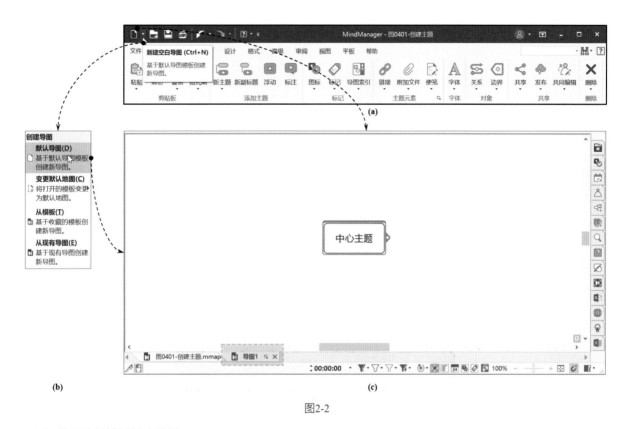

图2-2

（2）基于选择模板新建导图

选择主菜单【文件】→【新建】（图2-3（a）、（c）），或在快速访问工具 下拉菜单中选择【从模板】（图2-3（b）），可进入模板主页（图2-3（d）），选择模板，进入"模板预览"页面（图2-4），单击"创建导图"，即可新建一个基于所选模板的导图文档（图2-2（c））。

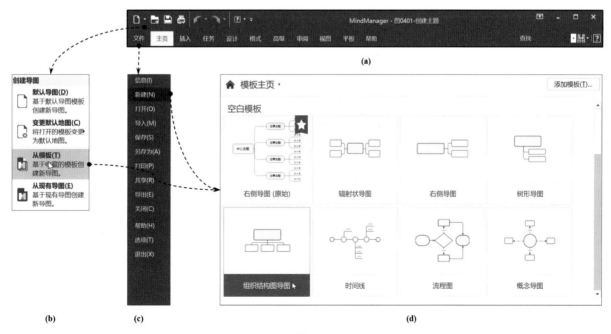

图2-3

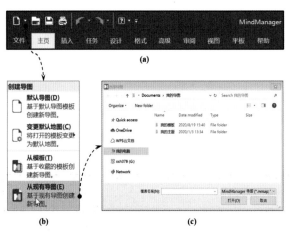

图2-4

（3）基于既有导图新建导图

● 通过菜单新建基于既有导图的导图。选择快速访问工具 下拉菜单中的【从现有导图】（图2-5（b）），进入【选择导图】对话框（图2-5（c）），选择既有导图（扩展名为.mmap、.xmmap），即可打开并进入导图编辑界面（图2-6）。

图2-5

图2-6

● 通过文件管理新建基于既有导图的导图。在文件资源管理器中，对既有目标导图复制并改名，然后打开编辑即可。也可以使用MindManager打开既有目标导图，选择主菜单【文件】→【另存为】（图2-6）。

📄 提示：通过【从现有导图】新建导图，类似于将既有导图以默认文档名打开，然后在此基础上继续修改为新导图。

通过文件复制改名、文件另存为和从现有导图创建3条途径来新建基于既有导图的导图，效率差异不大，只是基于用户习惯而已。

2.2　管理导图文档

MindManager导图文档的扩展名为.mmap或.xmmap，其文档管理包括打开、保存、另存、关闭、退出、打印、发布、共享、导出、保护、瘦身等。其中打印导图文档请参阅"9.2.3打印"，发布、共享导图文档请参阅"9.2.1共享发布"，导出导图文档请参阅"9.2.2导出"。

2.2.1　打开导图文档

MindManager提供了3条途径来打开导图文档：

- 在文件资源管理器中找到目标文档，直接双击，即可打开目标文档。
- 单击快速访问工具 📂（打开）按钮（图2-7（a）），打开【打开文件】对话框（图2-7（e）），选择目标导图文档，单击"打开"按钮，即可打开目标文档。
- 单击主菜单【文件】→【打开】（图2-7（a）（b）），可以选择最近打开过的导图文档（图2-7（f））将其再次打开；也可以选择【本地文件】（图2-7（c）），打开【打开文件】对话框（图2-7（e）），选择目标导图文档，单击"打开"按钮，打开目标文档；或选择【添加位置】（图2-7（c）），打开【添加位置】对话框（图2-7（d）），添加包括云盘在内的其他存放导图文档的位置，进而可以像打开本地文件一样打开存放在其他位置的导图文档。

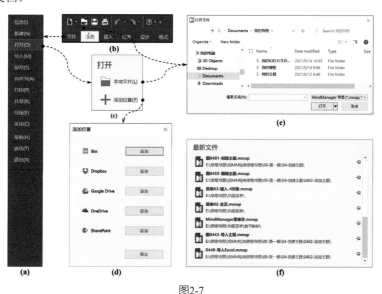

图2-7

📄 提示：最近打开的导图文档（图2-7（f））数量，可以通过MindManager选项来设置，请参阅"10.2.1（4）调整最近使用文件列表数量"。

2.2.2　保存、关闭导图文档与退出MindManager

（1）保存导图文档

单击快速访问工具 📄（保存）按钮（图2-8（a）），或选择主菜单【文件】→【保存】（图2-8（a）（b）），可以保存导图文档编辑内容且不退出当前导图文档。如果是新建文档初次保存，将打开【另存为】对话框（图2-8（c）），填写导图文档名称，选择文档保存类型（图2-8（d）），单击"保存"按钮，即完成保存。

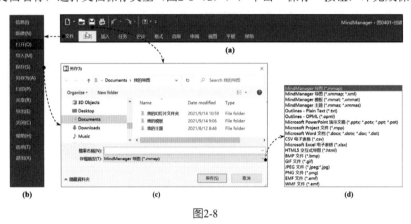

图2-8

说明：由于翻译瑕疵，部分界面使用了部分非规范标准汉字与用语。

（2）另存导图文档

选择主菜单【文件】→【另存为】→【本地文件】（图2-9（a）（b）（c）），根据不同的选择（图2-9（d））将文档保存在本地。

- 选择"另存为""保存副本""保存过滤导图的副本"，将打开【另存为】对话框（图2-9（e）），可修改保存位置、文档名称和文件类型（图2-8（d））。
- 选择"保存全部"，将直接保存MindManager同时打开的多个文档。

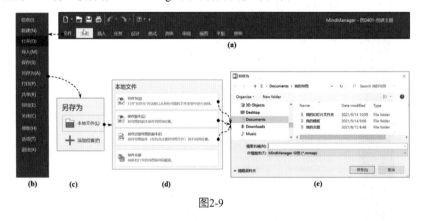

图2-9

（3）关闭当前导图文档

选择主菜单【文件】→【关闭】（图2-10（c））或文档选项卡上的"×"（关闭）按钮（图2-10（a）），提示是否保存当前文档有关编辑内容（图2-10（b）），并关闭当前导图文档。

（4）退出MindManager

选择主菜单【文件】→【退出】（图2-10（c））或MindManager窗口的控制按钮"×"（关闭）（图2-10（a）），提示是否保存打开的所有文档编辑内容（图2-10（b）），关闭所有导图文档，并退出MindManager软件。

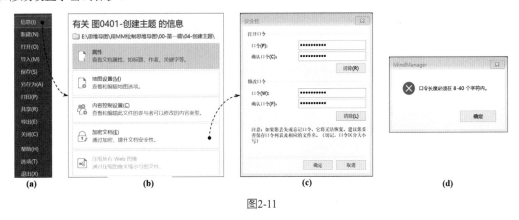

图2-10

📑 提示：保存、关闭与退出的异同：分别对应文档的保存但不退出文档编辑状态、提示保存并关闭文档但不退出 MindManager软件、提示保存并关闭文档且退出MindManager软件。

2.2.3 保护导图文档

类似于常用桌面办公软件的文档保护，MindManager对导图文档也提供了加载与撤销保护的功能，甚至能对文档内容进行分类保护。

（1）设置文档保护

选择主菜单【文件】→【信息】→【加密文档】（图2-11（a）（b）），打开【安全性】对话框（图2-11（c）），输入"打开口令"和"修改口令"（确认包括"口令"和"确认口令"），单击"确认"按钮，即对该文档的打开和修改设置了密码保护。

图2-11

📑 提示：保护密码长度要求为8~40个字符。如果在设置打开口令和修改口令密码时，密码少于8个字符或多于40个字符，单击"确认"按钮时，将弹出提示信息（图2-11（d）），并回到【安全性】对话框（图2-11（c）），要求重新输入符合要求字符数量的口令密码。

口令密码区分大小写。

更进一步，可以设置保护，以限制附加信息和标识信息的修改。选择主菜单【文件】→【信息】→【内容控制设置】（图2-12（a）（b）），打开【内容控制设置】对话框（图2-12（c）），勾选启用内容控制和允许修改的内容，输入口令并确认口令，单击"保存"按钮，则未勾选的内容项将不允许用户进行修改。

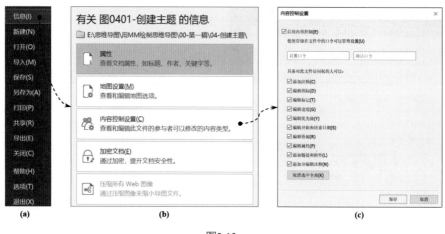

图2-12

（2）打开保护文档

设置了文档的打开和修改保护密码，则打开或修改该文档时，必须得到授权。

打开导图文档时，将打开【打开口令】（图2-13（a））或【修改口令】（图2-13（b））对话框，输入对应正确的口令密码，单击"确认"按钮才能打开文档，并进行文档修改编辑操作，否则无法打开该导图文档或对该文档进行修改编辑操作。

图2-13

> 提示：设置了文档修改口令的，没得到授权口令密码或不输入口令密码时，可以单击【修改口令】中的【只读】（图2-13（b）），以只读模式打开文档，但不能进行修改操作。
> 对设置了打开和修改保护口令的文档，在打开文档后进行另存，另存的文档将继承打开和修改保护口令。

（3）撤销文档保护

如果要取消文档打开和修改保护设置，在打开该文档后，选择主菜单【文件】→【信息】→【加密文档】（图2-11（a）（b）），打开【安全性】对话框（图2-11（c）），单击【打开口令】和【修改口令】对应处的【清除】，单击"确认"按钮，即撤销了该文档打开和修改保护。

2.2.4 瘦身文档

若在导图文档中大量使用图像，将导致文档体积过大，给文档编辑、传输带来不便。为压缩导图文档体积，MindManager提供了压缩文档中图像的功能，以降低文档大小。

选择主菜单【文件】→【信息】→【压缩所有Web图像】，弹出提示信息。单击"确认"按钮，将压缩文档中的所有图像，以缩小文档大小（图2-14）。

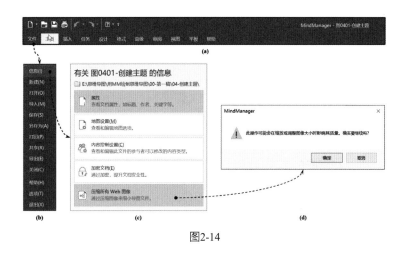

图2-14

> 📖 提示：需要注意的是，图像压缩后，会影响文档中图像的质量，并且只有文档中使用了图像，本功能才可用。

2.2.5 通过任务窗格管理导图文档

MindManager提供了【我的导图】任务窗格（图2-15）来管理导图文档，一是通过"导图快捷方式"将存放在不同位置的导图文档，通过文档快捷方式存放到新的集合中（可看作是从不同维度建立的文件夹），二是通过"文件夹快捷方式"将存放在不同位置的装有导图文档的文件夹，通过文件夹快捷方式集中显示，以快速找到该文件夹下的所有导图文档。单击这些快捷方式，将直接打开对应的导图文档。

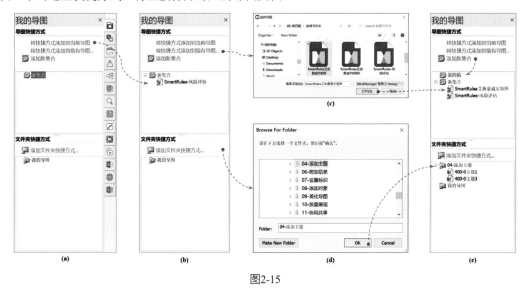

图2-15

> 📖 提示：如何打开【我的导图】任务窗格，请参阅"10.1任务窗格"；要显示【我的导图】窗格按钮，请参阅"10.2.1（3）开启"我的导图"窗格"。

（1）建立虚拟文件夹

在【我的导图】窗格（图2-15（e））中，单击"添加新集合"，可添加一个新的虚拟文件夹，选择其右键菜单中的【重命名】（图2-16（b）），可以修改其名称。

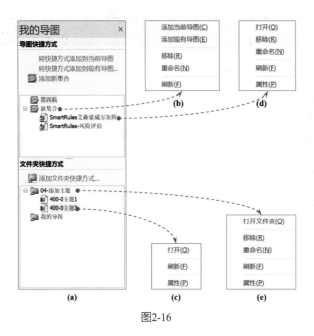

图2-16

（2）添加当前导图快捷方式

在【我的导图】窗格（图2-15（a））中，单击目标虚拟文件夹，选择"将快捷方式添加到当前导图"，将当前导图文档的快捷方式添加到目标虚拟文件夹里（图2-15（b））。

右击目标虚拟文件夹，在右键菜单中选择【添加当前导图】（图2-16（b）），效果相同。

（3）添加所选导图快捷方式

在【我的导图】窗格（图2-15（a））中，单击目标虚拟文件夹，选择"将快捷方式添加到现有导图"（图2-15（b）），将打开【选择导图】对话框（图2-15（c）），选择建立快捷方式的导图文档，单击"打开"按钮，所选导图文档的快捷方式将添加到目标虚拟文件夹里（图2-15（e））。

右击目标虚拟文件夹，在右键菜单中选择【添加现有导图】（图2-16（b）），效果相同。

（4）添加现有文件夹快捷方式

在【我的导图】窗格（图2-15（b））中，选择"添加文件夹快捷方式"，将打开【浏览文件夹】对话框（图2-15（d）），选择建立快捷方式的文件夹，单击OK按钮，所选文件夹的快捷方式将添加到【我的导图】窗格里、并显示其下的导图文档（图2-15（e））。

（5）管理快捷方式

● 在虚拟文件夹右键菜单（图2-16（b））中，选择【移除】可以删除该虚拟文件夹及其属下导图文档快捷方式，选择【重命名】可以修改该虚拟文件夹名称，选择【刷新】将刷新显示该虚拟文件夹下的导图文档快捷方式。

● 在文件夹快捷方式右键菜单（图2-16（e））中，选择【打开文件夹】可以打开该文件夹资源管理器，选择【移除】可以删除该文件夹快捷方式，选择【重命名】可以修改该文件夹快捷方式名称，选择【刷新】将刷新显示该文件夹下的导图文档快捷方式，选择【属性】可查看该文件夹的属性。

● 在导图快捷方式右键菜单（图2-16（d））中，选择【打开】将打开该导图文档，选择【移除】可删除该导图文档快捷方式，选择【重命名】可修改该导图文档快捷方式名称，选择【刷新】将刷新显示该导图文档快捷方式，选择【属性】可查看该导图文档的属性。

● 在导图文档右键菜单（图2-16（c））中，选择【打开】可以打开该导图文档，选择【刷新】将刷新显示该导图文档，选择【属性】可查看该导图文档的属性。

📑 提示：在快捷方式管理中，所有的删除，仅删除其快捷方式，并不删除对应的导图文档。

2.3 查看导图文档属性

为了更好地管理导图文档，有时需要查看文档名称、存放位置、文件类型与大小等文档常规信息，查看和修改文档版权信息，查看文档时间、主题、字数、链接等数量统计信息，以实现更有针对性的交流共享。

选择主菜单【文件】→【信息】→【属性】或主菜单【审阅】→【导图统计】，打开文档【属性】对话框（图2-17），其常规、总结、统计标签信息显示如图2-18所示。

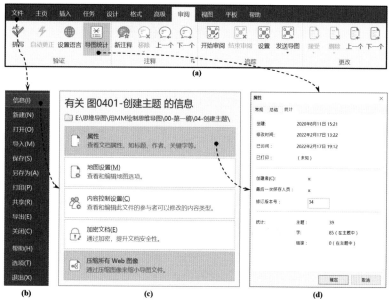

图2-17

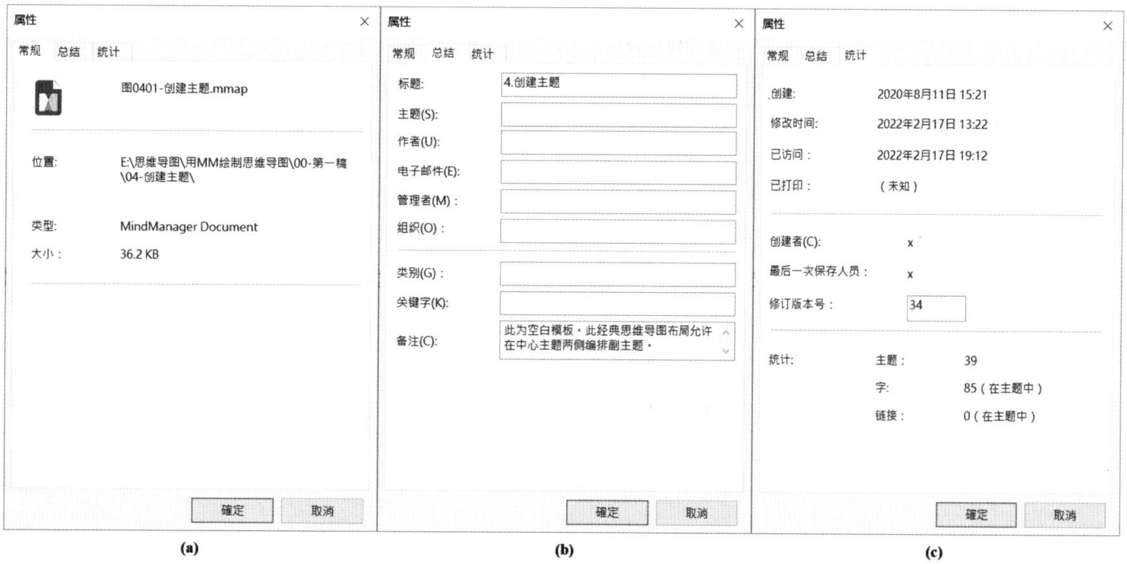

图2-18

（1）查看常规信息

在文档【属性】对话框【常规】选项卡（图2-18（a））中，可以查看导图文档名称、存放位置、文件类型与大小等文档常规信息。

（2）查看与修改版权信息

在文档【属性】对话框【总结】选项卡（图2-18（b））中，可以查看和修改导图文档中心主题、作者、机构等版权信息，单击"确认"按钮，保存修改信息。

（3）查看统计信息

在文档【属性】对话框【统计】选项卡（图2-18（c））中，可以查看导图文档访问时间、创建者、版本信息以及主题、字数、链接等数量统计信息。

2.4 本章总结

在对需要交流的想法或解决的问题有了初步的思维导图构想，并准备好了MindManager软件环境后，就可以创建导图文档以绘制并存放思维导图。本章主要介绍了思维导图文档的创建与管理，以及查看文档属性信息。重点介绍了直接启动MindManager、快捷按钮、主菜单【新建】、复制导图文档、另存导图文档等5条途径来新建基于默认模板、可选模板和既有导图的导图文档，如何设置导图文档的打开、全面禁改、分类禁改三种情况下的保护，以及如何修改与查看导图文档版权信息（图2-19）。

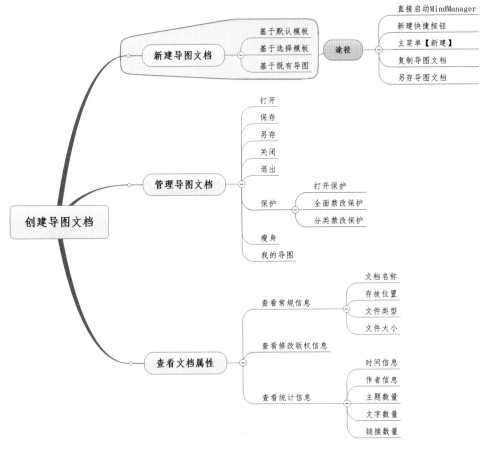

图2-19

3
创建主题

主题是组成导图的核心要素，创建主题是绘制导图的基础。主题由主题内容和主题性状组成，主题内容包括主题文本（也称主题关键词）、图像、附加信息和标识信息。主题文本是主题内容的中心，本章在对主题分类基础上，介绍主题的选择、添加、删除，主题关系调整，以及主题文本和图像的编辑（图3-1）。

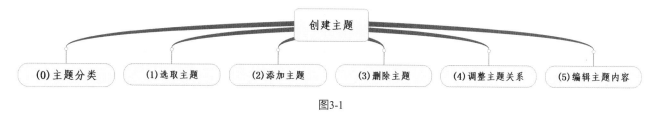

图3-1

（1）为了便于叙述和解读，在"3.1主题分类"，对主题进行了分类，以统一主题称谓。

（2）涉及创建主题的增、删、改等编辑操作，首先要明确操作对象即选取主题。在"3.2选取主题"中，详细介绍了选取主题的各种组合方法以及是否选取的标识识别。

（3）添加主题有常规方法与高级技巧之分，是快速绘制导图的关键之一，也是本章内容重点。在"3.3添加主题"中，详细介绍了MindManager所提供的各种添加主题的方法，特别是各种高级技巧。

（4）删除主题相对简单、快速，在"3.4删除主题"中，介绍了单主题和主题枝的删除。

（5）导图内容思考的逐步成熟后，需要调整主题间的相互关系。在"3.5调整主题关系"中，详细介绍了主题关系调整的多种方法。

（6）同样，随着导图内容思考的逐步成熟，也必然要求进一步修改完善主题内容，包括主题文本、附加信息和标识信息。在"3.6编辑主题"中，介绍了主题文本的编辑的步骤与方法。

> 📖 提示：主题形状的编辑请参阅"7美化导图"，附加信息请参阅"4附加信息"，标识信息请参阅"5添加标识"。

3.1　主题分类

● 一般情况下，可将主题划分为中心主题、主要主题、副主题和浮动主题、摘要主题、标注主题（图3-2）。

中心主题是一张导图的开始、起点；主要主题是中心主题的第1级子级主题；副主题是指主要主题以下的各级子主题（本书未明示时，副主题一般也包含主要主题）。

浮动主题是独立于中心主题枝之外的主题；标注主题是给主题做标注性说明的主题，包括主题关系线标签；摘要主题是主题枝边界的备注性主题，可以看作是标注主题的一种特例（本书未明示时，标注主题一般包含摘要主题）。

● 以主题等级关系来看，从中心主题（浮动主题、标注主题）开始，同一层级上的主题简称为同级主题。一个主题是其下一级主题的父级主题，是其上一级主题的子级主题，同一个父级主题的下一级同级主题称作兄弟主题。

● 一个主题及其所有子级主题合称为主题枝，并称这个主题为这个主题枝的根主题。

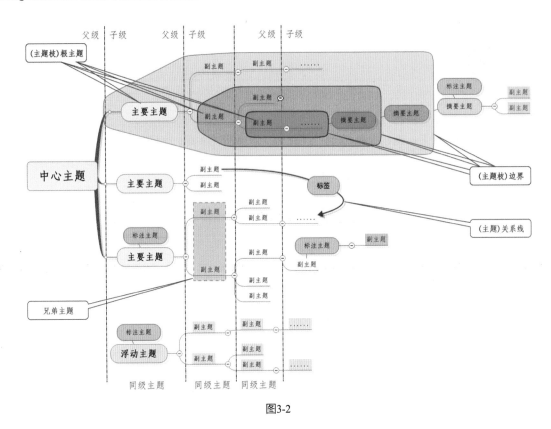

图3-2

> 提示：兄弟主题一定是同级主题，但同级主题不一定是兄弟主题。
> 主题枝可以层叠、且可设置边界。给根主题加上主题边界，边界圈住的主题归属于该主题枝。

中心主题类似于一篇文章的标题，主要主题就类似于文章的1级大纲标题，依此类推，副主题就类似于文章的2级、3级、…级大纲标题，浮动主题就类似于文章的引言，摘要主题就类似于文章的段落大意，标注主题就类似于文章的脚注或尾注。由此：

（1）一个经典导图是从中心主题开始的，且只有一个中心主题，但可以有多个其他主题；中心主题不能添加标注主题。

（2）主要主题只有一级，但可有多个，且可添加多个标注主题。

（3）副主题可以有多个、多级，且可添加多个标注主题。

（4）标注主题依赖于其他主题，一个主题可以有多个同级标注主题（类似于副主题），且可以叠加标注主题，也可以添加副主题。

（5）浮动主题是一个独立的主题（枝），一张导图中可以存在多个浮动主题。每个浮动主题后可添加副主题和标注主题。

（6）一个主题枝的边界可以添加一个摘要主题，摘要主题可以添加副主题和标注主题。

3.2 选取主题

根据编辑操作需要，主题选取可分为单选、多选、全选和取消选取等模式，以及选取确认标识。多选又有连续多选和任意多选之分，是否选取，MindManager提供了选取标识。

3.2.1 主题选取标识

被选取的主题，其边框变粗高亮。单选时四边有1个或4个"+"号（图3-3（a））；多选时只有最后选择的主题有1个"+"号且高亮，其他主题边框浅亮（图3-3（b））。

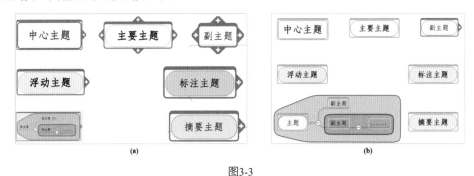

图3-3

中心主题、浮动主题、标注主题、摘要主题（包括边界）只有1个"+"号，而主要主题、副主题有4个"+"号。其"+"号表示可以在此方向添加主题，在目标（所选）主题左边、右边、上边、下边，"+"号分别表示可以添加父级主题、子级主题、同级前面主题、同级下面主题。

3.2.2 单选主题

单选主题是主题选取中最基本的操作，包括单个目标主题的选取和目标主题相邻主题的选取。

在导图（图3-4（a））中，单击即选取了目标主题（图3-4（b））。

在选取目标主题（图3-4（b））后，使用箭头键将选取目标主题的相邻主题：

● 使用"←"选择目标主题的父级主题。
● 使用"↑"选择目标主题的同级前主题。
● 使用"↓"选择目标主题的同级后主题。
● 使用"→"选择目标主题的第一个副（子）主题（图3-4（c））。

使用Ctrl+Backspace键（等同于←）将选取目标主题的父级主题（图3-4中）。

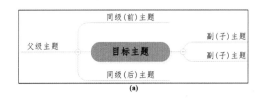

(a)

(b)

(c)

图3-4

提示：Ctrl+Backspace键等同于"←"，Ctrl+Backspace、箭头键可连续使用，但永远是选取上一个主题的相邻主题。

3.2.3　连续多选

MindManager提供了框选、兄弟主题、父子主题、相邻主题的连续选取。

（1）区域框选

单击欲选取连续主题区的边缘，按住左键拖曳出一个矩形框（图3-5），则框内及与框线相交的各级、各类主题都被选取。

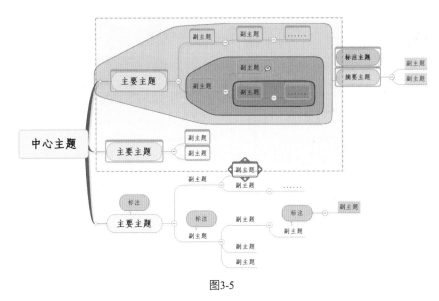

图3-5

> 📄 **提示**：拖曳框选矩形无关起点与终点顺序，即左上↘右下、左下↗右上、右下↖左上、右上↙左下四个方向框选都一样。

（2）兄弟主题的连续选取

● **任意连续兄弟主题的选取**（图3-6（a））。先单击欲选取兄弟主题中的第一个主题（图3-6（b）），然后在按住Shift键的同时，单击欲选取兄弟主题中的最后一个主题，则连续选取了兄弟主题（图3-6（c））。

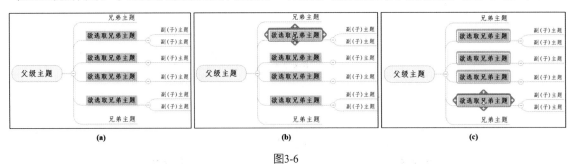

图3-6

> 📄 **提示**：选取的先后顺序无关，既可以是先上↓后下，也可以是先下↑后上。

● **前后段兄弟主题的连续选取。**从中间某兄弟主题至第一个兄弟主题（从中间→开始）、或至最后一个兄弟主题（从中间→末尾）的连续选取，可先单选中间兄弟主题（图3-7（b）），再使用组合键Shift+Home可连续选取中间→开始的兄弟主题（图3-7（a））、组合键Shift+End可连续选取中间→末尾的兄弟主题（图3-7（c））。

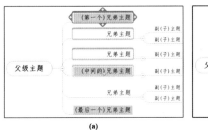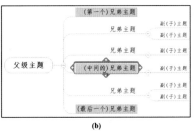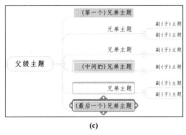

图3-7

● 全选兄弟主题。单击目标主题（图3-8（a）），再使用组合键Shift+Ctrl+A，可全选该目标主题的所有兄弟主题（图3-8（b））。

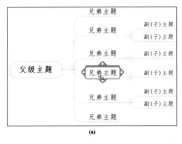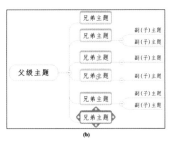

图3-8

📖 提示：使用任意连续兄弟主题的选取方法，也可以实现前后段兄弟主题的连续选取和全选兄弟主题。

（3）父子主题的连续选取

● 全选主题枝。主题枝包括根主题、所有子主题与边界。先单击根主题（图3-9（a）），再使用组合键Shift+F3，可选取整个主题枝的所有副主题与边界（图3-9（b）），但不包括标注/摘要主题枝与关系线。

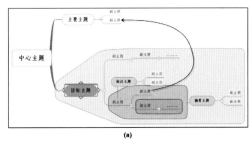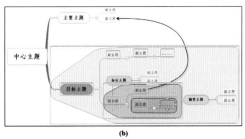

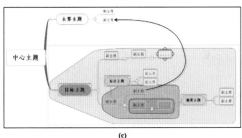

图3-9

📖 提示：全选主题枝与使用框选（图3-9（c））的区别在于：框选能选取该主题枝上关联的标注/摘要主题枝，但不能选取边界与关系线。

● 由父主题全选父子主题。单击目标主题（图3-10（a）），再使用组合键Ctrl+Shift+→，选取目标主题及其所有第一级子主题（图3-10（b））。

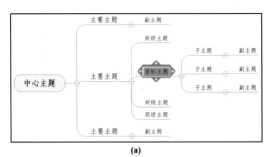

(a)

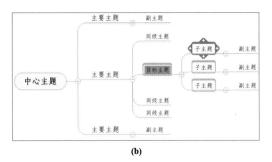

(b)

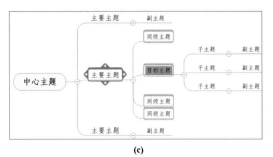

(c)

图3-10

● 由子主题全选父子主题。单选目标主题（图3-10（a）），再使用组合键Ctrl+Shift+←，选取目标主题及其所有兄弟主题与父主题（图3-10（c））。

提示：如果目标主题的父级主题是中心主题或浮动主题，Ctrl+Shift+←失效；如果目标主题是浮动主题，Ctrl+Shift+→失效。

（4）相邻主题的连续选取

单击起点主题（图3-11（a））后，连续使用Shift+箭头键（→↑↓←根据需要选用不同方向），将连续选择经过（折线上）的主题（图3-11（b））。

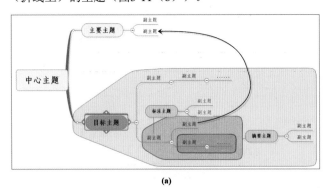

(a)

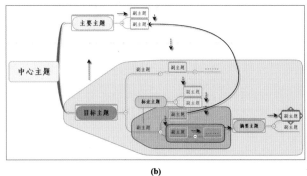

(b)

图3-11

提示：如果使用Shift+箭头键过程中遇到中心主题或浮动主题操作将失效。

在选择起点主题后，只单次使用Shift+箭头键，将双选起点主题与其父级主题（Shift+←）、或同级前主题（Shift+↑）、同级后主题（Shift+↓）、（下一级第1个）副主题（Shift+→）。

3.2.4　任意多选

如果需要选取的主题处于散点状态，先单击欲选取主题中的任意一个（图3-12（a）），然后在按住Ctrl键的同时，单击其他需要选取的主题，直至最后一个（图3-12（b））。

图3-12

📑 提示：对同一个主题，使用奇次数Ctrl+单击相当于加选，使用偶次数Ctrl+单击相当于减选（图3-12（c））。由此，如果在按住Ctrl键的同时，鼠标左键误击了不需要选取的主题时，可再次单击，则该主题转为不选取。

3.2.5　全选

MindManager未提供直接全选的功能，但可使用区域框选，框住所有主题，将全选导图主题，但不选取边界、关系等；或采用组合键Ctrl+A全选导图内包括主题、附加信息、标识信息在内的所有组成元素。

3.2.6　取消选取

● 取消全部选取。单击已选主题以外的任何其他区域。
● 取消部分选取。按住Ctrl键的同时，单击需取消选取的主题。

3.3　添加主题

添加主题是绘制导图的起点。MindManager提供了通过主菜单、导图绘图（背景）区右键菜单、快捷键等常规方法来添加主题，还提供了通过复制、拆分、插入导图与导图部件、导图汇总、导入主题内容等高级技巧来添加主题。

3.3.1　通过常规方法添加主题

（1）中心主题
一个导图中，只能有一个中心主题。在典型导图布局中，中心主题是默认的（图3-13），不能删除，也不能添加，只能进行主题内容与格式的修改。

图3-13

（2）添加父子主题
MindManager提供了4条途径来添加父子主题。选取目标主题：

一是快捷添加。单击所选目标主题高亮边框左侧"+"号（图3-14（d））添加父级主题（图3-14（c）），单击右侧"+"号添加子级主题（图3-14（e））。

二是组合键添加。按组合键Ctrl+Shift+Insert添加父级主题（图3-14（c）），按组合键Ctrl+Enter添加子级主题（图3-14（e））。

三是主菜单添加。选择主菜单【主页】→【新副标题】（注：应翻译为新副主题）（图3-14（f）），添加子级主题（图3-14（e））；选择主菜单【插入】→【主题】（图3-14（h））→【添加父级主题】（图3-14（g））添加父级主题（图3-14（c）），选择【添加副主题】（图3-14（g））添加子级主题（图3-14（e））。

四是右键菜单添加。选择目标主题右键菜单中的【插入】（图3-14（a））→【父级主题】（图3-14（b））添加父级主题（图3-14（c）），选择【副主题】（图3-14（b））添加子级主题（图3-14（e））。

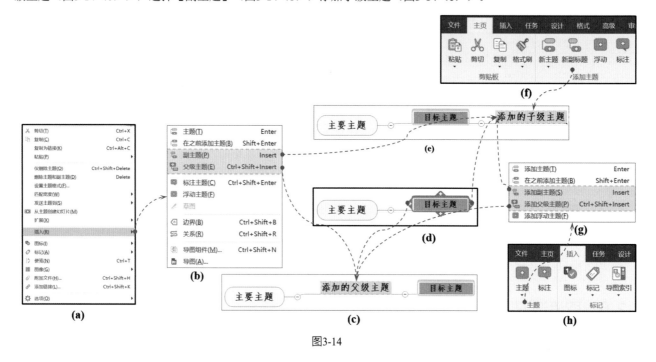

图3-14

📇 提示：部分导图布局下，可单击所选目标主题高亮边框上下侧"+"号添加父级主题与子级主题。

（3）添加兄弟主题

MindManager提供了4条途径来添加兄弟主题。选取目标主题：

一是快捷添加。单击所选目标主题高亮边框上侧"+"号在目标主题上方添加兄弟主题，单击下侧"+"号在目标主题下方添加兄弟主题（图3-15（c））。

二是组合键添加。按组合键Shift+Enter在目标主题上方添加兄弟主题，按回车键Enter在目标主题下方添加兄弟主题（图3-15（c））。

三是主菜单添加。选择主菜单【主页】→【新主题】（图3-15（d））→【在之前添加主题】（图3-15（e）），或主菜单【插入】→【主题】（图3-15（f））→【在之前添加主题】（图3-15（e））在目标主题上方添加兄弟主题，选择【添加主题】（图3-15（e））在目标主题下方添加兄弟主题（图3-15（c））。

四是右键菜单添加。选择目标主题右键菜单中的【插入】（图3-15（a））→【在之前添加主题】（图3-15（b））在目标主题上方添加兄弟主题，选择【主题】（图3-15（b））在目标主题下方添加兄弟主题（图3-15（c））。

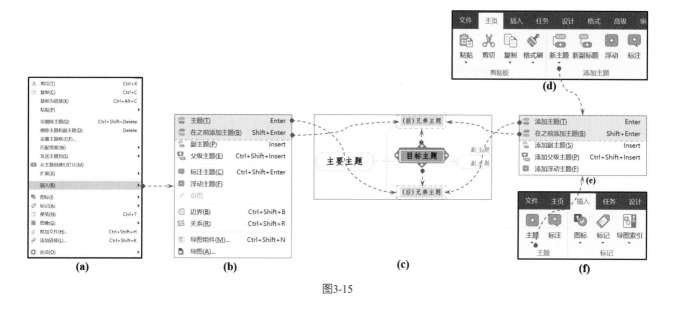

图3-15

📑 提示：右击导图绘图区任一空白处，在其右键菜单中选择【插入主要主题】，可以为中心主题添加主要主题、为主要主题添加同级（后）主题，且置于主要主题最后位置。

添加父子、兄弟主题，最方便的操作还是通过主题选取时高亮边框上的"+"号与组合键，为便于记忆，汇总整理于图3-16中。

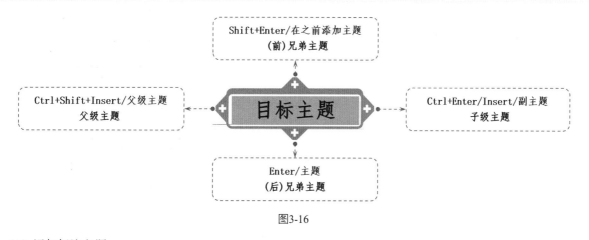

图3-16

（4）添加标注主题

选取目标主题后，MindManager提供了3条途径来添加标注主题。一是组合键添加，按组合键Ctrl+Shift+Enter；二是主菜单添加，选择主菜单【主页】→【标注】（图3-17（a）），或主菜单【插入】→【标注】（图3-17（b））；三是右键菜单添加，在右键菜单中选择【插入】（图3-17（c））→【标注主题】（图3-17（d）），在目标主题上添加标注主题后的显示如图3-17（e）所示。

📑 提示：中心主题以外的主题都可以添加一个或多个"标注主题"；标注主题上还可以继续添加标注主题，形成层叠关系；标注主题可以添加子主题。

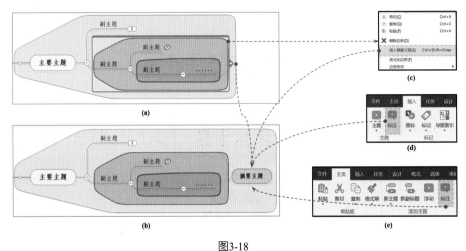

图3-17

（5）添加摘要主题

选取目标边界后（图3-18（a）），MindManager提供了4条途径来添加摘要主题。一是快捷添加，单击所选目标边界高亮边框右侧"+"号（图3-18（a））；二是组合键添加，按组合键Ctrl+Shift+Enter；三是主菜单添加，选择主菜单【主页】→【标注】（图3-18（e）），或主菜单【插入】→【标注】（图3-18（d））；四是右键菜单添加，在右键菜单中选择【插入摘要主题】（图3-18（c）），在目标边界上添加了摘要主题后的显示如图3-18（b）所示。

图3-18

> 📖 **提示**：同主要主题与副主题一样，摘要主题与标注主题并没有严格的区分，可以在主菜单中使用"标注主题"来添加摘要主题。
> 只有主题"边界"后面可以添加摘要主题，类似于对这一个主题枝提供摘要信息，进行标注说明。

（6）添加浮动主题

MindManager提供了4条途径来添加浮动主题。一是双击绘图区添加，直接双击欲添加浮动主题的空白位置；二是主菜单添加，选择主菜单【主页】→【浮动】（图3-19（a）），或主菜单【插入】→【主题】（图3-19（c））→【添加浮动主题】（图3-19（g））；三是右键菜单添加，在任一主题右键菜单中选择【插入】（图3-19（d））→【浮动主题】（图3-19（e）），或在任一空白处的右键菜单中选择【插入浮动主题】（图3-19（f）），鼠标光标右下角显现小蓝框，单击欲添加浮动主题的空白位置，即添加了浮动主题（图3-19（b））。

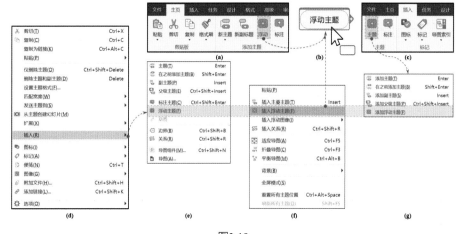

图3-19

> 提示：一张导图上可以插入多个浮动主题，每个浮动主题都可以添加副主题；每个浮动主题连同其副主题构成一个独立的主题枝。
>
> 双击还是单击绘图区空白位置添加浮动主题，取决于MindManager选项设置，请参阅"10.2.3（1）设置编辑操作选项"。

3.3.2 通过复制导图文档添加主题

MindManager通过主菜单、右键菜单和快捷键提供了丰富多样的主题复制方式，可以通过复制导图文档添加主题，也可以通过复制非导图文档来添加主题。本小节介绍复制导图文档添加主题，下一小节介绍复制非导图文档添加主题。

复制导图文档添加主题，不仅指复制来源于本导图文档的主题，也指复制来源于其他导图文档的主题。

同一导图内部和不同导图间主题复制操作相同。为展示效果以帮助理解，以图3-20中"复制主题0"主题枝为复制对象，来详细介绍MindManager复制主题功能操作的多样性。

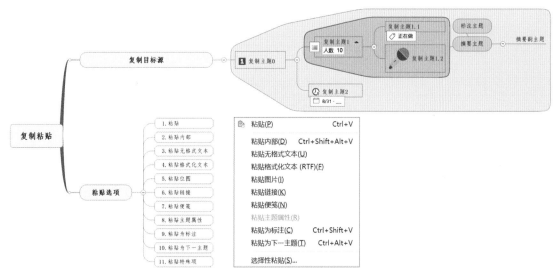

图3-20

📄 提示：图3-20中菜单为粘贴菜单，来自于（图3-21（d））。在MindManager的粘贴菜单中，"粘贴特殊项"等同于"选择性粘贴"，应是翻译不统一带来的偏差。

复制粘贴功能同常用桌面办公软件一样分三步：第1步为选取目标源，即选取欲复制的主题等对象；第2步将目标源粘贴到粘贴板，选择主菜单【主页】→【复制】（图3-21（b））【主页】→【复制】→【复制为链接】（图3-21（a）），或在所选主题右键菜单中选择【复制】/【复制为链接】（图3-21（c）），或使用组合键Ctrl+C/Alt+Ctrl+C，即可将目标源复制到粘贴板；第3步将目标源粘贴到目标地，选取欲粘贴位置的目标主题，选择主菜单【主页】→【粘贴】（图3-21（b））、或在目标主题右键菜单中选择【粘贴】（图3-21（c）），还可以在打开的菜单（图3-21（d））中选取不同的格式进行粘贴。

下面详细介绍选择下拉菜单（图3-21（d））中不同格式后粘贴的效果。

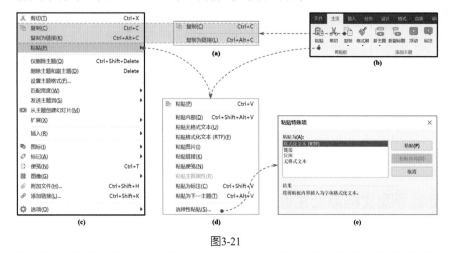

图3-21

📄 提示：欲复制主题枝，只需要复制其根主题。

多个主题、甚至不连续的多个主题，也可进行同样的复制。

【复制为链接】（Alt+Ctrl+C）用于【粘贴链接】，其他【粘贴】（Ctrl+C）选择【复制】。

【选择性粘贴】或【粘贴特殊项】属于重复性功能，【粘贴】选项已包含。

【粘贴内部】选项用于非导图文档间复制添加主题，请参阅"3.3.3通过复制非导图文档添加主题"。

（1）原样复制主题

在菜单（图3-21（d））中选择【粘贴】，将主题原样复制为目标主题的副主题（枝）（图3-22）。

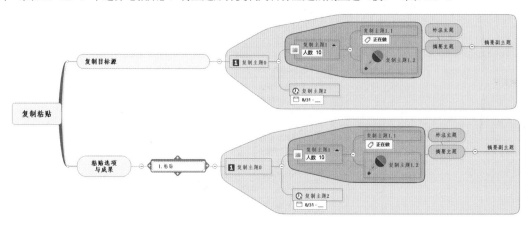

图3-22

📋 提示：如果所选源主题为多个（不同级）主题（枝），则复制为目标主题的多个同级副主题（枝）。

（2）原样复制为兄弟主题

在菜单（图3-21（d））中选择【粘贴为下一主题】，将主题原样复制为目标主题的下一个兄弟主题（枝）（图3-23）。

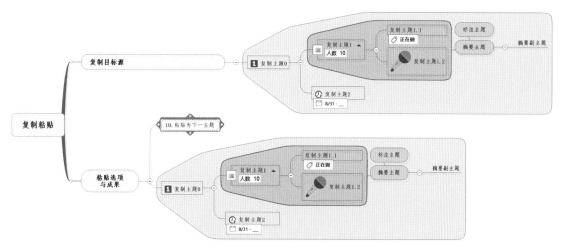

图3-23

📋 提示：如果所选源主题为多个兄弟主题（枝），则复制为目标主题的多个同级下一主题（枝）。

（3）原样复制为标注主题

在菜单（图3-21（d））中选择【粘贴为标注】，将原样复制目标主题的标注主题（枝）（图3-24）。

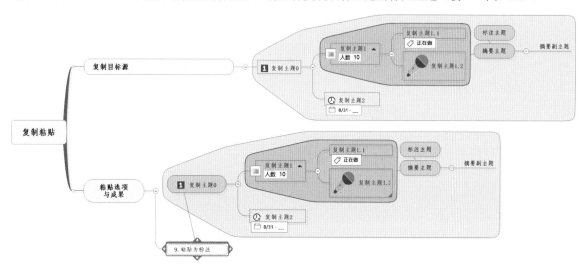

图3-24

📋 提示：如果所选源主题为多个（不同级）主题（枝），则复制为目标主题的多个同级标注主题（枝）。

（4）按现状格式复制主题

在菜单（图3-21（d））中选择【粘贴无格式文本】，或选择【粘贴特殊项】→【无格式文本】，仅将主要主题和副主题以目标导图中主题格式、并保持源导图中主题间隶属关系进行复制（图3-25），其他信息一律略去。

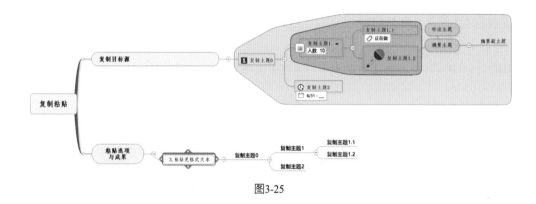

图3-25

> 📑 提示：MindManager无格式文本复制与常用桌面办公软件的无格式文本复制功能相同。

（5）照原状格式复制主题

在菜单（图3-21（d））中选择【粘贴格式化文本】，或【粘贴特殊项】→【格式化文本】，仅将主要主题和副主题的文本内容，以源导图中的主题格式复制为目标主题的下一级副主题（图3-26），其他信息一律略去。

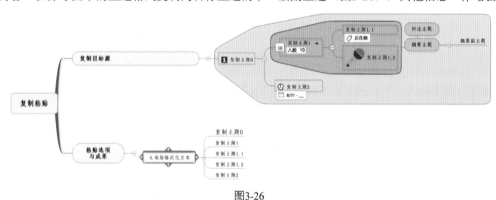

图3-26

> 📑 提示：MindManager格式化文本复制与无格式文本复制，有两点区别——一是复制后的主题格式，前者取源主题格式、后者取目标主题格式；二是主题隶属关系，前者合并为同级、后者保持不变。

（6）以照片形式复制主题

在菜单（图3-21（d））中选择【粘贴位图】，或【粘贴特殊项】→【位图】，将主题形成一张位图，插入新的主题中（图3-27）。

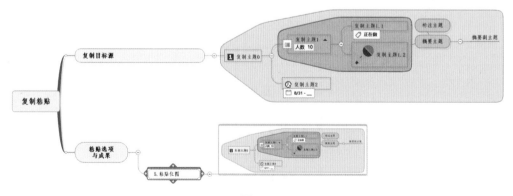

图3-27

📖 提示：MindManager粘贴位图，可以建立导图"略图"，并可按图像编辑（请参阅"3.6.2编辑主题图像"），且不随源导图主题的修改而变动，类似于Excel中的【粘贴为图片】。

（7）以链接形式复制主题

在菜单（图3-21（d））中选择【粘贴链接】或【粘贴特殊项】→【链接】，将所选主题以链接形式插入目标主题中（图3-28）。

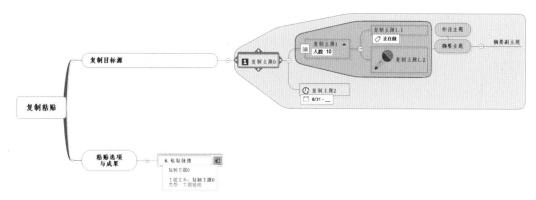

图3-28

📖 提示：MindManager粘贴链接，将在目标主题中增加一个链接符号，只标示所复制的第一个主题。所以，在选取复制源主题时，对主题枝只需选取根主题，选择菜单【复制为链接】（图3-21（a））。

单击链接符号，将打开所链接导图，并指向所链接主题。在主题中使用链接，请参阅"4.1使用链接"。

（8）以便笺形式复制主题

在菜单（图3-21（d））中选择【粘贴便笺】，将所选主题以便笺形式插入目标主题中（图3-29）。

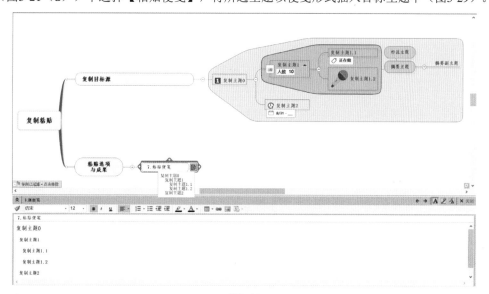

图3-29

📖 提示：MindManager粘贴便笺，将在目标主题中增加一个便笺符号，只复制中心主题、主要主题、副主题文本信息，并以类轮廓视图方式呈现在便笺编辑框中。

在主题中使用便笺，请参阅"4.3使用便笺"，使用轮廓视图请参阅"8.2辅助视图"。

（9）以主题属性复制主题

先在主题属性的右键菜单中选择【复制主题属性】将主题属性粘贴到粘贴板上，再选取目标主题，在菜单（图3-21（d））中选择【粘贴主题属性】，将所选主题属性复制到目标主题上（图3-30）。

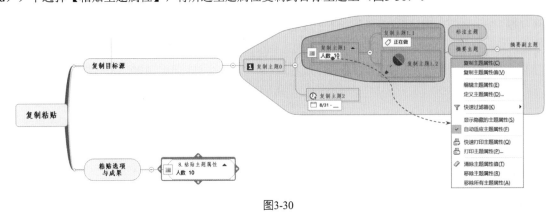

图3-30

提示：更详细的复制主题属性，请参阅"4.7.3（5）复制信息名称与内容"。

3.3.3 通过复制非导图文档添加主题

非导图文档指文字编辑、表格处理、演示等格式的文档，这些文档与导图文档之间通过复制来添加主题。

（1）复制文字编辑文档

扩展名为.doc、.docx、.wps、.rtf、.txt、.html、.pdf、.ppt、.pptx等的文字编辑、演示文档都可以作为复制主题来源。将文字编辑文档中需要的主题内容选取并复制到粘贴板上，选取目标导图主题，在菜单（图3-21（d））中选择粘贴，其效果与复制导图文档添加主题相同（图3-31）。

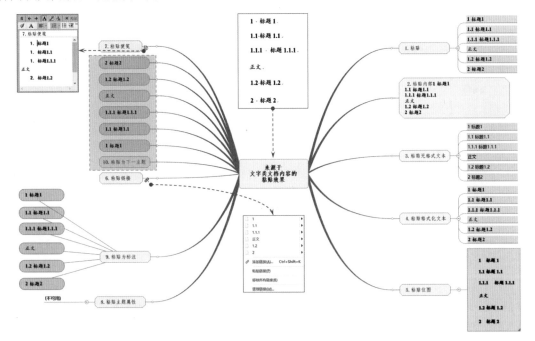

图3-31

提示：复制文字编辑文档内容，一个段落添加为一个主题，段落不分标题、级别与正文，都添加为同一级主题。

选择【粘贴内部】，是将复制内容作为粘贴的目标主题内容，并置于既有内容之后。

（2）复制表格处理文档

扩展名为.xls、.xlsx、.et等的表格处理文档都可以作为复制主题来源。将表格处理文档中需要的主题内容选取并复制到粘贴板上，选取目标导图主题，在菜单（图3-21（d））中选择粘贴，其效果与复制导图文档添加主题相同（图3-32）。

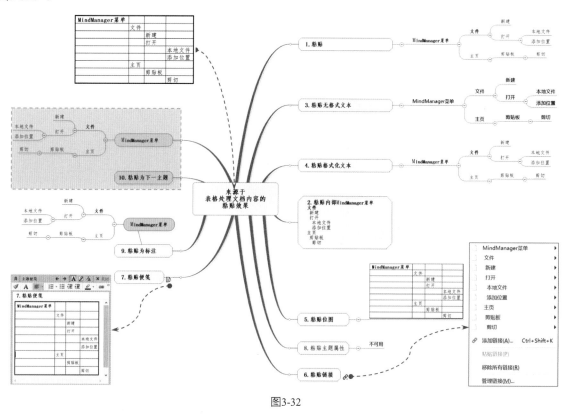

图3-32

提示：把表格处理文档作为复制主题来源，是一种快速建立导图的方法。将有隶属关系的主题文本，依隶属关系通过行列表达，这样就能快速地转换为导图文档。而且比通过Excel范围、Excel Data Mapper添加主题（请参阅"3.3.8节通过导入Excel数据添加主题"）更加简单明了、更好理解。

3.3.4 通过主题拆分添加主题

在通过复制非导图文档添加主题、尤其是选择【粘贴内部】时，因复制内容为一个段落包含多个主题文本，如果需要将其分拆为多个兄弟主题或下一级副主题时，可以通过拆分主题来添加主题。

以图3-33中的"拆分内容"为例，此主题内容明显为多个主题文本，要将其拆分为多个主题，首先要将文本分段，再拆分为兄弟主题或副主题。

（1）文本分段

将光标置于欲分段处，按组合键Shift+Enter，则主题文本分段（换行）。

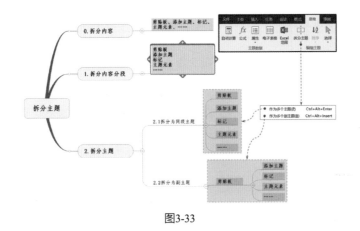

图3-33

（2）拆分为兄弟主题

选取目标主题，选择主菜单【高级】→【拆分主题】→【作为多个主题】，将其拆分为与目标主题同级的多个主题，且目标主题内容的一行为一个主题（图3-33）。

（3）拆分为副主题

选取目标主题，选择主菜单【高级】→【拆分主题】→【作为多个副主题】，将其拆分为目标主题的多个副主题，目标主题内容的第一行留在目标主题内，其他各行中的每一行为一个副主题（图3-33）。

3.3.5　通过插入导图添加主题

为了高效制作导图，可以通过继承已有导图文档，再部分修改主题或主题内容，从而获得一个效率与质量更有保证的导图文档。

> 提示：通过插入导图来添加主题，源导图有修改时，目标导图中插入的导图不会联动修改，以保证目标导图在插入导图后对其所做修改不受影响。如果要实现联动，则可通过添加链接导图（请参阅"4.1.1（4）链接导图与主题"）来实现。因此，插入部分可修改则不会联动，要联动则不可修改。

选取目标主题（图3-34（e）），选择主菜单【插入】→【插入导图】（图3-34（a）），或在目标主题右键菜单中选择【插入】→【导图】（图3-34（c）、（d）），选取欲插入的导图文档（图3-34（b）），单击【插入】按钮，即将选取的导图文档以主题枝整体作为副主题插入到目标主题下（图3-35）。

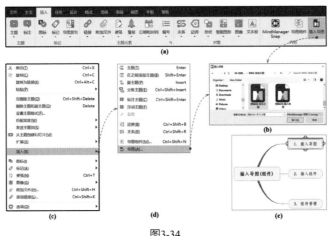

图3-34

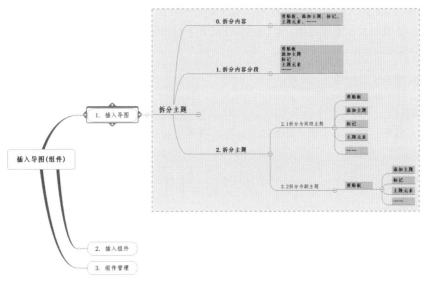

图3-35

📖 提示：在插入到目标主题时，源导图中与中心主题不相关的信息，如浮动主题（枝）、形状、图形、图像、文本框等将被忽略。

3.3.6　通过插入导图部件添加主题

MindManager将一些专题式、标准性的主题集合，制作成不同的样式导图文档，称之为【导图组件】，可以当作一个主题枝插入到导图文档需要的主题上，类似于专业模板，以便快捷制作导图。

为了插入组件，MindManager提供了【导图组件】窗格（图3-36（e））工具。选择主菜单【插入】→【导图组件】（图3-36（a）），或单击任务窗格按钮 ⊟（图3-36（f）），或在目标主题右键菜单中选择【插入】→【导图组件】（图3-36（c）、（b）），都可以打开【导图组件】窗格（图3-36（e））。

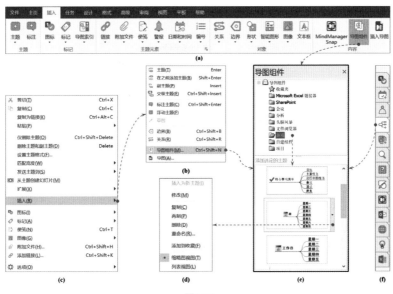

图3-36

【导图组件】窗格（图3-36（e））分为上部的"组件文件夹列表"和下部的"组件主题列表"两部分，单击上部导图组件所在文件夹，下部就显示导图组件缩略图或名称列表，右击导图组件缩略图（名称）或单击其右侧下拉小三角，将打开导图组件右键菜单（图3-36（d））。

> 提示：任务窗格的管理请参阅"10.1任务窗格"。

（1）插入导图组件

通过单击、拖放、复制、插入等方式（图3-37），可以将导图组件插入为目标主题的副主题、兄弟主题、标注主题和浮动主题（图3-38）。

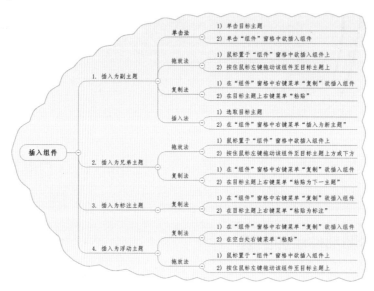

图3-37

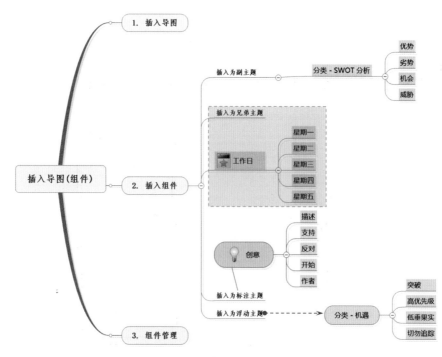

图3-38

- 单击法：选取目标主题，然后在【导图组件】窗格（图3-36（e））"组件主题列表"中，直接单击欲插入的组件，即将该组件插入为目标主题的副主题（图3-38）。
- 拖放法：鼠标光标置于【导图组件】窗格（图3-36（e））"组件主题列表"中欲插入的组件上，按住鼠标左键拖动其至目标主题的右侧（图3-39左）、上侧或下侧（图3-39右）、空白处，松开鼠标左键，即将该组件插入为目标主题的副主题、兄弟主题或浮动主题（图3-38）。

图3-39

- 复制法：在【导图组件】窗格（图3-36（e））的"组件主题列表"中，选择欲插入组件右键菜单中的【复制】（图3-36（d）），再选择目标主题右键菜单中的【粘贴】→【粘贴】、或【粘贴】→【粘贴为下一主题】、或【粘贴】→【粘贴为标注】、或在空白处右击，选择右键菜单中的【粘贴】→【粘贴】（图3-21（c）、（d）），即将该组件插入为目标主题的副主题、兄弟主题、标注主题或浮动主题（图3-38）。
- 插入法：选取目标主题，在【导图组件】窗格（图3-36（e））的"组件主题列表"中，选择欲插入组件右键菜单中的【插入为新主题】（图3-36（d）），即将该组件插入为目标主题的副主题（图3-38）。

> 📄 提示：通过插入导图组件来添加主题，类似于"3.3.2通过复制导图文档添加主题"，先复制主题（枝）或组件，再通过目标主题右键菜单中的【粘贴】将其制作为副主题、兄弟主题、标注主题或浮动主题。
> 与通过插入导图来添加主题相同，在导图文档中对插入的导图组件有修改时，不会因导图组件的修改而联动修改。

（2）管理导图组件

导图组件的扩展名为MindManager 2021 Map Part（.mmmp），存放于C：\Users\（计算机用户名）\AppData\Local\Mindjet\MindManager\22（MindManager版本号）\Library\CHS\Map Parts（图3-40（a））目录下。MindManager预置了9类基本组件（图3-41）。

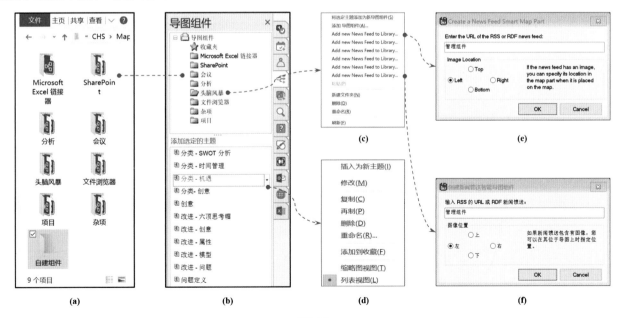

图3-40

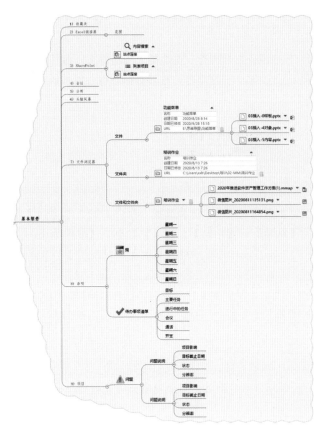

基本组件一览表

编号	文件夹	主题	说明	编号	文件夹	主题	说明
1	收藏夹			6.04		分类-机遇	
2	Excel链接器			6.05		分类-时间管理	
2.01		范围		6.06		分类-创意	
3	SharePoint			6.07		改进-创意	
3.01		查询Sharepoint列表		6.08		改进-六项思考帽	
3.02		搜索Sharepoint		6.09		改进-模型	
4	会议			6.10		改进-属性	
4.01		独立会议		6.11		改进-问题	
4.02		反馈会议		6.12		问题定义	
4.03		决策会议		7	文件浏览器		
4.04		信息会议		7.01		文件	
4.05		问题会议		7.02		文件夹	
4.06		工作会话		7.03		文件和文件夹	
4.07		会议筹备		8	日程		
4.08		会前调查		8.01		部门	
4.09		会议日程		8.02		消息	
4.10		行动项目		8.03		待办事项清单	
4.11		会议纪要		8.04		日历-年	
4.12		暂缓问题		8.05		日历-月	
5	分析			8.06		日历-周	
5.01		Ansoff矩阵		8.07		日历-日	
5.02		Boston矩阵		9	项目		
5.03		DESTEP分析		9.01		项目信息	
5.04		PEST分析		9.02		项目要求	
5.05		PESTLE分析		9.03		项目目标	
5.06		Porter价值链		9.04		项目假设事项	
5.07		SWOT分析(详)		9.05		项目成功标准	
5.08		SWOT分析		9.06		项目章程	
5.09		标准流程		9.07		项目计划	
5.10		成本效益分析		9.08		项目预算	
5.11		平衡计分卡		9.09		项目机遇	
5.12		五大优势分析		9.10		项目风险	
5.13		鱼骨图分析-服务		9.11		项目风险说明	
5.14		鱼骨图分析-市场		9.12		项目状态	
5.15		鱼骨图分析-制造		9.13		项目制约因素	
6	头脑风暴			9.14		项目问题	
6.01		头脑风暴		9.15		项目问题说明	
6.02		综合-创意		9.16		项目成果	
6.03		分类-SWOT分析		9.17		写作项目	

图3-41

> 📖 提示：导图文档的扩展名为.mmap，导图模板的扩展名为.mmat、.xmmat，导图组件的扩展名为.mmmp。

导图组件的管理包括组件的分类、新建与修改（图3-42）。MindManager提供了文件资源管理（图3-40（a））、【导图组件】窗格（图3-40（b））组件文件夹右键菜单（图3-40（c））和组件主题右键菜单（图3-40（d））来进行相关操作，各菜单的功能如表3-1所示。

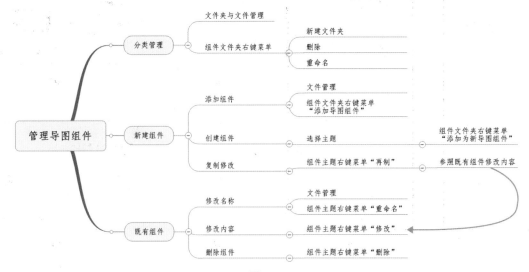

图3-42

表3-1

编号	菜单位置	菜单名称	功　　能
1	文件夹右键菜单		
1.01		将选定主题添加为新导图组件	将导图中所选主题（枝）创建以该主题为名称的新组件，并存放在该文件夹中
1.02		添加导图组件	将存放在其他位置的组件加入到本文件夹中
1.03		创建新组件	进行新组件的创建
1.04		粘贴	将存放在其他文件夹中的组件，通过复制粘贴加入到本文件夹中
1.05		新建文件夹	在本文件夹下新建一个文件夹
1.06		删除	删除本文件夹
1.07		重命名	修改本文件夹名称
1.08		刷新	刷新组件窗格
2	主题右键菜单		
2.01		插入为新主题	将所选组件插入为所选主题的兄弟主题（枝）
2.02		修改	修改本组件内容
2.03		复制	复制本组件到剪贴板
2.04		再制	在本文件夹下复制一个副本
2.05		删除	删除本组件
2.06		重命名	修改本组件名称
2.07		添加到收藏	将本组件添加到收藏夹中
2.08		缩略图视图	缩略图显示组件
2.09		列表视图	列表显示组件

- **组件分类与管理**：类似于模板（请参阅"9.1.3创建模板"）、图标文件（请参阅"5.3.2添加可使用的标记"）的管理，可以通过文件夹与文件的管理，对组件进行分类，引入其他作者或既有导图文档；也可以通过组件文件夹右键菜单中的【新建文件夹】、【删除】、【重命名】（图3-40（c））来进行新建、删除和重命名组件分类。
- **引入组件**：通过文件管理或组件文件夹右键菜单中的【添加导图组件】（图3-40（c）），可以将各种外来组件添加进来使用。
- **自创组件**：将自己制作的导图部分（选择主题），通过组件文件夹右键菜单中的【添加为新导图组件】（图3-40（c）），添加为组件，其组件名为主题内容。
- **修改组件**：通过文件管理或主题右键菜单中的【重命名】，可以修改组件名称；通过主题右键菜单中的【删除】，可以删除组件；通过主题右键菜单中的【修改】，可以修改组件内容（图3-40（d））。

3.3.7　通过导图汇总添加主题

导图汇总是将其他导图中的主题（枝）汇总到当前导图的主题中。通过导图汇总功能，可以充分利用已有的导图内容，从团队成员的导图中汇总信息和数据并进行更新，可以进行添加、更新与断开导图汇总。

（1）添加导图汇总

选取目标主题（图3-43（d）），选择主菜单【高级】→【导图汇总】→【插入新导图汇总】（图3-43（b）），打开【打开文件】对话框（图3-43（c）），选择存储在本地或云盘上的欲汇总的目标导图，弹出【选择主题】对话框（图3-43（e）），选择欲汇总的目标主题（枝），单击"确定"按钮，选择的欲汇总目标主题（枝）将作为目标主题的一个副主题（枝）汇总进来，且在汇总进来的根主题上显示导图汇总标识，同时更新有关自动计算与公式计算结果。

> 📋 提示：自动计算与公式计算请参阅"4.7.4汇总计算"。

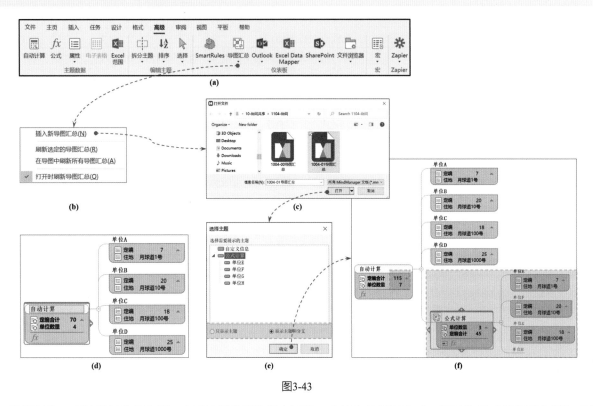

图3-43

导图汇总，可以只汇总根主题、也可以汇总所选根主题枝。在插入导图汇总时，通过选择"只显示主题""显示主题和分支"（图3-43（e））；在插入导图汇总后，通过在导图汇总标识右键菜单（图3-44（b））上勾选"只显示主题""显示主题和分支"，可以进行只汇总所选根主题（图3-44（c））与汇总所选根主题枝（图3-44（a））的转换，且影响有关自动计算与公式计算结果。

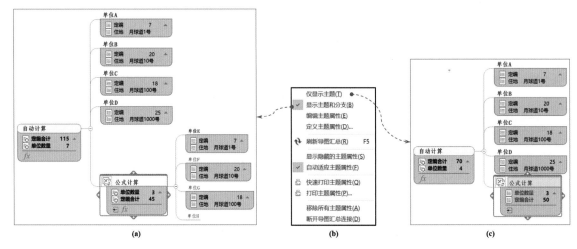

图3-44

（2）更新导图汇总

通过导图汇总插入主题，一个重要的优势就是汇总导图源文档修改了，可以在汇总目标文档中更新（图3-45（c）、（e）），包括自动更新、更新选定导图汇总和更新所有导图汇总。

● **自动更新导图汇总。** 勾选主菜单【高级】→【导图汇总】→【打开时刷新导图汇总】（图3-45（b）），将在打开导图时刷新本导图中所有导图汇总数据。

● **更新选定的导图汇总。** 选取导图汇总根主题，选择主菜单【高级】→【导图汇总】→【在导图中刷新所有导图汇总】（图3-45（b）），或在导图汇总标识右键菜单中选择【刷新选定的导图汇总】（图3-45（d）），即可刷新所选择的导图汇总。

● **更新所有导图汇总。** 选择主菜单【高级】→【导图汇总】→【刷新选定的导图汇总】（图3-45（b）），即可刷新本导图中所有的导图汇总。

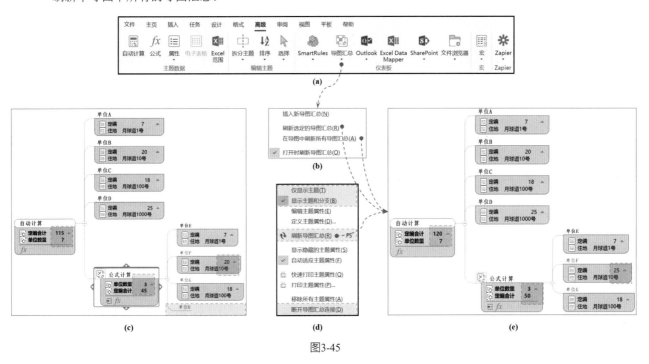

图3-45

（3）断开导图汇总

选择目标导图汇总，在导图汇总标识右键菜单中选择【断开导图汇总连接】（图3-45（d）），即可断开所选择的导图汇总，之后将不受导图汇总源文档修改的影响。

3.3.8　通过导入Excel数据添加主题

在MindManager中，可以通过导入Excel文档来添加主题及其内容。

通过主菜单【高级】→【Excel Data Mapper】（图3-46）导入添加主题，是将Excel文档中的内容导入到MindManager文档中，快速生成导图（图3-47），实现数据共享，导入后就可以在MindManager中编辑使用。

图3-46

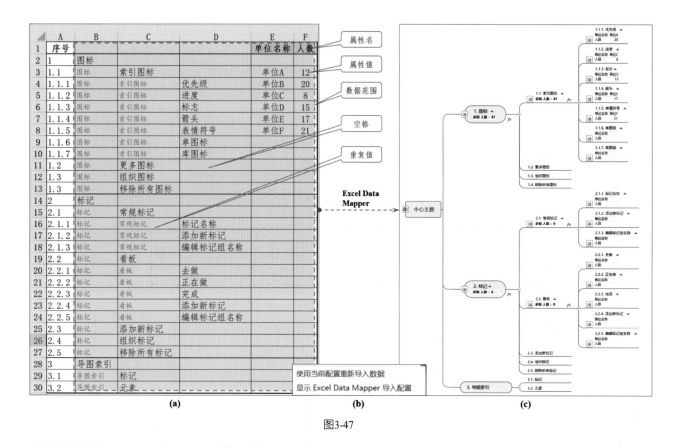

图3-47

> 📄 提示："Excel Data Mapper"可以翻译成"Excel数据映射器"或"Excel数据导入"。
> 通过导入Excel数据添加主题，与通过复制表格文档数据添加主题（请参阅"3.3.3（2）复制于表格处理文档"）有较大的相似性。相同的是都能添加主题，且添加主题后与源文档无关联；不同的是通过复制只能添加主题文本，而通过导入还可以添加主题属性即自定义信息（请参阅"4.7自定义信息"）和便笺（请参阅"4.3使用便笺"）。

通过Excel数据导入，既可以为目标主题添加副主题、也可以创建一个新导图文档，一般要经过数据准备、导入配置、生成导图或导图主题等步骤。如果对导入数据有部分修改，则可在导图文档中修改；如果Excel数据有更新，可以对导图文档进行导入更新，但此前在导图文档中对导入部分所做的修改将被废除。

（1）准备Excel数据表

● 按主题级别每级1列，便笺内容每个属性值各1列，将主题、便笺内容和属性值放置在Excel表格中，属性名列于表头上（图3-47（a））。

● 每行最后一个有内容的主题级别前的主题内容不能为空，通过填写重复值（图3-47（a））表明其主题之间的隶属关系。

● 单元格不能合并，引用数据可以列于表中任何连续区域，一个Excel文档中可以有多个表单。

（2）进行导入配置

● 第1步打开导入窗格。选择主菜单【高级】→【Excel Data Mapper】（图3-46），或单击任务窗格按钮▥（图3-36（f）），打开【Excel Data Mapper】任务窗格（图3-48）。

图3-48

- 第2步选择导入方式。选择将Excel表格数据生成的主题是添加为现有导图某个主题的副主题（枝）、还是新建一个导图文档。如果选择导入到"选定主题"，则需要在当前导图中选取目标主题，然后单击"下一步"按钮；如果选择导入到"新导图"，则直接单击"下一步"按钮，将打开【选择要导入的Excel文件】选择框（图3-49（a）），进入到导入Excel文件的选择。
- 第3步选择要导入的Excel文件。在【选择要导入的Excel文件】选择框（图3-49（a））中，选择要导入的Excel文件，单击"打开"按钮，进入到数据范围选择（图3-49（c））。

📄 提示：如果选择导入到"新导图"（图3-48），将基于当前默认模板自动新建一个空白新导图。

- 第4步选择Excel表单和数据区域。在数据范围选择（图3-49（c））时，选择"编辑"按钮可以重选导入源Excel文件，重选数据所在的表单并导入数据区域，重选预设的导入配置（通过第8步保存获取）（图3-49（b）），单击"下一步"按钮，进入到标题位置的选择（图3-50）。

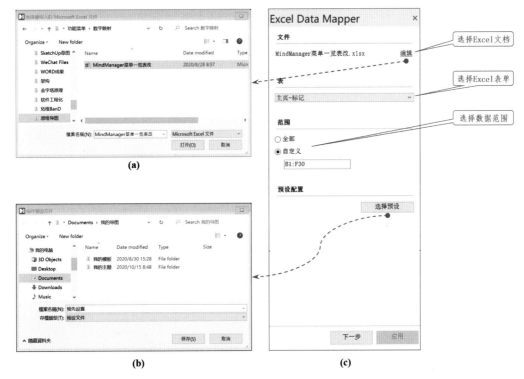

(a)

(b)   (c)

图3-49

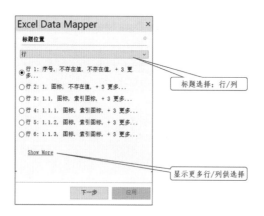

图3-50

- 第5步选择标题位置。在选择标题位置（图3-50）时，可以选择标题位置是行或列，以及哪一行/列为标题，单击"下一步"按钮，进入数据映射设置（图3-51）。
- 第6步设置主题数据映射关系。主题数据映射关系是指主题与导入Excel的数据之间的对应关系，即告诉MindManager哪一列/行对应哪一级主题和哪个属性（值）信息。在数据映射设置（图3-51（d））中：

每个主题级别后有【升级】、【降级】、【删除】按钮，可以对本级别主题进行升降级与删除操作。在最后一个级别主题下面，有【添加级别】按钮，可以添加主题级别。

每个主题级别下面有本级别主题映射数据选择框，选择对应主题的数据列（或行）；选择框后有【数据选项】按钮，其选项【重复值引用单个单项】、【跳过空单元格】非常有用（图3-51（g）），对应Excel数据（图3-47（a））中重复值与空格的处理。

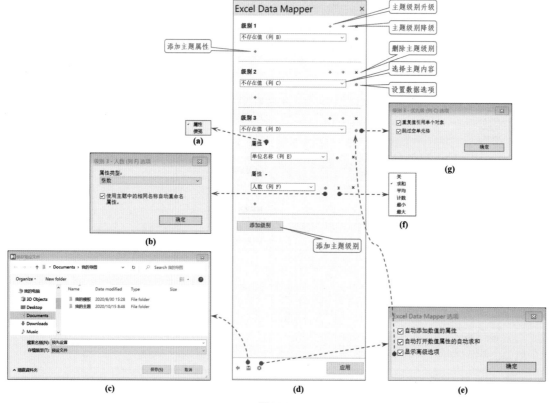

图3-51

📋 提示：激活【数据选项】按钮，需要通过"Excel Data Mapper选项"按钮打开【Excel Data Mapper选项】对话框（图3-51（e）），勾选"显示高级选项"。

- 第7步设置主题属性数据映射关系。主题属性数据映射关系是指自定义信息（主题属性）和便笺与导入的Excel数据之间的对应关系，即告诉MindManager哪一列/行对应哪一级主题的哪个属性（值）信息。在数据映射设置（图3-51（d））中：

在每个主题级别映射数据选择框下面，都有【+】按钮用于添加该主题级别的主题属性或便笺。添加主题属性后，主题属性旁的下拉小三角用于选择是属性还是便笺（图3-51（a））；主题属性下面有映射数据选择框，其选择与主题一样；映射数据选择框右侧的属性类型设置（图3-51（b））、可计算属性计算选项（图3-51（f））、属性删除按钮 ✖（图3-51（d）），可用于设置属性类型、选择属性值计算规则和删除此属性。

- 第8步修改与保存导入设置。在数据映射设置（图3-51（d））的最后一行还有返回上一步、保存设置和选项设置按钮。单击"返回"按钮，返回到标题位置选择（图3-50），可以修改标题行/列的选择（这个【返回】意义不大，不能返回导入方式的选择是软件的不足）；单击"保存"按钮，将本设置保存为一个文件，可重复调用，亦是第4步选择【预设配置】（图3-49（b））的来源；单击"选项设置"按钮，打开【Excel Data Mapper选项】对话框（图3-51（e）），可勾选有关设置。

📋 提示：选项设置中的三个选项值得重视，前两项是默认勾选，但第三项很有用，【显示高级选项】是指主题级别关联数据选择框右侧的【设置数据选项】按钮，如果不勾选，则不显示此按钮。

（3）生成导图主题

在数据映射设置（图3-51）中，单击【应用】按钮，则在所选主题或新建导图中心主题后插入Excel所提供数据的主题及属性内容（图3-47（c））（图中主题编号是人工加上的，以便与左侧图对应比较）。

（4）编辑与更新

通过Excel Data Mapper途径将Excel数据生成的导图主题，在所选主题或新建导图中心主题有插入标识，单击或右击标识均可调出右键菜单（图3-47（b）），菜单中包括"显示Excel Data Mapper导入配置"和【使用当前配置重新导入数据】

对通过Excel Data Mapper生成的导图主题，可以在导图中进行正常的编辑，但是如果使用了标识右键菜单中的【使用当前配置重新导入数据】，之前在导图中进行的编辑修改将失效，同时Excel数据如果有修改，也将更新为新数据。

3.4　删除主题

对不需要的单主题、主题枝，MindManager提供了主菜单【主页】→【删除】→【删除主题】（图3-52（a）（c））、主题右键菜单【仅删除主题】与【删除主题和副主题】（图3-52（b））及组合键Ctrl+Shift+Del、Del功能进行删除操作。

📋 提示：组合键Ctrl+Shift+Del，右键菜单【仅删除主题】，快捷键Del、菜单【删除主题】与右键菜单【删除主题和副主题】功能相同。

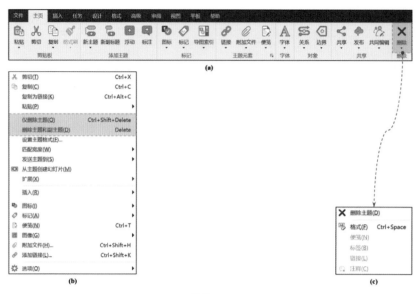

图3-52

（1）删除单主题

删除单主题是指仅删除所选取的一个或多个目标主题和隶属的摘要主题，不删除隶属于目标主题的副主题和标注主题。选取目标主题"单主题1.2""单主题2.2"（图3-53（a））和"主题枝1"（图3-53（c）），选择右键菜单中的【仅删除主题】（图3-52（b）），删除所选目标主题，目标主题原隶属的副主题及标注主题归属于目标主题的父级主题（图3-53（b）），目标主题原有的边界及其摘要主题一并被删除（图3-53（d））。

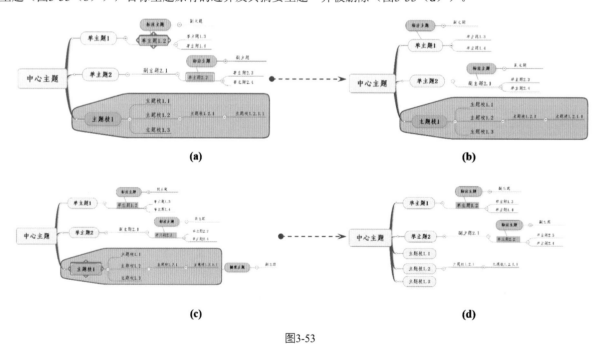

图3-53

（2）删除主题枝

删除主题枝是指仅删除所选取的根主题及其隶属的副主题、标注主题和摘要主题。选取根主题"单主题1.2""单主题2.2"（图3-54（a））和"主题枝1"（图3-54（c）），选择右键菜单中的【删除主题和副主题】（图3-52（b）），删除所选根主题及隶属的副主题、标注主题、边界及其摘要主题（图3-54（b）、（d））。

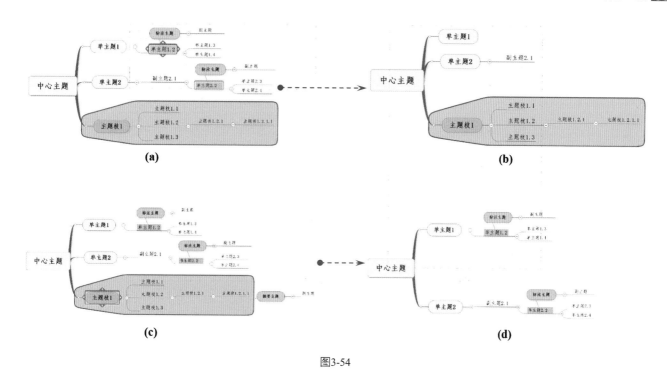

图3-54

3.5　调整主题关系

随着问题和导图内容思考的逐步成熟，必然要求主题间相互关系的调整，包括改变主题（枝）的隶属关系（归属位置）、兄弟主题的先后顺序（上下位置）、主题（枝）的升降级（前后位置）和改变主题类别，可以通过删除插入法、剪切粘贴法、直接拖放法、拖放菜单法、主题排序法来实现。

> 提示：为表述方便，本节将欲变动隶属关系的主题（枝）称为"源主题（枝）"，将欲变动隶属关系的主题（枝）隶属到的主题称为"目标主题"，"源主题（枝）"的首级主题称"源主题"。举例说明：原来B主题（枝）隶属于A（记为A~B），现要变换为B主题（枝）隶属于C（记为C~B）。在这里，B称"源主题（枝）"、C称"目标主题"。

（1）删除插入法

将源主题的父级主题删除，则源主题（枝）升一级。删除操作请参阅"3.4（1）删除单主题"。

在源主题前插入父级主题，则源主题（枝）降一级。添加主题操作请参阅"3.3.1（2）添加父子主题"。

> 提示：中心主题不能升降级。

（2）剪切粘贴法

选取源主题，选择主菜单【主页】→【剪切】（图3-55（a））、或在源主题右键菜单中选择【剪切】（图3-55（b）），则将源主题（枝）剪切（到剪切板上）。

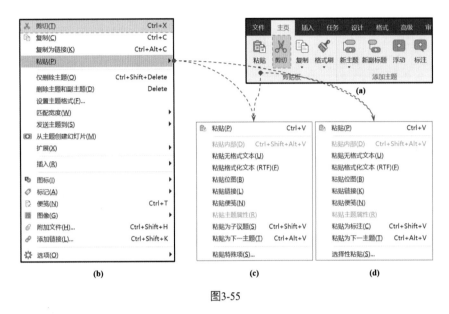

图3-55

选取目标主题，选择主菜单【主页】→【粘贴】（图3-55（a））、或在目标主题右键菜单中选择【粘贴】（图3-55（b）），打开下拉菜单（图3-55（c）、（d）），根据粘贴需要进行选择，不仅可以将源主题（枝）移动到目标主题上，还可以改变源主题的类别（请参阅"3.3.2通过复制导图文档添加主题"）。

（3）直接拖放法

将鼠标光标置于"源主题"上，按住鼠标左键拖动其至目标主题后侧附近或空白处，会显示浅色框线位置（图3-56），松开鼠标左键，即可将该源主题（枝）原样拖放为目标主题的副主题（枝）或兄弟主题（枝）。

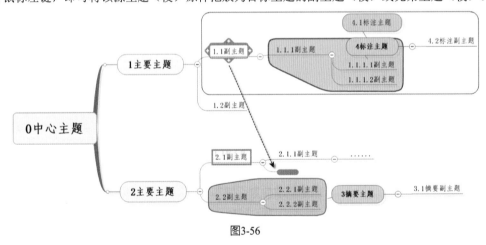

图3-56

提示：当目标主题为副主题时，直接拖放法只能拖放为副主题（枝）或兄弟主题（枝）；当目标主题为标注、摘要、浮动主题时，直接拖放法只能拖放为副主题（枝）。

（4）拖放菜单法

直接拖放过程中，在松开鼠标左键前稍停留片刻，将在目标主题中间（图3-57左）出现拖放菜单标识，松开鼠标左键后，将调出拖放菜单（图3-57右），可以设置不同类别的主题（枝）。

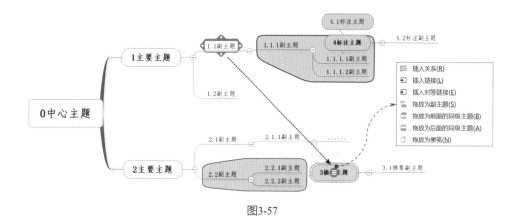

图3-57

（5）主题排序法

需要按着某种规律来调整同一主题枝兄弟主题间的前后顺序时，可以使用排序法。选取目标主题（图3-58（b）），选择主菜单【高级】→【排序】（图3-58（a））、或【高级】→【排序】→【排序】（图3-58（c）），按默认规则对目标主题为根主题的主题枝进行排序；选择【高级】→【排序】→【排序选项】（图3-58（d）），设置排序规则并对目标主题为根主题的主题枝进行排序。

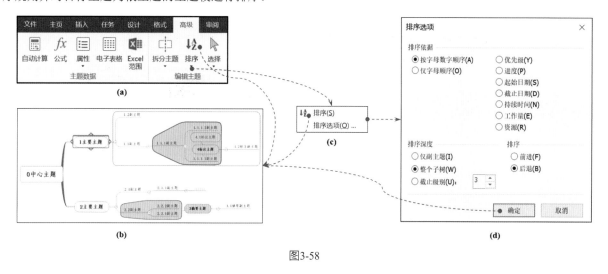

图3-58

排序规则设置包括排序依据、排序深度、排序（方式）的选择，排序依据有9个单选项。排序深度有3个单选项，仅副主题是指所选目标主题的第一级副主题，整个子树是指所选目标主题为根主题的主题枝，截止级别是指所选主题的第一级至所选级别副主题。排序（方式）有2个单选项，前进指正序、后退指倒序。默认排序选项是指排序依据、排序深度、排序（方式）均为第一选项（图3-58（d））。

📑 提示：排序法仅调整兄弟主题间的前后关系。

3.6　编辑主题内容

主题内容包括文本（或称关键词）、图像和附加信息、标识信息和对象信息。本节仅介绍主题文本和图像的编辑，包括编辑状态的进入与退出、选取与编辑。

> 提示：附加信息的添加请参阅"4附加信息"，标识信息的设置请参阅"5添加标识"，对象信息的添加请参阅"6插入对象"。
>
> 在导图中，分为主题的选取与主题内容的选取。

3.6.1 编辑主题文本

（1）文本编辑状态的进入与退出

- 选取目标主题（图3-59（a））后按F2键，或直接双击目标主题，进入目标主题文本编辑状态并全选了目标主题文本（图3-59（b））。
- 选取目标主题（图3-59（a）），再单击欲编辑文本处，或三连击欲编辑文本处，进入目标主题文本编辑状态，光标定位在欲编辑处（图3-59（c）），拖动光标可以选择文本（图3-59（c））。
- 编辑完后，单击目标主题外任一处或按Enter键，退出目标主题文本编辑状态。

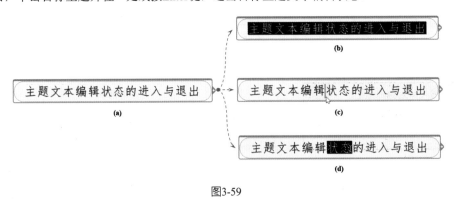

图3-59

（2）文本的选取与编辑

除上述对主题文本的全部或部分选取外，选取主题后输入文本将替换既有全部文本（此时不用选取文本）。

在进入主题文本编辑状态后，主题文本的增、删、改、复制、剪切、粘贴等编辑方法与常用文字编辑软件操作相同。

> 提示：主题文本编辑状态的进入，文本编辑状态的退出与excel单元格操作相同。
>
> 主题文本编辑每次只能针对一个目标主题，但文本格式设置可以同时针对多个主题。
>
> 主题文本编辑完后，切记退出，否则会继续在该主题中操作。

3.6.2 编辑主题图像

编辑主题图像包括给主题插入图像、选取主题中的图像、编辑主题图像。

（1）插入主题图像

选择目标主题（图3-60（b）），选择主菜单【插入】→【图像】（图3-60（i））、或在目标主题右键菜单中选择【图像】（图3-60（g）），打开下拉菜单（图3-60（f））：

- 选择【标准图像来自文件】，打开【添加图像】对话框（图3-60（e）），选择图像，单击"插入"按钮，所选图像以原图插入到目标主题中（图3-60（c））；
- 选择【缩略图像来自文件】，打开【添加图像】对话框（图3-60（e）），选择图像，单击"插入"按钮，所选图像以缩略图像插入到目标主题中（图3-60（d）），图像上显示有一放大镜，单击可以放大查看原图（图3-61（c））；

● 选择【来自库】，打开【库-图像】对话框（图3-60（h）），选择图像，单击即可插入到目标主题中（图3-60（a））。

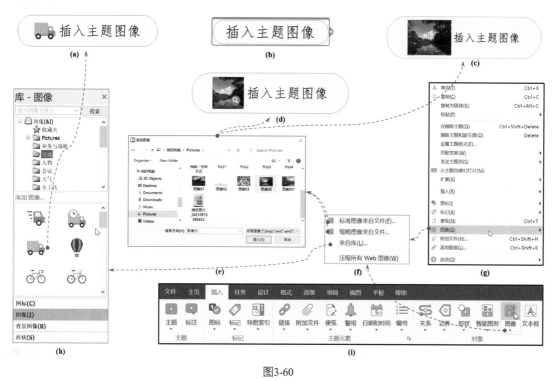

图3-60

（2）选取主题图像

选取目标主题，单击图像，即选取了目标主题中的图像（图3-61（b）、（d））。单击图像外的任意位置，取消图像选取。

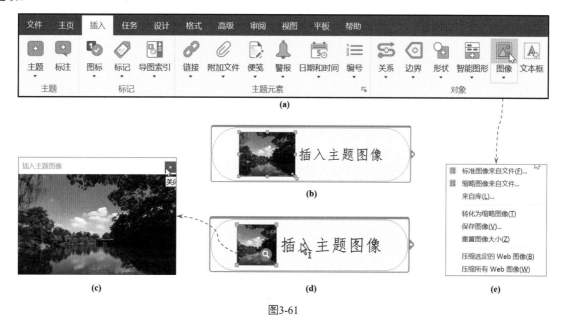

图3-61

（3）编辑主题图像

主题图像选取后，四周有操作手柄（图3-61（b）、（d）），可缩放。选择主菜单【插入】→【图像】（图3-61（a）），打开的下拉菜单（图3-61（e））可用于图像编辑，其操作功能如表3-2所示。

表3-2

序　号	菜单名称	主　题	备　注
1	转化为标准（缩略）图像	互换所选图像的插入方式	
2	保存图像	另存所选图像	
3	重置图像大小	恢复默认图像大小	仅标准图方式有
4	压缩选定的Web图像	压缩选定的Web图像	
5	压缩所有的Web图像	压缩所有的Web图像	

3.6.3　设置主题内容格式

主题内容格式包括字体格式、段落格式、图文对齐方式、图像特性设置，请参阅"7.2.1设置主题内容格式"。

3.7　本章总结

添加主题是绘制导图的重要内容与基础。本章围绕导图主题，在对主题进行分类的基础上，详细介绍了主题的各种选取方法，主题的添加、删除，主题关系调整，以及主题内容的编辑（图3-62）。

（1）对主题加以分类，是描述与交流的基础。本章从不同的角度，将主题划分为中心主题、主要主题和副主题；浮动主题、摘要主题和标注主题；同级主题、父子主题和兄弟主题；根主题和主题枝。

（2）选取主题是操作主题的前提。对主题选取，包括单选、多选、全选和取消选取，形象来说就是单选、块选、竖向选、横向选、折线选、散点选、加减选、全选、取消选取。单个主题和已选主题的相邻主题选取就是单选，区域框选就是块选，同一父级主题下的同级连续子主题选取就是竖向选，同主题枝上下级主题选取就是横向选，连续相邻主题选取就是折线选，任意多选就是散点选和加减选。选取方法有单击、箭头键、复选键（Shift+）、加减键（Ctrl+）、框选、组合键。掌握各种选取方法是高效进行主题操作的基础。

（3）添加主题是本章的重点内容。本章详细介绍了使用快捷键、组合键、主菜单、右键菜单添加主题的常规方法，以及通过复制导图主题、非导图内容、拆分主题，插入导图、导图部件与导图汇总，导入Excel数据来添加主题的高级技巧。掌握添加主题的高级技巧，是共享既有数据、高效绘制导图行之有效的途径。

（4）删除主题相对简单、快速，本章介绍了通过组合键、主菜单、右键菜单等方法来删除单主题、主题枝与所选主题。

（5）调整主题间相互关系是导图的重要操作。本章详细介绍了删除插入法、剪切粘贴法、直接拖放法、拖放菜单法、主题排序法等来调整主题间的相互关系、兄弟主题的先后顺序以及主题的升降级。

（6）主题内容的编辑是绘制导图很重要的操作。本章仅简要介绍了主题文本与图像的编辑，主要是编辑状态的进入与退出，一级编辑对象的选取，其编辑方法与常用桌面办公软件相同。

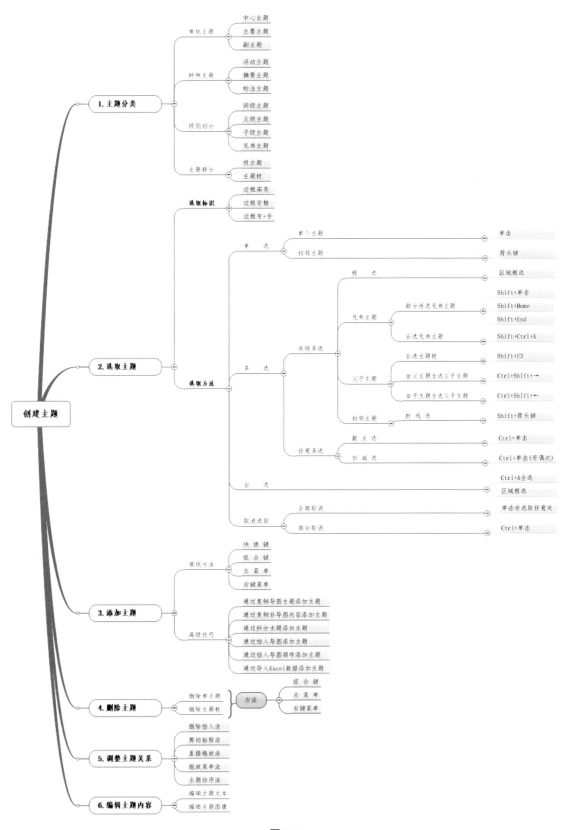

图3-62

4
附 加 信 息

由于主题关键词需要简洁明了，所以，为了更准确完整地传递信息、易于阅读理解，需要给主题关键词提供一些简短的备注性解释与补充，也就是附加信息。在这里，"附加信息"既作名词理解，也作动名词解读。附加信息是主题关键词的注释与补充。附加信息的本质是信息，具有多样性、可定义、可编辑。就像文章中标题与简短解释说明的关系一样。

MindManager给主题可附加的信息包括链接、附件、便笺、事件预警、任务信息、表格以及自定义信息（图4-1）。

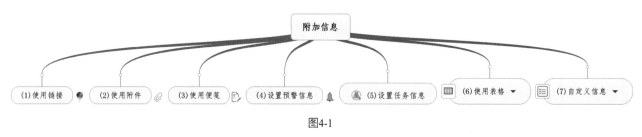

图4-1

4.1 使用链接

添加链接的主题称为目标主题，添加的链接称为链接对象，链接对象中不同的类型称为链接类型，链接对象存储位置称为链接路径，链接类型、链接对象名称、链接路径统称为链接（对象）信息，链接对象的内容简称链接内容。

MindManager给主题添加的链接类型有网页、电子邮件、文件、文件夹、MindManager导图及其主题，在添加链接的目标主题信息框中有链接标识符号显示，一个主题可以添加一个或多个不同类型的链接对象。

添加链接的目的是为了使用链接内容。首先得在导图中找到哪些主题上有链接并查看链接信息，其次是链接能否打开与修复，如何打开以查看链接内容，最后是如何添加、删除、移动链接以及修改链接信息等。为此，"4.1.1添加链接"详细介绍了如何插入各种类型的链接对象；"4.1.2识别链接"介绍了如何识别各种类型的链接以及查看链接信息；"4.1.3管理链接"详细介绍了如何查看链接对象内容、检查与修复链接的有效性和编辑链接。由于MindManager导图文档可能在同一计算机或不同计算机之间传递，涉及链接源位置的相对与绝对性，以及链接源如何导出等选项，"4.1.4链接选项"详细介绍了这些选项的设置（图4-2）。

> 提示：添加有链接的主题上是否显示链接标识符号，取决于主题信息显示设置（请参阅"8.6.2设置显隐主题信息"）。

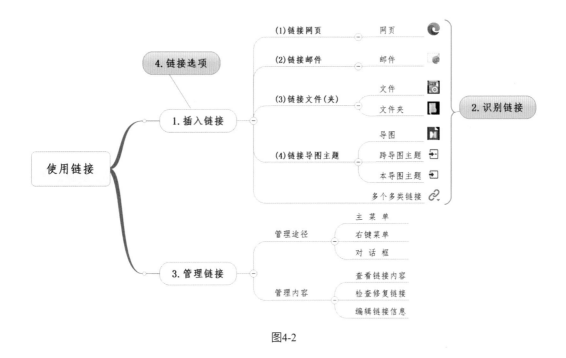

图4-2

4.1.1 添加链接

MindManager提供了3条途径来给主题添加链接对象。

● 一是选择目标主题右键菜单中的【添加链接】（图4-3（a）），打开【添加链接】对话框（图4-3（g）），单击【链接类型】右侧的下三角（图4-3（c）），将呈现适用于添加链接网页与文件（夹）、导图与主题、电子邮件3种不同对话内容的【添加链接】对话框（图4-3（g）、（f）、（e））。

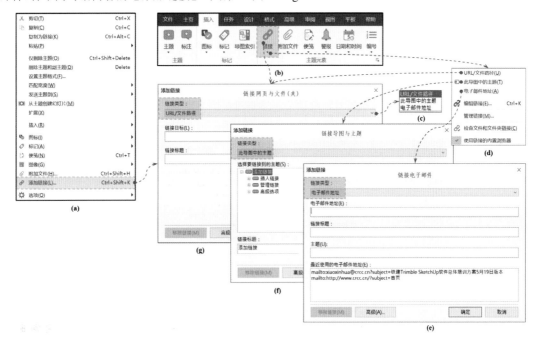

图4-3

- 二是选取目标主题，选择主菜单【插入】→【链接】（图4-3（b）），打开【添加链接】对话框（图4-3（g）），单击【链接类型】右侧的下三角（图4-3（c）），将呈现适用于添加链接网页与文件（夹）、导图与主题、电子邮件3种不同对话内容的【添加链接】对话框（图4-3（g）、（f）、（e））。
- 三是选取目标主题，选择主菜单【插入】→【链接】下方的小三角（图4-3（b）），选择【弹出菜单】（图4-3（d））中的【URL/文件路径】（或【编辑链接】）、【此导图中的主题】、【电子邮件地址】，对应打开适用于添加链接网页与文件（夹）、导图与主题、电子邮件3种不同链接类型的【添加链接】对话框（图4-3（g）、（f）、（e））。

📋 提示：选择主菜单【插入】→【链接】，打开的【添加链接】对话框，默认为最近使用的链接类型【添加链接】对话框。

"链接标题"相当于该链接标签名称，将在链接悬浮显示、右键菜单中显示以识别。

（1）链接网页

MindManager内置有浏览器，这是相对于MindManager软件外部浏览器而言。在MindManager中，可通过主菜单插入、内置浏览器来链接网页。

- 通过主菜单链接网页。在【添加链接】对话框（图4-3）中，设置"链接类型"为"URL（/文件路径）"，在"链接目标"中填写网页地址，在"链接标题"中将自动填写该网址的标题，可进行编辑，单击"确定"按钮（图4-4），即给目标主题链接了一个网页，并在目标主题信息框中显示链接网页标识符号（图4-2）。

图4-4

- 通过内置浏览器插入网页链接。选取目标主题，单击任务窗格按钮 📷（图4-5（a）），打开内置"浏览器"窗格（图4-5（a）），输入网页地址、打开网页以验证链接网页内容的正确性（图4-5（b）），再单击 📷 按钮，即给目标主题链接该网页，并在目标主题信息框中显示链接网页标识符号（图4-2）。

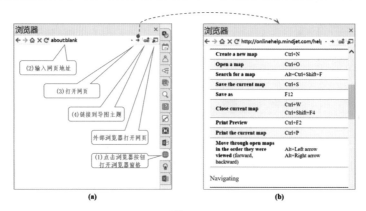

图4-5

📖 提示：内置浏览器可通过【文件】→【选项】进行设置，请参阅"10.2.1（10）修改内置浏览器"。

（2）链接电子邮件

在【添加链接】对话框（图4-3）中，确认"链接类型"为"电子邮件地址"，填入"电子邮箱地址"，填写"链接标题"和"主题"，单击"确定"按钮（图4-6），即给目标主题链接了一个电子邮件，并在目标主题信息框中显示链接邮件标识符号（图4-2）。

图4-6

📖 提示：需要在MindManager进行邮箱设置，才能打开此邮箱。

在【添加链接】对话框中，最后一栏内容为"最近使用的电子邮件地址"，记录着最近使用过的电子邮件地址、链接标题和主题，单击它，将自动填写这三项内容，并可进行修改。

（3）链接文件与文件夹

在【添加链接】对话框（图4-3）中，确认"链接类型"为"（URL/）文件路径"，单击"链接目标"右侧的小三角，选择【选择文件】或【选择文件夹】（图4-7），打开文件或文件夹选择框（图4-8），选择链接的文件或文件夹，"链接标题"将自动填写该文件或文件夹名称，可进行编辑，单击"确定"按钮（图4-9），即给目标主题链接了一个文件或文件夹，并在目标主题信息框显示链接文件或文件标识符号（图4-2）。

📖 提示：链接目标也可以直接输入文件或文件夹所在全路径。

图4-7   图4-8

图4-9

（4）链接导图与主题

链接导图与主题，分为链接导图文件、链接跨导图主题、链接本导图主题三种情形。

● 链接导图文档。与链接文件（请参阅"（3）链接文件与文件夹"）一样，当选择的文件为导图文档时，MindManager会自动识别。与链接非导图文件不同（图4-9），将在【添加链接】对话框增加"主题"选项（图4-10），跳过不填，"链接标题"将自动填写该文件名称，可进行编辑，单击"确定"按钮，即给目标主题链接了一个导图文件，并在目标主题信息框中显示链接导图文件标识符号（图4-2）。

图4-10

● 链接跨导图主题。在"链接导图文档"时，单击"主题"右端的【选择】（图4-10），打开【选择主题】选择框（图4-11左），选择链接的主题，自动填在"主题"栏且只能单击【选择】按钮重新【选择主题】来修改，"链接标题"将自动填写链接主题名称，可进行编辑，单击"确定"按钮（图4-11右），即给目标主题链接了一个跨导图主题，并在主题右侧显示链接主题标识符号（图4-2）。

图4-11

● 链接本导图主题。链接本导图主题，类似于Office插入"本文档位置"。在【添加链接】对话框（图4-3）中，确认"链接类型"为"此导图中的主题"，在"选择要链接到的主题"下拉列表中选择主题，"链接标题"将自动填写链接主题名称、同时可编辑改写，单击"确定"按钮（图4-12），即给目标主题链接了本文档中的指定主题，并在目标主题信息框显示链接主题标识符号（图4-2）。

图4-12

（5）通用链接法

不分链接类型，均可通过【复制（链接）】→【粘贴链接】添加链接，只是"链接标题"不能即时编辑，但可通过【编辑链接】进行修改。

● 第1步，选取链接源。选取一个或多个网页网址、邮件地址、文件（或路径）、文件夹（或路径）、导图文件（或路径）、跨导图主题、本导图主题。

● 第2步，将选取的链接源复制到粘贴板上。选择所选取链接源右键菜单中的【复制】（图4-13（a）），将选取的链接源复制到粘贴板上。

📄 提示：当链接源为导图主题时，也可通过主菜单【主页】→【复制】（图4-13（d））→【复制为链接】（图4-13（e）），或其右键菜单【复制为链接】（图4-13（b）），将选取的链接源复制到粘贴板上。其效果与右键菜单【复制】一样。

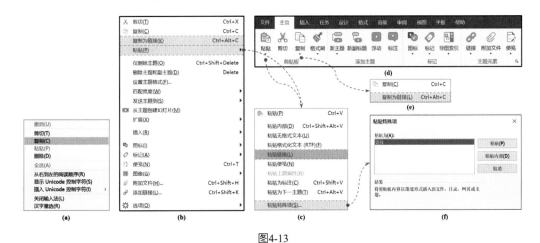

图4-13

● 第3步，将链接粘贴到目标主题上。选择目标主题右键菜单中的【粘贴】→【粘贴链接】（图4-13（b）、（c）），将复制在粘贴板上的链接源粘贴为目标主题的链接。或选择主菜单【主页】→【粘贴】→【粘贴链接】（图4-13（a）、（c）），效果一样。

📋 **提示：** 主菜单和右键菜单的【粘贴】→【粘贴】与【粘贴】→【粘贴链接】效果不同。

链接文件的标识符号，将随文件类型的不同，呈现不同的图标标识（图4-2）。

4.1.2　识别链接

由于MindManager给主题配置有多种的标识符号，而链接在主题上只显示链接标识符号，且链接对象是多类型的，所以，需要掌握如何在导图中找到链接、识别链接类型以及查看链接简要信息。

链接标识符号显示在主题信息框（图4-2），其中多个链接和网页、邮件、文件夹、导图文件、跨导图主题、本导图主题单个链接标识不变，文件单个链接会随文档类型不同而不同且采用其类型图标。

将鼠标光标置于链接标识符号上，会悬浮显示链接的简要信息，一个主题上只有单个链接时显示链接标题、链接（源）位置和链接类型，有多个链接时仅显示链接标题（图4-14）。

网页

邮件

（非导图）文件

导图文件

本导图主题

文件夹

跨导图主题

多个多类链接

图4-14

📋 **提示：** 从简要信息显示可看到，在添加链接时，取一个简单、能顾名思义的链接标题（类似于链接名称）是有意义的。

4.1.3　管理链接

给主题添加链接后，还需要查看链接内容、检查链接有效性与修复链接，复制、剪切与粘贴链接，添加、删除与修改链接，统称管理链接（图4-15）。

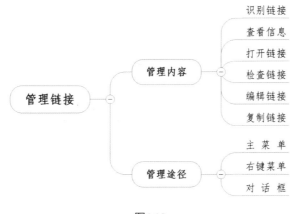

图4-15

（1）认识管理链接的路径

管理链接的路径包括主菜单、主题右键菜单和链接右键菜单。

● 主菜单。选择目标主题，选择主菜单【插入】→【链接】（图4-16（a）），打开下拉菜单（图4-16（c）），可打开并查看链接内容、编辑链接、检查修复链接、全方位管理链接，以及启动和关闭内置浏览器。

● 主题右键菜单。右击目标主题，可打开主题右键菜单（图4-16（b）），可编辑链接。

● 链接右键菜单。右击目标主题链接标识符号，可打开链接右键菜单。单个链接的右键菜单（图4-16（f））与多个链接的右键菜单（图4-16（d）、（e））稍有不同，且不同类型链接的右键菜单也有差异（表4-1）。

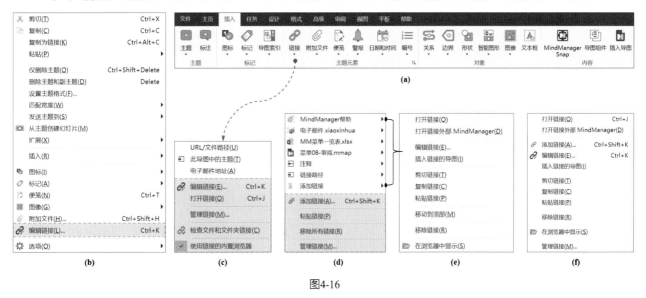

图4-16

（2）打开链接查看链接内容

单链接直接单击链接标识符号、多链接直接单击右键菜单中的链接标题，或通过菜单【打开链接】、【打开链接外部MindManager】、【在浏览器中显示】（图4-16），将打开链接对象并在MindManager内部（图4-17）或外部窗口中显示链接内容。内部窗口显示链接内容不可编辑，单击其右上角按钮 可以转到外部窗口打开链接；外部窗口打开链接对象，与常规打开网页、邮件、文件（夹）和导图相同，不仅可以查看链接内容，还可以对链接内容进行编辑操作；打开链接时，链接的导图主题将直接跳到所链接的主题上。

表4-1 链接菜单一览表

序号		1	2	3	4	5	6	7	8	9	10	11	12	13	14	15
菜单		打开链接	打开链接外部MindManager	在浏览器中显示	添加链接	编辑链接	插入链接的导图	剪切链接	复制链接	粘贴链接	移动到顶部	移除链接	移除所有链接	管理链接	检查文件和文件夹链接	使用链接的内置浏览器
操作效果		打开链接（以显示链接内容）	在MindManager外部打开链接	在MindManager外部打开链接对象所在文件夹	给当前主题添加新的链接（新插入链接）	对当前链接进行修改与删除	将链接导图主题（枝）插入或链接副主题（枝）	将当前链接剪切（到粘贴板上）	将当前链接复制（到粘贴板上）	将（粘贴板的）链接粘贴到当前主题上	多个连接时将当前链接移动到顶部	删除当前链接	删除当前主题上的所有链接	包括所有的功能选项	检查与修复文件（夹）链接	启闭内置浏览器
主菜单	单链接	✓	✓			✓								✓	✓	✓
主菜单	多连接	✓	✓			✓								✓	✓	✓
主题右键菜单 单链接	网页	✓	✓		✓	✓		✓	✓	✓		✓		✓		
主题右键菜单 单链接	邮件	✓	✓		✓	✓		✓	✓	✓		✓		✓		
主题右键菜单 单链接	文件	✓	✓	✓	✓	✓		✓	✓	✓		✓		✓		
主题右键菜单 单链接	文件夹	✓	✓	✓	✓	✓		✓	✓	✓		✓		✓		
主题右键菜单 单链接	导图文件	✓	✓	✓	✓	✓	✓	✓	✓	✓		✓		✓		
主题右键菜单 单链接	跨导图主题	✓	✓		✓	✓	✓	✓	✓	✓		✓		✓		
主题右键菜单 单链接	本导图主题	✓	✓		✓	✓	✓	✓	✓	✓		✓				
链接右键菜单 多链接	网页	✓	✓			✓		✓	✓	✓	✓	✓				
链接右键菜单 多链接	邮件	✓	✓			✓		✓	✓	✓	✓	✓				
链接右键菜单 多链接	文件	✓	✓	✓		✓		✓	✓	✓	✓	✓				
链接右键菜单 多链接	文件夹	✓	✓	✓		✓		✓	✓	✓	✓	✓				
链接右键菜单 多链接	导图文件	✓	✓	✓		✓	✓	✓	✓	✓	✓	✓				
链接右键菜单 多链接	跨导图主题	✓	✓			✓	✓	✓	✓	✓	✓	✓	✓			
链接右键菜单 多链接	本导图主题	✓	✓			✓	✓	✓	✓	✓	✓	✓				
说明		①	②												③	

说明：①启用内置浏览器时，在内部打开链接；关闭内置浏览器时，在外部打开链接。

②启用内置浏览器时才有本菜单，并可在外部打开链接。

③仅能检查链接类型为文件（夹）的链接有效性。

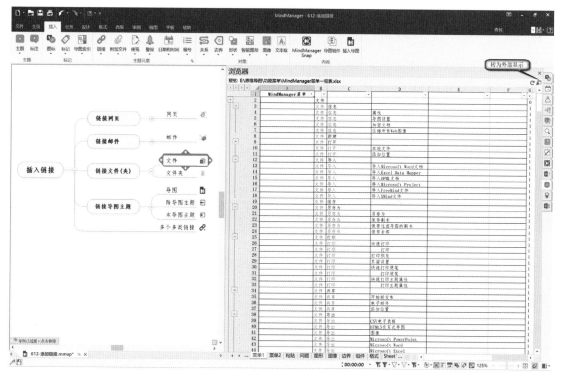

图4-17

📑 **提示**：要想使用内部窗口来打开链接对象并显示链接内容，需单击将菜单【使用链接的内置浏览器】复选框（图4-16（c））勾选上，不想用时，再单击取消勾选。

（3）检查与修复链接有效性

如果导图移动了路径即保存位置，或者链接源换位置、改名、删除等，导致链接失效而打不开，也就无法浏览其内容。这时候就需要进行链接有效性的检查与修复。链接有效性分为自动检查与人工检查。

● 自动检查。初次打开由于目标导图移动导致链接失效的导图时，MindManager会自动打开【更新链接】提示框（图4-18）。

图4-18

📑 **提示**：是否自动进行链接更新检查，可通过【文件】→【选项】进行设置，请参阅"10.2.2（3）设置链接验证与更新"。

● 启用检查。通过菜单【检查文件和文件夹链接】（图4-16（c）），检查导图中链接失效的文件和文件夹。如导图中有失效的文件或文件夹链接，将显示【链接断开】对话框（图4-19），以显示失效的链接，并在导图上显示对应的主题。

图4-19

> 📑 提示：当导图中只有一个失效链接时，【链接断开】对话框如图4-19左所示，当导图中有多个失效链接时，【链接断开】对话框如图4-19右所示。

- **修复链接。**在【链接断开】对话框（图4-19）中，选择"移除链接"将删除当前链接；单击 📄 按钮，将打开【选择文件】对话框（图4-20），可以重新选择有效的文件或文件夹路径，替换现有失效的路径以修复当前链接的有效性；单击"下一步"按钮，将对下一个失效链接进行修复操作。

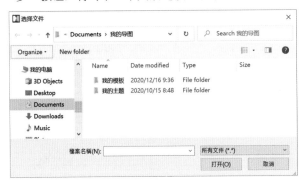

图4-20

> 📑 提示：自动检查与启用检查仅对文件（夹）有效，在此基础上的链接修复同样仅对文件（夹）有效；其他类型的链接只能通过人工检查（即能否打开链接）来验证链接的有效性，并通过删除、重新插入与编辑链接来修复链接的有效性。

（4）添加删除与修改链接
- **添加更多的链接。**在目标主题已有链接后，需要插入更多链接时，可以通过"4.1.1（5）通用链接法"中介绍的通用链接法操作，也可以通过链接标识符号右键菜单中的【添加链接】（图4-16（d）、（e）、（f）），打开【添加链接】对话框（图4-3右）进行操作，具体步骤请参阅"4.1.1添加链接"。

> 📑 提示：尽管通过链接标识符号右键菜单中的【添加链接】与"4.1.1添加链接"小节中介绍的【编辑链接】插入第一个链接时的【添加链接】对话框及操作完全相同，但在主题有链接后就不能用【编辑链接】来插入更多的链接了，因为【编辑链接】是编辑现有链接，当主题没有链接时，【编辑链接】编辑的现有链接为空，编辑后如不为空，就插入了一个链接即第一个链接；当主题有链接时，【编辑链接】编辑的就是当前选择的链接，编辑后只是改变了当前链接，而不是插入了一个新链接。

- **复制与转移链接。**在导图间或同一导图上，不同主题间可能使用相同的链接对象，或将链接对象从一个主题移动到另一个主题上，可以通过剪切复制再粘贴来实现。
  通过链接标识符号右键菜单中的【复制链接】、【剪切链接】（图4-16（e）、（f）），将目标链接复制或剪切到粘贴板上，再通过链接标识符号右键菜单中的【粘贴链接】（图4-16（e）、（f））或目标主题右键菜单中的【粘贴】→【粘贴链接】（图4-13（b）、（c））将目标链接复制或转移到目标主题上。
- **修改现有链接。**对现有链接信息的修改，可以通过链接标识符号右键菜单中的【编辑链接】（图4-16（e）、（f）），打开【编辑链接】对话框（图4-21），对当前链接信息进行修改。

> 📑 提示：【编辑链接】对话框与【添加链接】对话框相同。
> 在【编辑链接】对话框中不仅可以修改链接，也可以删除链接。单击"移除链接"按钮，或清空"链接目标"与"链接标题"框中信息后单击"确定"按钮，都可删除当前链接。

图4-21

- **调整链接顺序**。在为主题插入多个链接后，会按照插入前后顺序进行排序。为了阅读理解方便，有时需要调整多个链接间的前后顺序。可以通过链接标识符号右键菜单中的【移动到顶部】（图4-16（e））来调整多个链接间的前后顺序。

📄 **提示**：MindManager只有此简单的调序工具，对希望从后向前排序的链接需要依次使用【移动到顶部】来实现排序。

- **删除链接**。当需要删除链接时，可以通过链接标识符号右键菜单中的【移除链接】（图4-16（e）、（f））来删除当前的链接，通过【移除所有链接】（图4-16（d））来删除当前主题上的所有链接。

📄 **提示**：MindManager只能一次性删除一个主题上的所有链接，不能一次性删除导图中的所有链接。

（5）综合管理链接

MindManager将链接的打开、查看、添加、删除、修改、移动整合到了一个对话框上。选择主菜单和链接右键菜单中的【管理链接】（图4-16（c）、（d）、（f）），打开【管理链接】对话框（图4-22（a））。选取一个或多个链接，单击相关按钮，即可实现相关菜单功能（表4-2）。

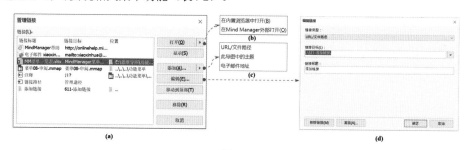

图4-22

表4-2

序　号	【管理链接】对话框按钮			等同菜单
1	打开			打开链接外部MindManager
2	打开	→	在内置浏览器中打开	打开链接
3	打开	→	在MindManager外部打开	打开链接外部MindManager
4	显示			在浏览器中显示
5	添加			添加链接
6	编辑			编辑链接
7	移动到顶部			移动到顶部
8	移除			移除链接（单选或多选时）
				移除所有链接（全选时）

4.1.4 链接选项

在添加或编辑链接时，MindManager提供了【高级】（图4-23）选项设置，包括链接路径类型选择及其默认设置，导出选项和命令参数的设置。

在【添加链接】（图4-3）或【编辑链接】（图4-21）对话框中，单击"高级"，打开【高级】选项对话框（图4-23（a）），可对链接路径、导出选项、命令参数进行选择（图4-23（c））。

- 选用相对或绝对链接路径，各有优缺点。比如，当目标导图文档移动、链接源路径不移动时，选绝对位置更合理；当目标导图文档和链接源一起移动时，选相对位置更合理。
- 默认值设置，除对链接路径进行默认值设置外，还可以对添加链接的主题被隐藏或过滤时的编号、智能规则、日历任务规则进行默认设置。

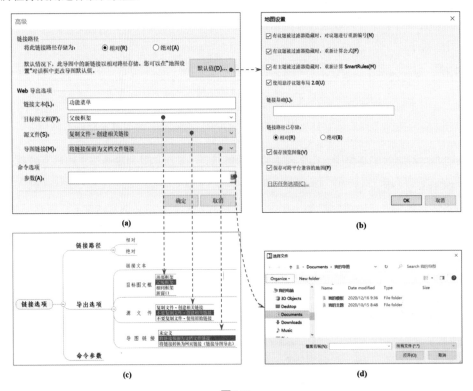

图4-23

> 提示：这里的"地图设置"应是翻译瑕疵，应为"导图设置"。
> 默认值设置（图4-23（b））是通用设置，对使用本机MindManager软件的各导图的链接都有效。在链接路径中修改选择（图4-23（a）），则当前链接采用修改后的选择，弃用默认值设置。

4.2 使用附件

给主题插入附件，是指将一个或多个文档作为附件插入到主题上、存储于导图中，且不受源文档的存储变化、内容更新影响时一种导图内容提供方式。

插入附件的主题称为**目标主题**，插入的附件称为**附件对象**（简称附件）。附件包括内容和名称、创建与修改时间、大小等标识信息，其中附件的内容简称附件内容，附件的名称、创建与修改时间、大小合称为附件信息。

与使用链接相似，给主题添加附件的目的是为了使用附件内容。首先得在导图中找到哪些主题上有附件并查看附件信息与内容，其次是如何插入、删除、移动附件对象、修改附件名称与内容等管理附件事项。为此，"4.2.1插入与识别附件"详细介绍了如何插入附件对象、识别附件并查看附件信息；"4.2.2管理附件"详细介绍了如何查看附件内容，增删、下载附件对象，修改附件名称与内容（图4-24）。

图4-24

📋 提示：对于链接，导图只保存链接（对象）信息，主要是存储路径指向，不保存链接（对象）内容。链接内容将随链接源对象的内容更新、存储变化而更新或失效。

对于附件，导图保存附件内容。附件源的保存位置和内容改变，不影响已插入附件可用性与内容变化。

附件与链接的操作有许多相似之处。

4.2.1 插入与识别附件

（1）插入附件

第1步，调出插入附件的对话框。选取目标主题，可通过4条途径来调出【附加文件】对话框（图4-25（d））。
- 一是选择目标主题右键菜单中的【添加文件】（图4-25（e））。
- 二是选择主菜单【插入】→【附加文件】（图4-25（a））。
- 三是选择主菜单【插入】→【附加文件】下拉小三角（图4-25（a））→【附加文件】（图4-25（b））。
- 四是单击主菜单【插入】→【附加文件】下拉小三角（图4-25（a））→【管理附加文件】（图4-25（b））→"添加"按钮（图4-25（c））。

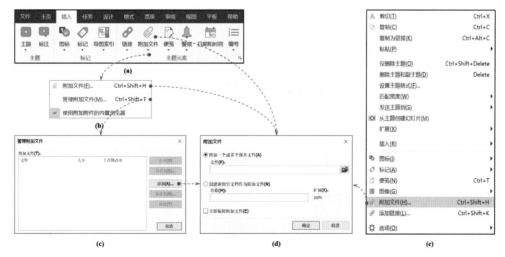

图4-25

📑 提示：在【附加文件】对话框（图4-25（d））中，第一个选项"附加一个或多个现有文件"用于上传现有文件做附件，第二个选项"创建新的空文档作为附件文件"用于新建一个空文档上传做附件，勾选第三个选项"立即编辑附件文件"用于上传附件的同时对附件内容进行编辑。

第2步，上传附件。在【附加文件】对话框（图4-25（d））中，通过第一个选项可以直接插入现有的（多个）文档做附件（图4-26（a）、（c））；通过第二个选项，输入文档名称（图4-26（a）），选择文档类型（图4-26（b）），可以直接新建一个空文档做附件；勾选第三个选项（图4-26（a）），可以在上传附件的同时，打开附件类型对应编辑器进行文档内容编辑。插入附件后，目标主题信息框显示附件标识符号（图4-24）。

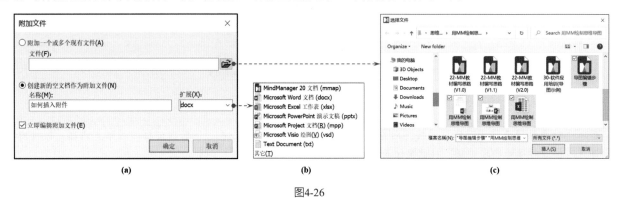

(a)　　　　　　　　　　　　　(b)　　　　　　　　　　　(c)

图4-26

📑 提示：插入附件类似于邮件附件上传。
插入既有文档时，选择文件夹将无效。
勾选第三个选项时，应关闭内置浏览器（请参阅"4.1.3（2）打开链接查看链接内容"），否则将在内置浏览器中打开新建附件文档，仍需转到外部编辑器才可编辑。
添加有附件的主题上是否显示附件标识符号，取决于主题信息显示设置（请参阅"8.6.2设置显隐主题信息"）。

（2）识别附件并查看附件信息

与链接类似，插入附件后，主题信息框显示有附件标识符号 🔘，多个附件时符号右下角还有个小三角🔘（图4-24）。

将鼠标光标置于附件标识符号上，会悬浮显示附件信息，单个附件时显示完整的附件信息，多个附件时仅显示附件名称（图4-27）。

图4-27

4.2.2 管理附件

给主题插入附件后，除了查看附件内容，还需要添加与删除附件、修改附件名称和内容、下载附件，统称为管理附件（图4-24）。

📑 提示：与链接不同，附件存储在导图中，不能进行复制与转移，但可通过下载、添加、删除来达到同样效果。

（1）认识管理附件的路径

管理附件的路径包括主菜单和附件右键菜单。

- 附件右键菜单。右击目标主题附件标识符号，打开附件右键菜单（图4-28（c）），可打开、删除、管理附件。
- 主菜单。选择目标主题，选择主菜单【插入】→【附加文件】（图4-28（a）），打开下拉菜单（图4-28（b）），可插入、打开、管理附件以及开启和关闭内置浏览器。

选择附件右键菜单或主菜单下拉菜单中的【管理附加文件】，打开【管理附加文件】对话框，可添加、删除、下载附件，打开并查看附件内容，修改附件名称（图4-28（d））。

各菜单的操作效果见表4-3。

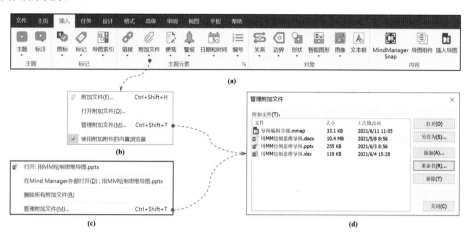

图4-28

表4-3 附件菜单一览表

序号	菜单	按钮	效果	主菜单	右键菜单	等同性	说明
1	附加文件		给当前主题添加新的附件（新插入附件）	√			
2	打开附加文件		打开附件（以显示附件内容）	√		等同	启用内置浏览器时，在内部打开附件；关闭内置浏览器时，在外部打开附件
3	打开		打开附件（以显示附件内容）		√		
4	在MindManager外部打开		在MindManager外部打开附件		√		启用内置浏览器才有本菜单，并在外部打开附件
5	删除所有附加文件		删除当前主题上的所有附件		√		
6	管理附加文件			√	√		需单选或多选取附件才可进行以下按钮操作（【添加】除外）
6.1		打开	打开附件（以显示附件内容）			打开/打开附加文件	启用内置浏览器时，在内部打开附件；关闭内置浏览器时，在外部打开附件
6.2		另存为	将当前附件另存到指定位置				
6.3		添加	给当前主题添加新的附件（新插入附件）			附加文件	
6.4		重命名	对当前附件进行重命名				
6.5		移除	删除所选附件				可一次删除一个、多个或全部
7	使用附加附件的内置浏览器		启闭内置浏览器	√			

（2）查看附件内容

选择主菜单、右键菜单中的【打开】、【打开附加文件】、【在MindManager外部打开】（图4-28），单个附件时也可直接单击附件标识符号，调出【打开附加文件】对话框（图4-29左），选择"是"，将在内置浏览器（图4-29右）中或外部窗口中打开附件。在外部窗口中打开附件如同在文件夹中直接打开文档一样。

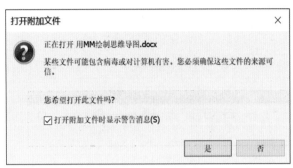
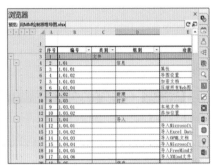

图4-29

> 📖 提示：是否在内置浏览器打开、并显示【在MindManager外部打开】选项，取决于是否勾选"使用附加附件的内置浏览器"（图4-28（b））。

（3）增删附件对象

● 添加附件。选择菜单【附加附件】（图4-28（b））、【添加】（图4-28（d）），或者"4.2.1（1）插入附件"，可给主题再添加附件。

● 删除附件。选择右键菜单中的【删除所有附件】（图4-28（c）），可删除单附件或全部附件；选择菜单【删除】（图4-28（d）），可删除所选取的一个或多个附件。

> 📖 提示：不同于链接，一次只能删除一个主题上的所有链接，不能删除所选多个主题上的所有链接，多选主题，选择附件右键菜单中的【删除所有附件】（图4-28（c）），可以一次性删除所选主题的所有附件，也意味着可以一次性删除导图中的所有附件。

（4）修改附件名称

由于附件是存储在导图中的，因此附件（对象）名称是可修改的。

在【管理附加文件】对话框（图4-28（d））中，选择附加文件，单击"重命名"按钮，调出【重命名】对话框（图4-30），修改名称，单击"确定"按钮即可。

（5）修改附件内容

在外部窗口查看附件内容时，直接进行内容修改并保存，导图将对附件内容进行更新保存，并在"C：\Users\（计算机用户名）\AppData\Local\Mindjet\MindManager\22（MindManager版本号）\Temp\tmp"目录下保存修改后的附件文档。

> 📖 提示：相对于链接，附件的修改不受外界的影响。

（6）下载附件对象

在【管理附加文件】对话框（图4-28（d））中，选择附加文件，单击"另存为"按钮（图4-28），调出【附加文件另存为】对话框（图4-31），可将附件下载到指定位置保存。

> 📖 提示：附件的插入与下载与邮件的附件上传与下载相同。

图4-30   图4-31

4.3 使用便笺

给主题插入便笺，是指给主题插入一个可隐含的、类txt格式文档的备注类信息（包括文本、图、表、链接、日期时间等），存储于导图中，且只能在导图中查看内容与进行修改。

使用便笺，包括插入便笺对象，编辑便笺内容，识别便笺，打开便笺以查看、修改、打印便笺内容，以及删除便笺对象（图4-32）。

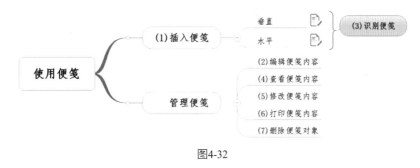

图4-32

📖 提示：便笺类似Word、Excel中的批注，PowerPoint中的备注，相当于一个类txt格式的文档。

与附件相比，便笺使用MindManager内置编辑器，而附件需要使用附件文档格式对应的外置编辑器才能对内容进行修改；也可以把便笺看作一个类txt格式的特殊附件。

一个主题只能有一个便笺。

（1）插入便笺

MindManager提供了主菜单和主题右键菜单2条途径来给主题插入便笺。

● **主菜单**。单选目标主题，选择主菜单【插入】→【便笺】（图4-33（b）），打开【主题便笺】编辑器（图4-33（c）），即为目标主题插入了便笺，并开启了便笺内容编辑。

● **主题右键菜单**。选择目标主题右键菜单中的【便笺】（图4-33（a）），打开【主题便笺】编辑器（图4-33（c）），即为目标主题插入了便笺，并开启了便笺内容编辑。

● **直接粘贴便笺**。（跨文档）将便笺内容复制到粘贴板上，再选择目标主题右键菜单中的【粘贴】→【粘贴便笺】（图4-34（a）、（b）），直接在目标主题上添加便笺。

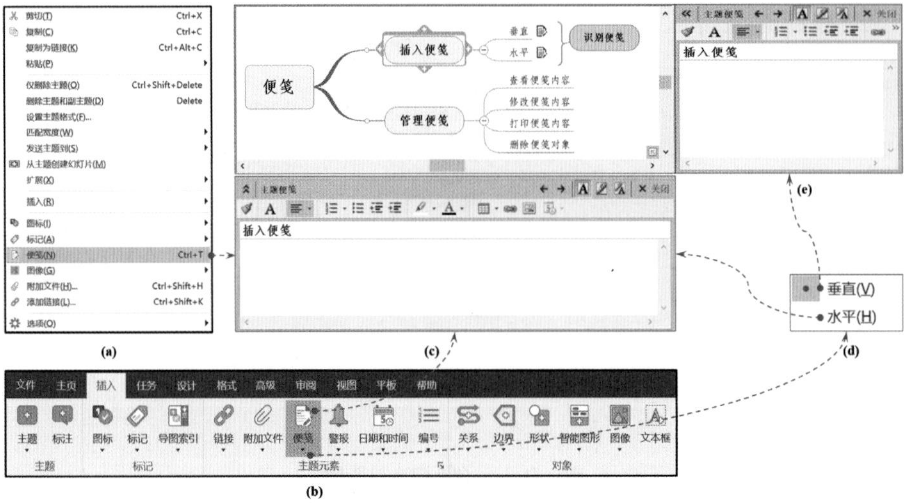

图4-33

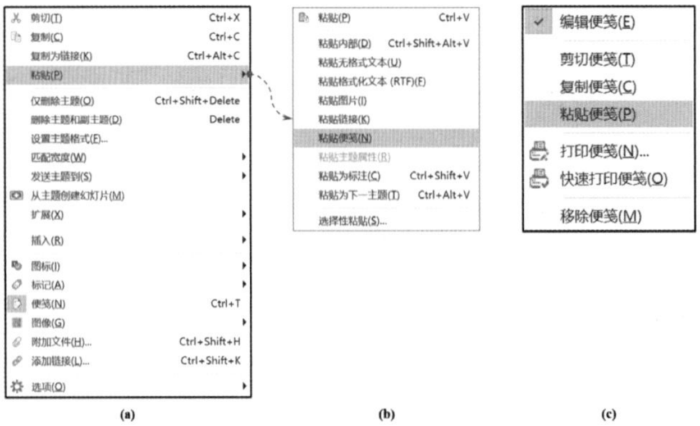

图4-34

（2）编辑便笺内容

在【主题便笺】编辑器（图4-35（a））中：

- 第一行从左至右依次为编辑器最大化与恢复当前大小转换、视口标签名称、转到上一主题标签内容编辑、转到下一主题标签内容编辑、显示文本、显示墨迹、显示文本与墨迹、关闭编辑器按钮。在【主题便笺】编辑器中没有对便笺内容进行保存的按钮，单击"关闭"按钮，即保存对便笺内容的修改并关闭编辑器窗口。

- 第二行按钮主要用于字体、对齐设置和不同内容类型的编辑，从左至右依次为格式刷、字体、字号、字型（加粗、斜体）、下画线，对齐（左、中、右），编号、项目符号，缩进（减小、增大），底色、文字颜色，插入表格、链接、图像、当前日期时间。没有编辑撤销的功能。

- 第三行为表格工具栏（可通过上一行"插入表格"按钮的下拉菜单隐藏）。

- 第四行为本便笺所在主题标识（主题关键词），即下面的便笺内容属于哪个主题的便笺。

- 第五行为便笺内容编辑区。选取内容或在空白处右击，打开便笺编辑区右键菜单（图4-35（c）），可以对内容进行剪切、复制、粘贴，打印便笺、窗口放置、字体设置，对图像、表格进行格式化设置，添加与粘贴链接。

便笺内容可以是文字、表格、图像和链接，可以进行简单必要的字体段落格式设置。

- **文本编辑**。类似于常用的文字处理软件，可以进行文本的增、删、改，然后使用【主题便笺】编辑器（图4-35（a））中的格式刷、字体、字号、字型（加粗、斜体）、下画线，对齐（左、中、右），编号、项目符号，缩进（减小、增大），底色、文字颜色等工具按钮进行简单的美化排版。

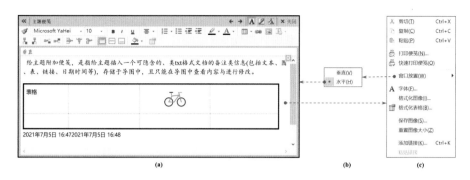

图4-35

- **图像编辑**。单击【主题便笺】编辑器（图4-35（a））中的 ▣ 按钮，打开【添加图像】对话框（图4-36（a）），可以选择图像文件插入到便笺中。在【主题便笺】编辑区单击目标图像，拉动图像周边角点可以放大或缩小图像；或者选择目标图像右键菜单中的【格式化图像】（图4-36（b）），打开【图像属性】对话框（图4-36（c）），进行精确的图像大小调整，并选择是否把图像存为链接（以缩小导图空间）及设置链接地址；选择目标图像右键菜单中的【保存图像】（图4-36（b）），可以将目标图像下载保存到指定位置。

图4-36

- **表格编辑**。单击【主题便笺】编辑器（图4-35（a））中的 ▦▾ 按钮，打开表格大小选择框（图4-37（d）），或选择其下拉菜单中的【插入】（图4-37（c））→【表格】（图4-37（e）），选择表格大小（图4-37（g））后，将空表格插入到便笺中。

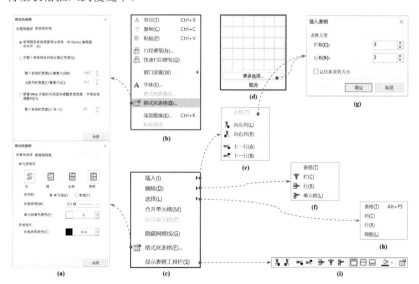

图4-37

　　单击【主题便笺】编辑器（图4-35（a））中的 ▦▾ 按钮或表格工具栏（图4-37（i）），可以进行行和列的插入、表格、行、列、单元格的选择与删除，单元格的合并与拆分。

　　选取表格或单元格，单击【主题便笺】编辑器（图4-35（a））中的 ▦▾ 按钮、编辑区右键菜单（图4-37（b））、表格工具栏（图4-37（i））上的【格式化表格】按钮，打开【格式化表格】对话框（图4-37（a）），可对表格或单元格的有无边框、边框粗细、颜色、单元格填充颜色、表格与列宽度进行设置。

　　便笺表格中的文本、图像编辑，与便笺中的文本编辑、图像编辑相同，请参阅上文。

- 链接编辑。便笺中链接的插入、打开、修改可参阅"4.1使用链接"。单击【主题便笺】编辑器（图4-35（a））中的 🔗 按钮，打开【添加链接】对话框（图4-3（g）），可添加链接；选择链接右键菜单中的【打开链接】（图4-38）、或Ctrl+单击链接，可打开链接；选择链接右键菜单中的（图4-38）【编辑链接】，打开【编辑链接】对话框（图4-21），可修改链接；选取链接，按Del键或Backspace键，可删除链接。

- 当前日期时间编辑。单击【主题便笺】编辑器（图4-35（a））中的 🕐▾ 按钮、或选择其下拉菜单中的【插入当前日期和时间】（图4-39（a）），将在光标位置处插入当前日期与时间，插入后的时间不再变化；选择其下拉菜单中的【插入日期和时间】（图4-39（a）），打开【插入日期时间】对话框（图4-39（b）），将在光标位置插入所选日期与时间。

　　便笺中的日期时间编辑完全参照文本编辑进行。

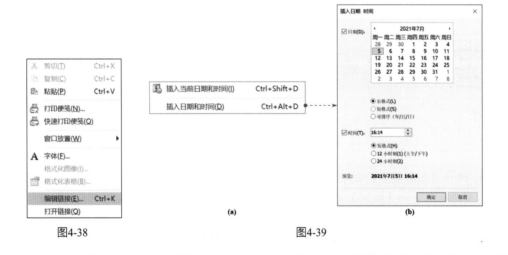

图4-38　　　　　　　　　　　　　　　　　图4-39

> 📑 提示：【主题便笺】编辑器有在导图绘图区底部（图4-33（c））和右侧（图4-33（e））之分，可以选择主菜单【插入】→【便笺】（图4-33（b））→下拉菜单（图4-33（d）），或【主题便笺】编辑区右键菜单中的【窗口放置】（图4-35（c）、（b））来选择与转换。有关设置可通过MindManager选项进行（请参阅"10.2.5（1）设置便笺窗口方位与段落标记"）。
>
> 便笺内容编辑，没有撤销功能。
>
> 因【主题便笺】编辑器编辑功能较弱，作为便笺内容的文本、图像、表格、链接、日期时间，都可以在自己常用的专业编辑器中编辑好后，复制粘贴到【主题便笺】编辑区；或将既有的便笺内容复制粘贴到自己常用的专业编辑器中进行编辑后，再复制粘贴回【主题便笺】编辑区；然后再使用【主题便笺】编辑器进行必要的修改，可提高效率。

　　（3）识别便笺

　　识别便笺类似于链接和附件，插入后，目标主题信息框显示有便笺标识符号 📄（图4-32）。

📑 提示：插入有便笺的主题上是否显示便笺标识符号，取决于主题信息显示设置（请参阅"8.6.2设置显隐主题信息"）。

（4）查看便笺内容

便笺内容可在【主题便笺】编辑器或便笺标识符悬浮中进行查看。

● 悬浮查看便笺内容。将鼠标光标置于便笺标识符号上，会悬浮显示便笺内容。

● 在【主题便笺】编辑器中查看便笺内容。【主题便笺】编辑器处于打开状态时，单击目标主题，即在【主题便笺】编辑器中显示该目标主题的便笺内容（图4-35（a））；【主题便笺】编辑器处于关闭状态时，单击目标主题的便笺标识符号，即可打开【主题便笺】编辑器并显示便笺内容（图4-35（a））。

（5）修改便笺内容

便笺内容可在可视化和非可视化状态下进行修改。文本、表格、链接、日期时间可以通过复制到粘贴板、再选择主题右键菜单（图4-34（a）、（b））或便笺标识符号右键菜单（图4-34（c））中的【粘贴便笺】加到目标便笺现有内容的最后面，但这是一种非可视化内容添加。在查看便笺内容时，直接在【主题便笺】编辑器（图4-35（a））中进行便笺内容所见即所得的可视化修改，其修改方法参阅"4.3使用便笺（2）编辑便笺内容"。

（6）打印便笺内容

选择便笺标识符号右键菜单中的【快速打印便笺】（图4-40（a）），可使用默认打印机按默认方式打印当前便笺的内容（图4-40（c））。选择便笺标识符号右键菜单中的【打印便笺】（图4-40（a）），将打开【打印便笺】（图4-40（b））和【列印】对话框（图4-40（d）），可选择打印范围（当前便笺或全部便笺）、打印设备名称及份数。

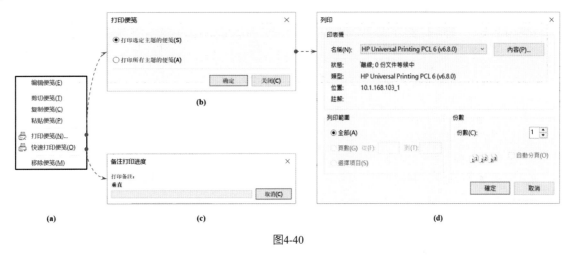

图4-40

（7）删除便笺对象

单选或多选主题，选择便笺标识符号右键菜单中的【移除便笺】（图4-40（a）），可删除所选主题上的便笺；也可以通过在便笺内容修改中清空便笺内容来删除当前便笺。删除便笺对象后，目标主题信息框中的便笺标识符号将消失。

4.4　设置预警信息

类似于时间提醒，事件预警是在主题上设置一个在需要的时间，不打开导图的情况下就能发出的事件提醒信息。设置预警信息包括插入、识别、修改、删除以及警报信息处置。

> 📄 提示："警报"翻译成"预警"或"提醒"更确切。
>
> 这里的"预警"信息是事件时间类报警信息，与任务信息（请参阅"4.5设置任务信息"）中的"预警"相同，但不同于图标（请参阅"5.2使用图标"）中的"警报"，其仅为分类标识。

（1）插入预警

第1步，选取目标主题。

第2步，选择主菜单【插入】/【任务】→【警报】（图4-41（a）、（e）），或主菜单【插入】/【任务】→【警报】→【添加主题警报】（图4-41（a）、（e）、（c）），打开【添加主题警报】对话框（图4-41（b））。

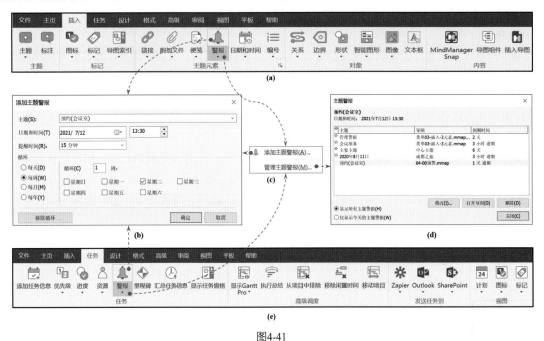

图4-41

第3步，在【添加主题警报】对话框（图4-41（b））中，在填写或选择预警事件名称（"主题"栏）、事件发生日期与时间（"日期和时间"栏）、预警提前时间（"提醒时间"栏）及预警循环周期（"循环"栏）后，单击"确定"按钮，即在目标主题中插入了事件预警，并在目标主题信息框添加了一个事件预警标识符号（图4-42（b））。

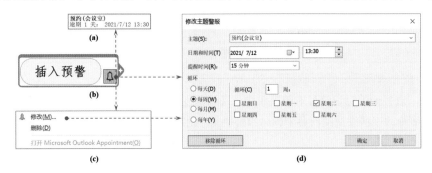

图4-42

> 📄 提示：一个主题只能插入一个预警信息。
>
> 插入有预警信息的主题上是否显示预警标识符号，取决于主题信息显示设置（请参阅"8.6.2设置显隐主题信息"）。

（2）处置预警信息

● 将光标置于事件预警标识符号上，将悬浮显示事件预警信息（图4-42（a））。

● 如果使用者设置了Outlook账户，并将MindManager与Outlook关联，事件预警信息将在Outlook日程中建立提醒。

● 到预警时间，无论导图是否打开、MindManager是否启动，计算机上都将打开【主题警报】对话框（图4-41（d）），显示到期和过期预警事件的名称、所在导图、过期时间，并可链接打开所在导图、删除与修改该预警事件。

  提示：导图不打开时，到期预警信息是否自动报警，与在【文件】→【选项】中的设置有关，请参阅"10.2.5（5）设置主题警报报警"。

（3）修改与删除预警

● **修改预警**。单击事件预警标识符号（图4-42（b））、或选择事件预警标识符号右键菜单中的【修改】（图4-42（c）），打开【修改主题警报】对话框（图4-42（d）），与【添加主题警报】对话框操作一样（请参阅"（1）插入预警"），对警报内容进行修改后单击"确定"按钮，即完成对当前预警信息修改。

● **删除预警**。选择事件预警标识符号右键菜单中的【删除】（图4-42（c）），即可删除当前预警。

● **管理预警**。选择主菜单【任务】/【插入】→【警报】→【管理主题警报】（图4-41（c）），打开【主题警报】对话框（图4-41（d）），将显示本机所存导图的所有预警信息。单选预警信息，单击"修改"按钮，打开【修改主题警报】对话框对所选预警信息进行修改；单击"修改"按钮，即删除所选预警信息；单击"打开导图"按钮，即打开该预警信息所在导图。

  提示：预警信息只能逐个主题删除，不能一次删除多个主题的预警信息。

4.5 设置任务信息

当主题是工作任务时，为了更好地表达该类主题，MindManager提供了一系列具有任务特色的信息，包括开始日期、结束日期、持续时间（工期）、工作量、里程碑、汇总任务信息、资源、成本、汇总成本、事件预警、进度、优先级等。

为了用好任务信息，我们先来认识任务信息，然后再来了解任务信息的插入、修改与删除，以及如何高效阅读任务信息导图。

  提示：任务信息中的进度与优先级信息既是任务信息、又是图标信息（请参阅"5.2使用图标"）；任务信息中的事件预警信息即是任务信息，也是预警信息，请参阅"4.4设置预警信息"。

4.5.1 认识任务信息

在项目计划管理中，任务分为子任务与摘要任务，类似于子级主题与父级主题的关系。作为一项任务，其基本的信息应有开始日期、结束日期、持续时间、工作量、资源、成本以及是否是里程碑工作。摘要任务汇总子任务的开始日期、结束日期、工作量、成本而形成自己的开始日期、结束日期、持续时间、工作量（合称汇总任务信息）和汇总成本，并根据需要设置事件预警、进度、优先级等信息。

MindManager在主题信息框显示任务信息，并设有工期信息、资源、里程碑、汇总任务信息、汇总成本标识符号和资源正常与超量显示（图4-43）。

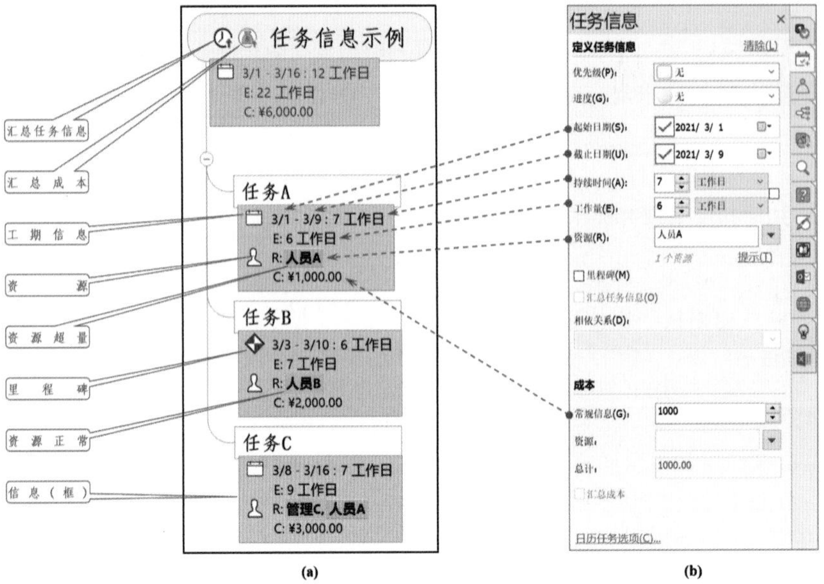

图4-43

> 📋 **提示**：主题上的任务信息是否显示、显示哪些信息、如何显示，取决于主题信息显示设置（请参阅"8.6.2设置显隐主题信息"）。

4.5.2 插入任务信息

可以通过选择主菜单中相关选项或单击【任务信息】窗格2种途径给主题插入任务信息，使用主菜单时，首先单选或多选目标主题，然后进行下面的操作。

- 选择主菜单【任务】→【添加任务信息】【资源】【里程碑】【汇总任务信息】【优先级】【进度】【警报】（图4-44（a）），可以给目标主题插入开始日期、结束日期、持续时间、资源信息、里程碑、汇总任务信息、优先级、进度、警报信息。
- 选择主菜单【任务】→【显示任务窗格】、或单击窗格📅按钮，调出【任务信息】窗格（图4-44（b）），可插入除警报信息外的所有任务信息。

使用主菜单中的【任务】插入任务信息虽然快捷、但不全也不能一步到位，所以下面重点介绍单击【任务信息】窗格插入任务信息。

在【任务信息】窗格（图4-44（b））中：

- **插入起始时间**。勾选"起始日期"并输入或选取日期（图4-44（c）），即给目标主题插入了开始日期。
- **插入结束时间**。勾选"截止日期"并输入或选取日期（图4-44（c）），即给目标主题插入了结束日期。
- **插入持续时间**。插入了开始日期、结束日期后，MindManager会依据【日历&任务选项】（图4-44（g））中的设置自动计算"持续时间"；如果调整持续时间，MindManager会依据【日历&任务选项】（图4-44（g））中的设置自动调整结束日期。"持续时间"的计量单位（图4-44（d））可以调整。
- **插入工作量**。MindManager的默认"工作量"等于持续时间，两者右侧之间的复选框默认勾选。单击取消这个勾选，则可填写工作量，其计量单位与持续时间一样可调整。
- **插入资源**。在"资源"栏填写资源，或单击"资源"栏右侧下拉菜单，可单选或多选资源，即给目标主题插入了资源。

- **设置里程碑**。勾选"里程碑"前面的复选框,即给目标主题插入里程碑。
- **设置汇总任务信息**。勾选"汇总任务信息"前面的复选框,即给目标主题插入汇总任务信息。插入汇总任务信息的主题,将依据其所有副主题的开始日期、结束日期、持续时间、工作量和【日历&任务选项】(图4-44(g))的设置,自动计算其开始日期、结束日期、持续时间、工作量,不能填写或插入。
- **插入成本**。在"成本"项的"常规信息"栏填写数量(以货币为单位计量),此为常规(成本);MindManager会根据持续时间、配置的资源以及资源费率,自动计算资源(成本);MindManager自动计算的总计(成本)=常规(成本)+资源(成本),资源(成本)=持续时间×资源×资源费率,这样就给目标主题插入了成本。其计量单位和小数位数在【日历&任务选项】(图4-44(g))中设置。

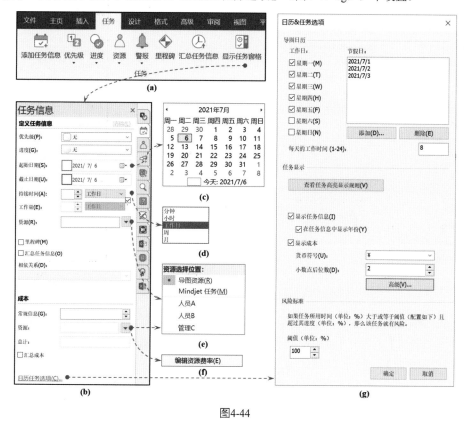

图4-44

- **设置汇总成本**。勾选"汇总成本"前面的复选框,即给目标主题插入了汇总成本。插入汇总成本的主题,将依据其所有副主题的常规(成本)、资源(成本),自动计算其总计(成本),不能填写和插入。

插入了开始日期、结束日期、持续时间、工作量、里程碑、汇总任务信息、资源、成本、汇总成本后的主题如(图4-43(a))所示。

4.5.3　修改与删除任务信息

MindManager提供了3条途径来修改和删除在主题上的任务信息:一是在【任务信息】窗格(图4-44(b))中,通过撤销勾选和修改有关信息,来删除和修改主题上的任务信息;二是通过资源目录管理删除与修改主题上的资源信息(请参阅"5.3.3在主题上使用标记");三是通过任务信息右键菜单来修改和删除任务信息。

右击目标主题上的开始日期、结束日期、持续时间、工作量、资源、任务信息框中其他位置,打开右键菜单(图4-45(a)),主要有四类菜单:

- 选择【移除****】，将删除对应的该项任务信息。
- 选择【修改任务信息】，将打开【任务信息】窗格（图4-45（c）），可以进行各项任务信息的修改、增加与删除。
- 选择【移除所有任务信息文本项目】，将删除主题信息框中的任务信息，但汇总任务信息、汇总成本不被移除。
- 选择【自定义主题信息】，将打开【自定义主题信息】对话框（图4-45（b）），可以设置主题信息框中任务信息框的背景色、默认标记颜色和字体颜色（对汇总任务信息、汇总成本字体颜色无效）。

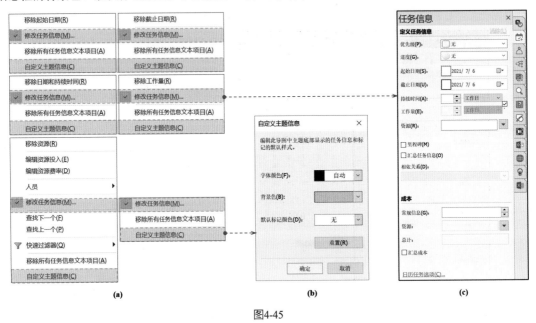

图4-45

在资源右键菜单（图4-46（b））中：

- 选择【编辑资源投入】，打开【资源投入与负载】对话框（图4-46（d）），可以设置资源投入与负载系数。
- 选择【编辑资源费率】，打开【管理资源】对话框（图4-46（a）），可以增减资源、设置资源强度与资源费率。
- 选择【人员】（资源组名称），打开【资源选择位置】下拉菜单（图4-46（c））。
- 选择【查找下一个】/【查找上一个】，将查找设有当前资源的下一个/上一个主题。

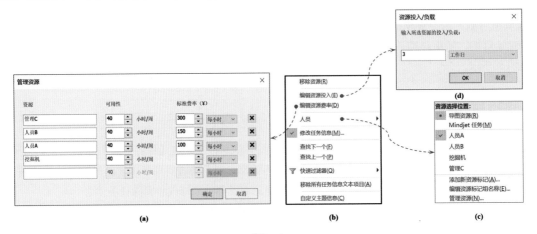

图4-46

4.5.4 管理资源目录

在给主题插入资源前，应创建资源目录并设置资源费率，用于插入资源时进行并选择计算资源成本。管理资源目录包括编辑资源标记组名称、添加与删除资源、修改资源名称、设置资源费率。

📖 提示：资源类似标记，MindManager把资源目录作为一个标记组，其下可以新添各项资源，请参阅"5.3.2添加可使用的标记"。

（1）编辑资源标记组名称

MindManager把资源作为一个标记组，在【导图索引-标记】窗格中设有名为"资源"的标记组（图4-47（c））。

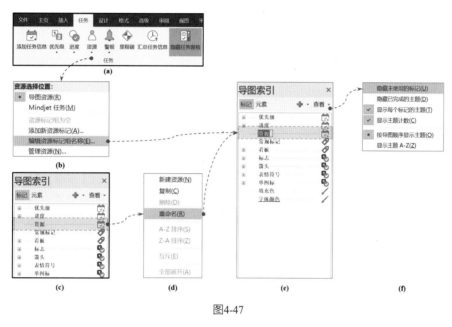

图4-47

- 选择主菜单修改资源组名称。选取主题，选择主菜单【任务】→【资源】（图4-47（a））→【编辑资源标记组名称】（图4-47（b）），打开【导图索引-标记】窗格（图4-47（e）），可以直接编辑"资源"标记组名称（图4-47（e）），修改后单击其他地方即完成修改。

- 单击窗格修改资源组名称。单击任务窗格按钮 🗄 按钮，调出【导图索引-标记】窗格（图4-47（c））；单击"资源"组名称右键菜单中的【重命名】，显示"资源"标记组名称可直接进行编辑（图4-47（e）），修改后点击其他地方即完成修改。

📖 提示：在【导图索引-标记】窗格（图4-47（c））中如果不显示"资源"标记组，可单击窗格【查看】下拉菜单（图4-47（f）），取消"隐藏未使用的标记"前面的勾选。

（2）添加与删除资源

- 通过主菜单添加资源。选取目标主题，选择主菜单【任务】→【资源】（图4-48（a））→【添加新资源标记】（图4-48（e）），打开【新建资源】对话框（图4-48（f）），填入新建资源名称，单击"添加"按钮，即给目标主题添加了新资源。

- 通过窗格添加资源。单击任务窗格按钮 🗄 按钮，调出【导图索引-标记】窗格（图4-48（b）），选择"资源"标记组名称右键菜单中的【新增资源】（图4-48（c）），打开【新建资源】对话框（图4-48（f）），填入新建资源名称，单击"添加"按钮，即创建了新资源。

● 通过窗格删除资源。在【导图索引-标记】窗格（图4-48（b））中，选择目标资源名称右键菜单中的【删除】（图4-48（d）），可从资源目录中删除目标资源。

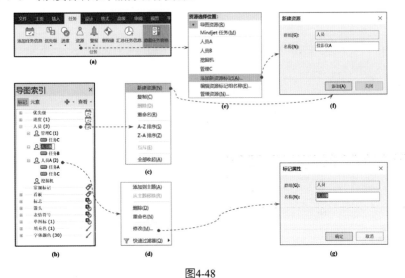

图4-48

（3）修改资源名称

在【导图索引-标记】窗格（图4-48（b））中，选择目标资源名称右键菜单中的【重命名】（图4-48（d）），在显示的目标资源名称中可直接进行编辑（图4-48（b）），编辑后单击其他地方即完成修改；或选择目标资源名称右键菜单中的【修改】（图4-48（d）），打开【标记属性】对话框（图4-48（g）），修改资源名称，单击"确定"按钮即可。

（4）设置资源费率

单击窗格📅按钮，调出【任务信息】窗格（图4-49（e）），选择"资源"栏右侧下拉菜单中的【编辑资源费率】，或选取主题，选择主菜单【任务】→【资源】（图4-49（a））→【管理资源】（图4-49（b）），打开【管理资源】对话框（图4-49（d）），可增减资源、修改资源名称、设置资源强度和资源费率。

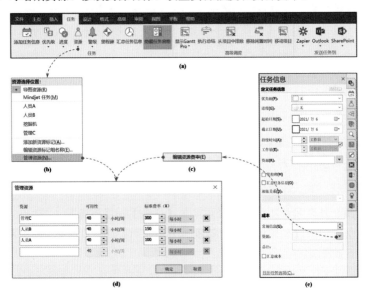

图4-49

提示：资源强度用于判断资源使用是否超量，资源费率用于计算资源成本。

资源标记组下资源为非互斥资源标记。

MindManager把资源视作一种标记，将资源插入主题或从主题上删除、修改等与标记相同，请参阅"5.3使用标记"。

4.5.5　设置日历任务选项

单击【任务信息】窗格中的【日历任务选项】（图4-50（a）），打开【日历&任务选项】对话框（图4-50（c）），可以进行通用工作日、非通用工作日及节假日、每天的工作时间设置，用于任务信息中计算持续时间；可以进行任务信息年度显示、成本单位与格式设置；可以进行工期阈值设置，用于设置实际使用时间达到计划时间的多少比例时发出预警。

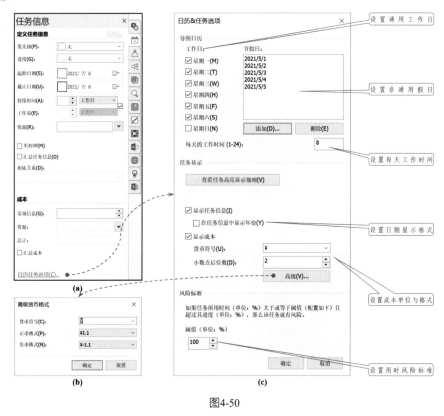

图4-50

提示：关于任务信息，MindManager提供了通用选项设置，请参阅"10.2.5（6）调整工作日历和工作时间"。

4.5.6　高效阅读任务信息导图

给主题添加任务信息后，可能需要聚焦和过滤出包含某种任务信息（如资源、里程碑、事件预警、进度、优先级）的主题，并按开始与结束时间显示计划进度图，分级突出显示成本主题，这样可以更高效地阅读相关任务信息的导图。为此，MindManager提供了计划视图、甘特图、标记视图、图标视图、自定义视图，请参阅"8按需展现"的有关内容。

4.6　使用表格

MindManager可以插入电子表格和导入Excel（数据）为主题的附加信息，并展现为表格与图表。

> 提示：在MindManager中，有三个看似相同的表格功能（图4-52（a））：
> 一是【电子表格】，用作主题附加信息。MindManager自带的表格功能，类似于Excel的一个简化版插件，且是一个主题中插入一个表格。
> 二是【Excel范围】，也用作主题附加信息。【电子表格】插入的是空白表格，在主题中编辑数据；而【Excel范围】是导入指定范围的数据表格，数据在Excel文档中编辑，并带"更新"功能，类似于文档间数据链接。
> 三是【Excel Data Mapper】，用作创建主题。是将Excel表格里的内容导入为MindManager主题，一行数据对应一个主题，导入后就可以在MindManager中编辑使用（请参阅"3.3.8通过导入Excel数据添加主题"）。

4.6.1　插入电子表格为主题的附加信息

插入电子表格包括插入表格、编辑表格、编辑图表、转换（表格与图标）视图、显隐表格、清除表格（图4-51）。

（1）插入表格

单选目标主题，选择主菜单【高级】→【电子表格】（图4-52（a）），将在目标主题插入一个空白表格，并显示电子表格标识和显隐按钮（图4-52（b））。

类似于常用电子表格，既可以显示为表格，也可以展现为图表，分别称之为表格视图、图表视图（图4-51）。

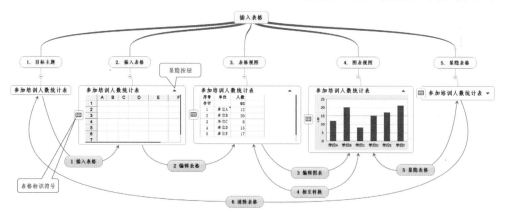

图4-51

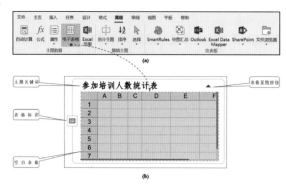

图4-52

（2）编辑表格

往空白表格填写数据和在表格中修改数据称之为编辑表格，包括进入表格编辑模式、设置表格大小、表格编辑以及退出表格编辑模式。

- 进入表格编辑模式。在表格视图下（图4-53（a）），选择表格标识菜单中的【编辑电子表格】（图4-53（b））或双击电子表格，进入表格编辑模式（图4-53（c）），表格周边显示为深蓝边框。

表格编辑类似于MS-excel简单编辑器，设有的编辑工具依次为图标视图、单元格式与字体、文本对齐方式、单元格边框、单元格填充颜色、字体颜色、设置单元格计算公式、单元格注释按钮，右击单元格可打开单元格右键菜单（图4-53（d））。

- 退出表格编辑模式。在表格编辑模式（图4-53（c））中，单击"确定"或"取消"按钮，都将退出表格编辑模式。

📑 提示：单击表格标识符号打开的菜单，与右击表格标识符号打开的右键菜单相同，统称为"表格标识菜单"。

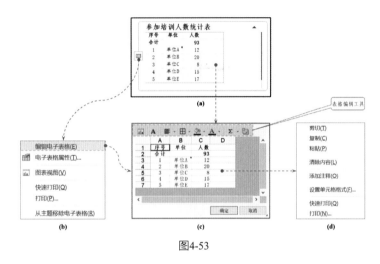

图4-53

- 设置表格大小。表格大小是指表格行列数量。选择表格标识菜单中的【电子表格属性】（图4-54（b）），调出【电子表格属性】对话框（图4-54（a）），可以设置表格的行数、栏数以及是否显示行列标题，设置前后的对比如图4-54（c）、（d）所示。

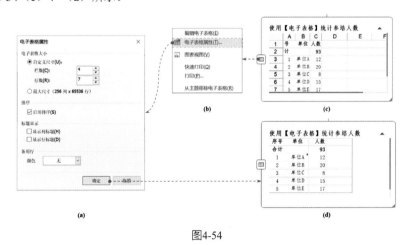

图4-54

📑 提示：表格行列增加都是从右侧和下部开始，不能在中间插入行列。

● **编辑表格数据与格式**。在表格编辑模式（图4-53（c））中，类似于MS-excel对单元格进行编辑，可以通过单元格右键菜单（图4-55（h））进行单元格的剪切、复制、粘贴与清除；可以通过表格编辑工具（图4-55（e））、单元格右键菜单（图4-55（h）），对单元格的段落对齐方式（图4-55（a））、表格及单元格边框（图4-55（b））、表格及单元格填充与文字颜色（图4-55（c））、计算公式（图4-55（d））、注释（图4-55（f））、格式和字体格式（图4-55（g））进行设置。

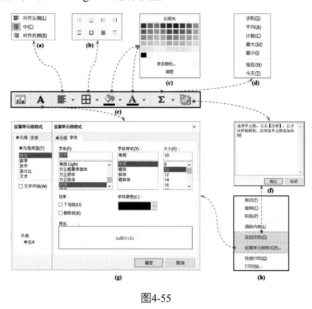

图4-55

> 提示：通过单元格右键菜单（图4-55h），表格标识菜单（图4-53（d））可以对表格进行打印。

（3）编辑图表

在图表视图下进行的图表编辑，包括进入图表编辑模式、设置图表属性以及退出图表编辑模式。

● **进入图表编辑模式**。在图表视图下（图4-56（a）），选择表格标识菜单中的【编辑图表】（图4-56（b））或双击电子图表，进入图表编辑模式（图4-56（c）），图表周边显示为深蓝边框。

图表编辑类似于MS-excel简单编辑器，设有编辑工具表格视图、图表类型、2D/3D切换、集群模式、调色板、网格设置、图表范围、图表属性按钮，并设有图表右键菜单（图4-56（d））。

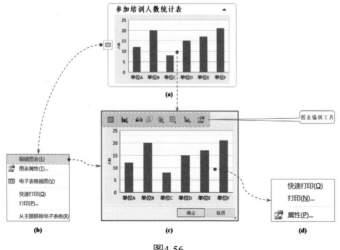

图4-56

- **退出图表编辑模式**。在图表编辑模式（图4-56（c））中，单击"确定"或"取消"按钮，都可以退出图表编辑模式。
- **综合设置图表属性**。在图表编辑模式（图4-56（c））中，通过表格编辑工具（图4-57（a））、表格标识菜单（图4-57（c））、图表右键菜单（图4-57（b）），均可调出【图表属性】对话框（图4-57（d）），可对图表属性进行综合设置。
- **单项设置图表属性**。在图表编辑模式（图4-56（c））中，通过表格编辑工具（图4-58（f）），可对图表的类型（图4-58（a））、2D/3D模式（图4-58（b））、3D模式下的集群模式、配色（图4-58（c））、网格（图4-58（d））、数据范围（图4-58（e））等属性进行单项设置与调整。

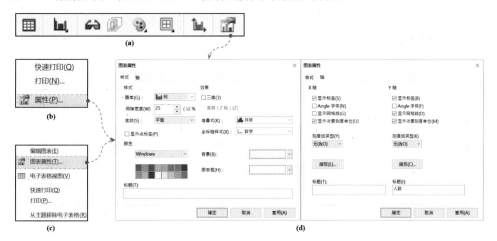

图4-57

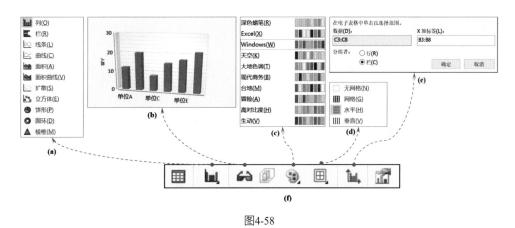

图4-58

> 提示：通过表格标识菜单（图4-57（c））、图表右键菜单（图4-57（b））可以对图表进行打印。

（4）转换表格与图表视图

- **从表格视图切换到图表视图**。在表格视图（图4-59（d））下，单击编辑工具"图表视图"按钮、或选择表格标识菜单中的【图表视图】（图4-59（c）），如果曾经设置过图表，将直接切换到图表视图（图4-59（b））；如果没设置过图表，将打开图表数据范围设置对话框（图4-59（a）），设置后切换到图表视图（图4-59（b））。
- **从图表视图切换到表格视图**。在图表视图下（图4-60（c）），单击编辑工具"表格视图"按钮、或选择表格标识菜单中的【电子表格视图】（图4-60（b）），可切换到表格视图（图4-60（a））。

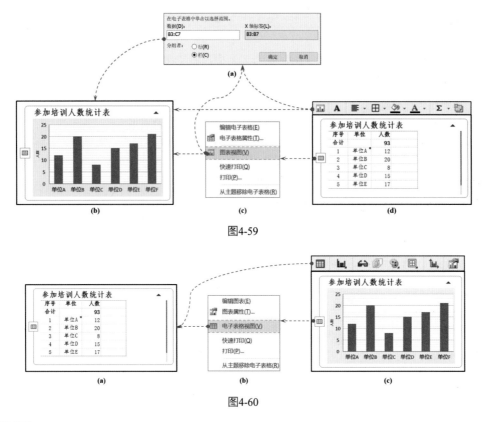

图4-59

图4-60

（5）显隐表格

单击表格/图表视图右上角的 ▲（收起）按钮（图4-61（b）、（c）），将隐藏表格/图表（图4-61（a））；单击主题关键词右侧的 ▼（扩展）（图4-61（a）），将显示表格/图表（图4-61（b）、（c））。

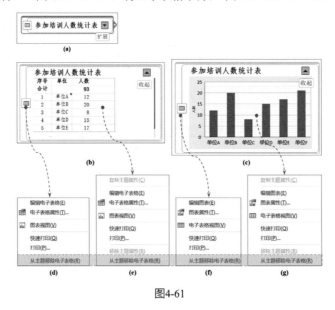

图4-61

（6）清除表格

选择目标主题表格标识菜单或表格/图表右键菜单中的【从主题移除电子表格】（图4-61（d）~（f）），将从目标主题中删除表格；也可单击表格/图表，单击Del键直接删除。

4.6.2 导入Excel范围为主题的附加信息

导入Excel数据，包括准备Excel数据范围、导入数据范围、编辑主题、编辑图表、转换（表格与图标）视图、显隐表格、清除表格（图4-62）。

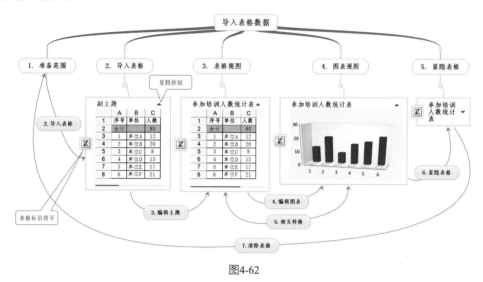

图4-62

（1）准备Excel数据范围

准备Excel数据文档，例如（图4-63），欲导入的数据范围为A1：C8。

（2）导入数据范围

选取目标主题（图4-64（f）），选择主菜单【高级】→【Excel范围】（图4-64（a）），弹出【打开Microsoft Excel 工作簿】提示框（图4-64（b）），自动启动MS-Excel、并打开导入文件选取对话框，选取Excel目标文件（图4-64（c）），选取导入范围（图4-64（e）），即可将目标Excel文件的所选区域范围以表格形式插入为目标主题副主题的附加信息（图4-64（f））。

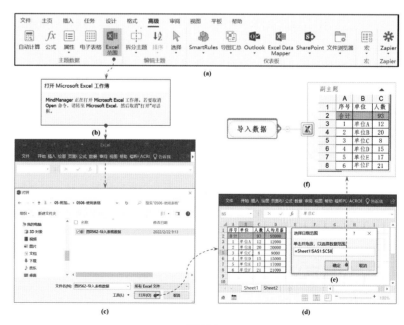

图4-63   图4-64

> 提示：通过导入Excel范围附加主题信息，与插入表格（请参阅"4.6.1（1）插入表格"）相似：都有附加信息标识和显隐按钮，都是插入一张表格。不同之处，一是导入表格为目标主题新增副主题的附加信息，插入表格是目标主题的附加信息；二是导入表格类似图片，不能编辑表格与数据，但可以编辑主题文本，插入表格可以编辑表格与数据。

（3）编辑主题

请参阅"3.6编辑主题内容"中的编辑主题文本和表格、图表大小，表格与图表可以看作是图像，可以进行拉伸缩放（图4-65（d）、（e））。

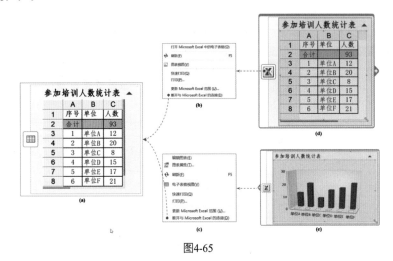

图4-65

- 修改并更新导入数据。直接在Excel目标文件中修改，或选择导入表格标识右键菜单（图4-65（b）、（c））中的【打开Microsoft Excel中的电子表格】进行导入数据修改，MindManager会自动更新或选择导入表格标识右键菜单中的【刷新】进行数据更新。
- 修改导入数据范围。选择导入表格标识右键菜单中的【更新Microsoft Excel 范围】，修改导入数据的区域范围。
- **断开导入数据关联**。选择导入表格标识右键菜单中的【断开与Microsoft Excel 的连接】，断开导入数据与Excel目标文件的关联性，且变换为插入表格（图4-65（a））。

图表编辑、表格与图表视图的转换、图与表的显隐、图与表的清除打印，与插入表格相同，请参阅"4.6.1插入电子表格为主题的附加信息"对应内容。

4.7　自定义信息

给主题附加信息，除了通用的链接、附件、便笺和事件预警信息，以及任务信息和表格，还有一些诸如单位、姓名、学历、出生日期、在岗人数等信息作为附加信息，作为一款软件，MindManager只能定义少量通用信息提供给用户直接使用，更多地需要用户自行定义然后使用，这就是MindManager中的自定义信息。

4.7.1　认识自定义信息

自定义信息包括信息名称（类别）、信息内容和信息（内容）类型（图4-66）。以给主题附加信息"得分比例：87.5%"为例："得分比例"是信息名称（类别），"87.5%"为信息内容，其类型是百分数保留1位小数且只能是自然数。同时在主题上显示有自定义信息标识符号和显隐按钮。

为了使用自定义信息，在MindManager中，首先要给主题添加信息名称、并确定信息内容类型，合称"定义（主题）信息属性"；其后要给主题自定义信息添加信息内容，简称"编辑（主题）信息内容"。类似于任务信息中的工期与成本可进行汇总任务信息、汇总成本计算，MindManager提供了公式与自动计算工具，以对可计算的自定义信息（内容）进行自动汇总性计算（图4-67）。

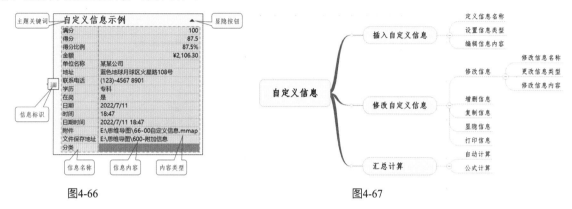

图4-66　　　　　　　　　　　　　　　　　　图4-67

> 提示：如果把链接、附件、便笺和事件预警信息看作是单项通用附加信息，把任务信息和表格看作是多项通用附加信息，其"通用"是指信息名称、内容类型已经定义好了，只需填写信息内容。而自定义信息的"自定义"则是在自定义信息名称、内容类型的基础上填写信息内容，具有更广泛的适用性。
>
> 汇总计算可以看作是任务信息中汇总任务信息与汇总成本更具普适性的功能。

4.7.2　插入自定义信息

选取目标主题，选择主菜单【高级】→【属性】（图4-68（b）），或选择主菜单【高级】→【属性】（图4-68（b））下拉菜单→【定义主题属性】（图4-68（c）），打开【定义主题属性】对话框（图4-68（a）），可定义并插入自定义信息名称与类型；选择主菜单【高级】→【属性】（图4-68（b））下拉菜单→【编辑主题属性】（图4-68（c）），在已插入自定义信息主题处打开自定义信息内容编辑框（图4-68（d）），可进行自定义信息内容编辑。

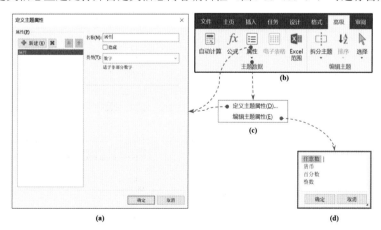

图4-68

> 提示：一个主题可以有多个自定义信息。

（1）创建自定义信息名称

在【定义主题属性】对话框（图4-69（a））中，可以新建、修改、删除自定义信息名称，调整自定义信息在主题中显示的前后顺序，设置信息显隐，选择和设置自定义信息的类型（图4-69（b）），单击"确定"按钮，这些自定义信息将显示在目标主题信息框中（信息内容空白），并显示出自定义信息标识符号（图4-69（c））。

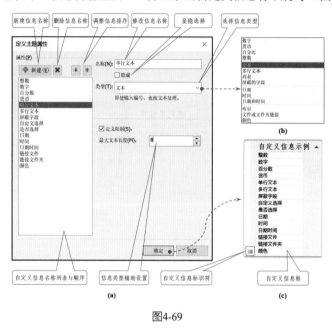

图4-69

（2）设置自定义信息类型

自定义信息类型分6类15种（图4-70），类似于Excel单元格类型设置。在【定义主题属性】对话框（图4-69（a））中，可以在信息属性列表中选择目标信息名称，在类型栏下拉列表中选择信息类型（图4-69（b）），继续进行信息类型辅助设置如下：

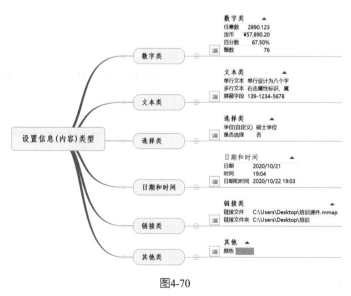

图4-70

- 数字类。包括整数、数字、百分比和货币。整数可设置可输入数值范围，百分比可设置小数点后位数，货币可设置货币符合与小数点后位数（图4-71）。

图4-71

- 文本类。包括单行文本、多行文本和屏蔽的字段。单行、多行文本可设置最大文本长度。屏蔽的字段可设置类似于Excel单元格类型的自定义格式，其中按"定义文本限制"所设置样式显示的内容，其定义的字符在信息内容输入时不用输入，如示例中"屏蔽字段"实际输入的内容是01054536688，显示为（010）-5453 6688（图4-72）。

图4-72

- 选择类。包括列表与布尔。列表就是自定义可选项（类似于Excel单元格下拉列表中的选择（数据验证）设置），布尔就是"是""否"二选一（图4-73）。

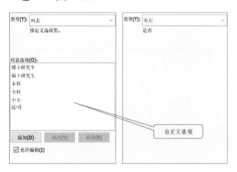

图4-73

📖 提示：列表自定义可选项设置类似于Excel单元格下拉列表中的选择（数据验证）设置，勾选"允许编辑"复选框（图4-73）类似于填写信息内容时，可在下拉列表中选择也可自行编辑内容。

- 日期时间类。包括日期、时间与日期和时间（图4-74），无须进行信息类型辅助设置。

图4-74

● **链接类。** 包括文件或文件夹链接（图4-75），通过单选文件或文件夹对话框来分类。

图4-75

● **其他类。** 仅有颜色（图4-76），无须进行信息类型辅助设置。

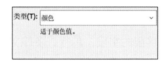

图4-76

（3）编辑自定义信息内容

创建信息名称和设置信息类型是在选定主题上进行的，此时已经将自定义信息插入到目标主题上，但信息内容是空缺的（图4-77（e））。

选取目标主题，选择主菜单【高级】→【属性】（图4-77（a））下拉菜单→【编辑主题属性】（图4-77（b）），或选择自定义信息标识符号右键菜单中的【编辑主题属性】（图4-77（d）），或单击/双击自定义信息框内容位置处（图4-77（e）），打开自定义信息内容栏（图4-77（c）），直接在单元格中编辑自定义信息内容。

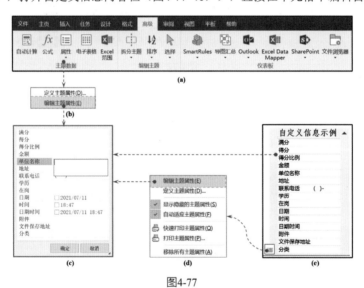

图4-77

自定义信息内容编辑前后对照如图4-78所示，从左至右依次为编辑前、编辑中、编辑后的自定义信息内容栏。

图4-78

提示：日期与时间类信息在初次编辑内容时，会自动带入当前日期和时间。
　　自定义信息链接类信息并不能链接文件或文件夹。

4.7.3　管理自定义信息

给主题插入了自定义信息后，可能需要修改信息名称、变更信息类型、修改信息内容，新增、删除信息，复制信息名称与内容，显隐隐藏信息，打印信息等，合称为自定义信息管理。

- 第1步，选取主题，打开有关菜单。一是单击主菜单【高级】→【属性】下三角（图4-79（b）），打开主菜单下拉菜单（图4-79（d））；二是单击或右击目标主题自定义信息标识符号，打开自定义信息标识菜单（图4-79（e））；三是右击自定义信息区域，打开自定义信息右键菜单（图4-79（g）），各菜单的操作功能如表4-4所示。
- 第二步，打开有关对话框。选择【高级】→【属性】→【定义主题属性】，或双击目标主题自定义信息名称，打开【定义主题属性】对话框（图4-79（a））；选择【高级】→【属性】→【编辑主题属性】，或单（双）击自定义内容区，打开自定义信息内容编辑框（图4-79（f））。

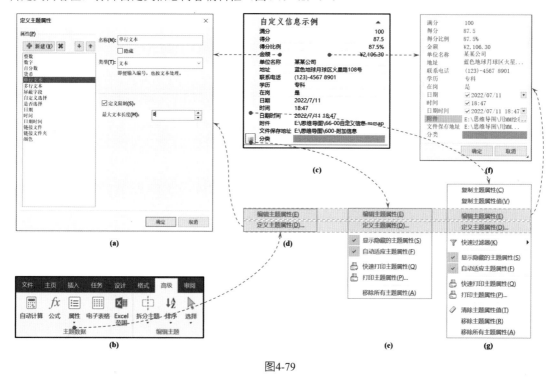

图4-79

表4-4

序号	右键菜单	功　　能	说　　明
1	定义主题属性	修改信息名称、变更信息类型，新增、删除信息，调整信息排序，设置信息隐藏性	
2	编辑主题属性	修改信息内容	
3	复制主题属性	复制所选信息（名称、类型与内容）到粘贴板上，并可通过目标主题右键菜单【粘贴】→【粘贴主题属性】将所选信息粘贴到目标主题上，或可使用【粘贴】功能的地方	可以单选或多选自定义信息

续表

序号	右键菜单	功　　能	说　　明
4	复制主题属性值	复制所选信息内容到粘贴板上，并可通过【自定义信息内容】编辑栏右键菜单中的【粘贴】将所选信息内容粘贴到目标信息内容上，或可使用【粘贴】功能的地方	可以单选或多选自定义信息，但粘贴为信息内容时只有第一个信息内容有效
5	显示隐藏的主题属性	勾选时显示、不勾选时不显示信息名称设置为隐藏的自定义信息	不显示隐藏信息时，在内容编辑时也是不可见的
6	自动适应主题属性	勾选时主题边框大小自适应自定义信息	
7	清除主题属性值	删除所选自定义信息内容	可以单选或多选自定义信息
8	移除主题属性	删除所选自定义信息（包括名称与内容）	可以单选或多选自定义信息
9	移除所有主题属性	删除目标主题下的所有自定义信息（包括名称与内容）	一次只能删除一个主题下的自定义信息
10	快速打印主题属性	按默认打印设置打印所选主题的自定义信息	
11	打印主题属性	通过设置打印选项打印所有主题或所选主题的自定义信息	

在上述菜单与对话框中可进行如下自定义信息管理。

（1）修改信息名称与类型

在【定义主题属性】对话框（图4-79（a））中选择信息名称后，进行信息名称与类型的修改，单击"确定"按钮完成修改，单击"取消"按钮放弃修改。

（2）修改信息内容

在自定义信息内容编辑框（图4-79（f））中修改，单击"确定"按钮完成修改单击"取消"按钮放弃修改。

（3）增删信息

在【定义主题属性】对话框（图4-79（a））中，单击"+"新建信息名称，选择信息名称后，单击"×"删除信息，单击"确定"按钮完成信息增删，单击"取消"按钮放弃信息增删。删除信息名称的同时，目标主题中的信息内容一并删除。

选择菜单【清除主题属性值】（图4-79（g））将删除所选自定义信息的内容，选择【移除主题属性】（图4-79（g））将删除所选自定义信息名称及内容，选择【移除所有主题属性】（图4-79（e）、（g））将删除所选主题上的所有自定义信息名称及内容。

（4）调整信息顺序

在【定义主题属性】对话框（图4-79（a））中，选择信息名称，单击"↑↓"调整信息排序，单击"确定"按钮保存信息排序调整同，单击"取消"按钮放弃信息排序调整。

（5）复制信息名称与内容

● **一是复制自定义信息名称、类型与内容**。选择菜单【复制主题属性】（图4-79（g）），将复制所选信息（名称、类型与内容）到粘贴板上，再选择目标主题右键菜单中的【粘贴】→【粘贴主题属性】将所选信息粘贴到目标主题上。

● **二是仅复制自定义信息内容**。选择菜单【复制主题属性值】（图4-79（g）），将复制所选信息内容到粘贴板上，再选择目标主题右键菜单中的【粘贴】→【粘贴主题属性】将所选信息内容粘贴到目标主题上。

通过复制功能可实现跨主题的自定义信息使用。

（6）显隐信息

● **一是自定义信息整体显隐**。单击目标主题上的显隐按钮（图4-66），即可整体显示与隐藏目标主题上的自定义信息。

● **二是显隐目标自定义信息**。对需要隐藏的自定义信息，先在【定义主题属性】对话框（图4-79（a））中勾选

"隐藏"复选框；再勾选自定义信息右键菜单中的【显示隐藏的主题属性】复选框（图4-79（g）），去掉勾选，恢复显示。

📖 **提示：**不显示隐藏自定义信息时，其内容也不可编辑与修改。为预防目标信息内容改动，在编辑完后，可隐藏目标信息，降低被修改的机会。

（7）打印信息

选择菜单【快速打印主题属性】、【打印主题属性】（图4-79（e）、（g））可打印全部或选定自定义信息（可参阅"4.3（6）打印便笺内容"）。

4.7.4　汇总计算

汇总计算就是通过简单的计算规则设置，依据有关主题的自定义信息数据内容，自动计算目标主题自定义信息的数据内容，分为自动计算与公式计算，包括认识汇总计算，设置、查看、修改与删除计算规则。汇总计算的优点是随着计算源数据的变化，汇总计算出来的数值会随之自动变化。

（1）自动计算

● 认识自动计算

为了方便理解，以（图4-80左）为例，在子主题上设有"定编"数字类、"住地"文本类自定义信息，在父主题"自动计算"上通过自动计算加上"单位数量""定编合计"自定义信息。其中"单位数量"是通过计数"定编"个数来确定的，"定编合计"是通过求和"定编"数量来确定的（图4-80右）。如果子主题增减（子主题有"定编"自定义信息）、定编数量变化，在父主题上的"单位数量""定编合计"将自动更新。

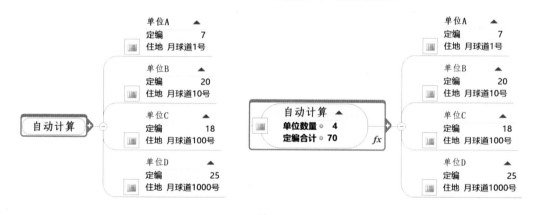

图4-80

● 设置计算规则

选择目标主题，选择主菜单【高级】→【自动计算】（图4-81（a）），调出【自动计算】对话框（图4-81（b）），可依次进行如下操作。

第1步，在"设置"栏填写自动计算信息名称（显示在目标主题中的自定义信息名称）。

第2步，在"计算方式"栏下拉列表中选择自动计算规则（求和、平均、最大、最小、计数）（图4-81（c））。

第3步，在"创建属性在"栏输入自动计算来源数据的自定义信息名称（如上述例子（图4-80）中的"定编"）。

第4步，在"在范围"栏下拉框中选择自动计算来源数据范围（图4-81（d））。

第5步，在最下面选择栏的下拉列表中选择自动计算信息的内容类型（数字、货币、百分比、整数）（图4-81（e））。

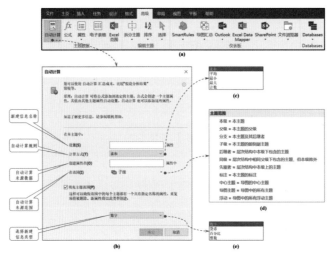

图4-81

第6步，单击"确定"按钮（图4-82），即在目标主题上插入了一个可自动计算的自定义信息（图4-80右），并在主题上有公式标识符号 fx、在自定义信息上有汇总计算标识符号 ⚙。

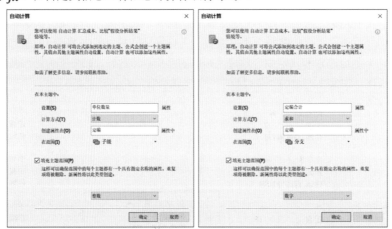

图4-82

● 查看计算规则

将鼠标光标置于公式标识符号 fx 上，将悬浮显示该主题自动计算信息的所有计算公式（图4-83（a））；将鼠标光标置于某个自动计算信息名称上，将悬浮显示该信息的计算公式（图4-83（b））。

单击自动计算信息内容或公式标识符号 fx，将打开【公式】显示框（图4-83（c）），可对自动计算公式进行修改。

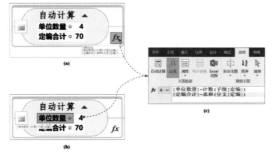

图4-83

提示：自动计算的自定义信息与直接插入的自定义信息相比，增加了公式标识符号 fx 和汇总计算标识符号 ⚙，但自定义信息及自定义信息标识符号右键菜单没有变化。

使用自动计算的自定义信息名称与类型，在设置计算规则时一并创建和设置，但其管理同"4.7.3管理自定义信息"。

提供汇总计算的自定义信息内容类型应是"数字类"。

（2）公式计算

同样，为方便理解，以"（1）自动计算"相同的实例来说明公式计算的操作，包括新建公式、公式结构和编辑公式。

● 新建公式

第1步，选择目标主题，选择主菜单【高级】→【公式】（图4-84（a）），调出【公式】显示框（图4-84（b））。

第2步，单击"+"按钮，调出【公式】编辑框（图4-84（c））。

第3步，进行公式编辑（图4-84（d）），请参阅下文"编辑公式"。

第4步，公式编辑好后，单击"√"按钮，关闭【公式】编辑框，所编辑公式将显示在【公式】显示框（图4-84（f））。

第5步，重复第2步～第4步，进行下一个公式的新建，单击目标主题外任一处，将退出公式编辑状态，即在目标主题上插入了一个或多个可自动计算的自定义信息计算公式并自动计算内容（图4-85），并显示有公式标识符号 fx 和汇总计算标识符号 ⚙。

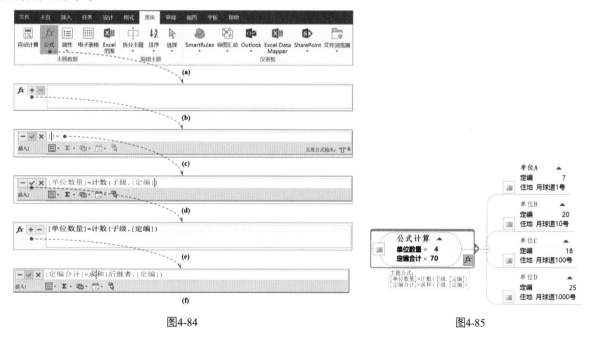

图4-84   图4-85

● 公式结构

公式结构示例如图4-86所示，"="左侧为自动计算信息名称，右侧为计算式。计算式由计算规则、计算对象组成，计算对象由数据来源范围、数据来源信息名称组成。

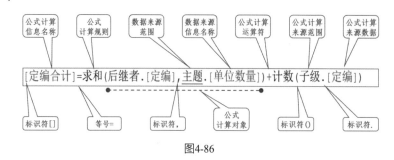

图4-86

多个计算规则之间可以使用运算符号连接；每个计算规则的计算对象用"（）"标识；计算对象可以由多组组成，每组之间用"，"分隔；每组计算对象由来源范围与来源信息名称组成，两者之间用"."分隔；信息名称用"〖〗"标识。

> 📋 **提示**：这里所提标识符号全部为单字节符号，即应在英文状态下输入。

● 编辑公式

公式编辑既可以手工直接输入，也可以在下拉列表中选择信息名称、来源范围、计算规则（图4-87），并可用Del、Backspace键删除输入的信息。

- **自动计算信息名称**：直接输入，或在【插入主题属性】下拉列表中进行选择（图4-87（d））。为了区别于计算数据来源信息名称，一般会另取新名称。
- **计算规则**：直接输入或在【插入功能】下拉列表中进行选择（图4-87（e））。
- **数据来源范围**：指数据来自于哪些主题，可以是主题范围，也可以是单个主题。直接输入或在【插入主题范围】列表中进行主题范围选择（图4-87（f）），单击"插入主题"→"选择主题"按钮进行单个主题选择（图4-87（c））。
- **数据来源信息名称**：数据来源信息可以是自定义数字型信息，也可以是任务信息。可以在【插入主题属性】列表中进行自定义信息名称选择（图4-87（d））、在【插入任务属性】列表中进行任务信息名称选择（图4-87（g））。

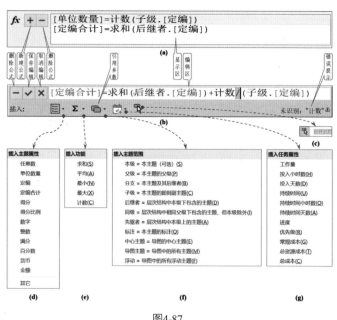

图4-87

📖 **提示**：如果输入公式不符合公式格式要求，在【公式】编辑框右下角会有错误提示。

- 单击"+"按钮，打开【公式】编辑框，新建公式。
- 单击"-"按钮，删除公式并关闭【公式】编辑框、退回到【公式】显示框；或在【公式】显示框删除所选公式。
- 单击"√"按钮，保存所编辑公式，关闭【公式】编辑框、并显示在【公式】显示框中。
- 单击"×"按钮，放弃公式编辑，关闭【公式】编辑框，公式保持原状态。
- 在【公式】显示框，单击既有公式，打开【公式】编辑框进行编辑。

（3）自动计算与公式计算异同

自动计算与公式计算功能基本相同，都是通过设置计算公式进行自动计算自定义信息的数据内容，其公式修改、增删等方法相同。

自动计算与公式计算类似于无码编程方式，通过选择或填写来设置计算式，对数字型信息进行自动计算并以自定义信息添加到目标主题上。两者创建路径不同，且自动计算不能直接使用运算符，但效果及计算式的修改、删除完全相同。不同之处如下。

- 自动计算的目标自定义信息名称与属性可以在设置计算规则即公式时一并创建与设置，但公式计算的自定义信息名称与属性需要先在目标主题上创建与设置好。
- 在创建自动计算规则时，信息名称只能输入、不能选择；而在创建、修改公式时，信息名称不仅能输入、更可选择，提高了准确度。
- 可以把自动计算看作是公式的一个简版特例。

4.8 本章总结

附加信息是主题关键词的注释与补充，是主题关键词之外的主题内容的重要组成部分。附加信息分为链接、附件、便笺、预警、任务信息、表格和自定义信息七类，其中链接、附件、便笺、预警为单项通用信息，任务信息和表格是多项通用信息，自定义信息提供了通用信息之外的更多选择（图4-88）。

- 认识并识别附加信息是使用附加信息的基础。一是添加了附加信息，在主题上添加了对应的标识符号，这为识别附加信息提供了方便。二是因链接对象、任务信息类型多样化，其信息标识符号也多样化。
- 熟悉附加信息插入途径是使用附加信息的入门要求。包括【主页】、【插入】、【任务】、【高级】四个主菜单，【导图索引】、【任务信息】、内置【浏览器】三个窗格，以及主题右键菜单等多条途径。
- 查看、下载、打印附加信息内容是使用附加信息的目的之所在，还有添加删除、复制、转移附加信息，修改附加信息内容也是使用附加信息的必要功底，这些都是管理附加信息的内容。
- 链接有效性的检查与修复、资源目录的管理、日历任务选项的设置、使用表格中的图表编辑、自定义信息的汇总计算公式编制、附加有任务信息的导图高效阅读，具有一定的挑战性，是使用附加信息难点之所在。
- 除预警信息和插入表格为附加信息外，导图中的附加信息在【导图索引-元素】、【导图索引-标记】任务窗格中均有显示。

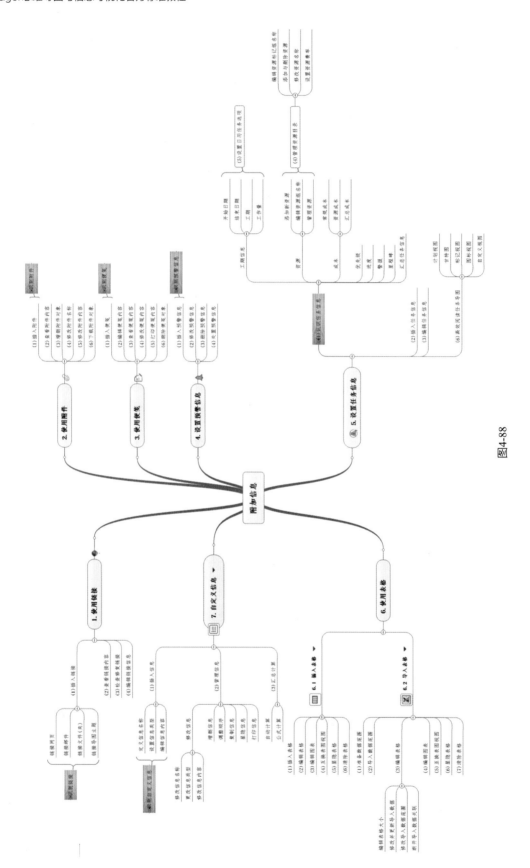

图4-88

5
添加标识

标识信息是主题内容的组成部分，是对主题的分类与标识。类似于交通标志，使用各种图形符号，其含义简单且基本固化，是某个群体认可的统一含义（类似于企业标准）。

标识信息分为编号、图标与标记（图5-1）。

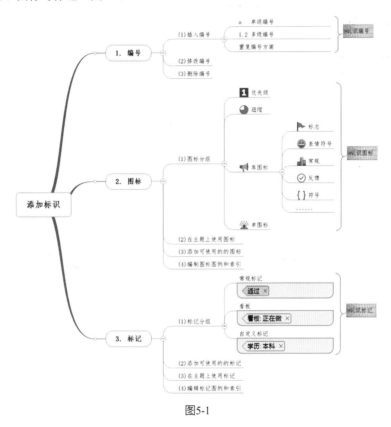

图5-1

5.1　设置编号

MindManager的编号类似于常用桌面文字处理软件中的单级编号和多级列表，可以给各级主题进行自动编号，当主题之间的关系发生变化，或新增或删除了主题，其编号会自动按规则变化。设置编号包括编号的插入、修改与删除，插入编号分为插入单级编号与多级编号，以及选择重复编号等方案。MindManager提供了主菜单来设置编号（图5-2）。

（1）插入单级编号

选取目标主题，选择主菜单【插入】→【编号】（图5-2（a）），即为目标主题的下一级子主题插入阿拉伯数字编码的单级编号（即图5-2（b）中第一行编码方案）；或选取目标主题，在主菜单【插入】→【编号】（图5-2（a））→下拉菜单编号库区选择一种编号方案（图5-2（b）），即为目标主题下一级子主题插入所选编码的单级编号（仅有5种方案可选）（图5-1）。

（2）插入多级编号

选择目标主题，选择主菜单【插入】→【编号】（图5-2（a））→【编号选项】（图5-2（b）），调出【编号】对话框（图5-2（d）），选择编码深度（目标主题以下编号级数，图5-2（h）），选择编号方案（图5-2（i））或自定义编码方案（图5-2（c）、（f）、（e）），选择编号重复选项（图5-2（g）），单击"确定"，即给目标主题以下所选深度主题插入了选定形式的编号（图5-1）。

自定义编码包括三部分，一是各级编码前置码（图5-2（e）），可任意设置；二是各级编码符，有5种符号可选（图5-2（c））；三是各级编码间分隔符，有11种符号可选（图5-2（f））。

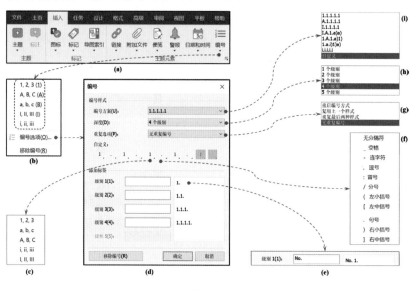

图5-2

（3）选择重复编号方案

为减少重复设置、重新编号及连续编号，可在"编号"对话框中通过重复选项（图5-2（g））来实现：

● **重启编号方式**：在一个多级编号序列中，对某个主题枝重新从1级开始编号。

● **复用上一个样式**：使用上一个编号样式进行编号（其他选项不用设置）。

● **重复最后两种样式**：使用最近使用的倒数第二个编号样式进行编号（其他选项不用设置）。

● **无重复编号**：在多级编号序列中，没有重复编号，类似于Word文档中的多级列表连续编号。

（4）修改编号

通过对整个主题枝重新设置编号选项来进行修改，或对其中的一部分主题枝插入一个新编号方案来部分修改。

（5）删除编号

选取目标主题，选择主菜单【插入】→【编号】（图5-2（a））→【移除编号】（图5-2（b）），即可删除目标主题枝下（不含摘要主题枝、标注主题枝、边界主题枝）的所有编号。

📄 **提示**：中心主题、浮动主题、标注主题、摘要主题、边界主题不能被编号。

一次编号级数最多5级。

编号不作用到目标主题枝上的标注主题（枝）、摘要主题（枝）、边界主题（枝），要给标注主题（枝）、摘要主题（枝）、边界主题（枝）编号，需另行选择标注主题、摘要主题、边界主题来设置编号。

对一个大主题枝下的某个小主题枝使用不同的编码方案，可以在大主题枝设置编号后，采用相同的步骤对小主题枝设置需要的编码方案。但是在修改、删除大主题枝编号时，小主题枝的编号会一并被修改与删除。

5.2 使用图标

类似于交通标志，图标是MindManager提供的各种具有简单明确含义的图形符号，可插入到主题中，对主题进行标识与分类。

5.2.1 认识图标

要使用图标，先要认识图标，包括图标的组成、分组与状态。

（1）图标组成

图标在主题上的显示如图5-3（a）所示。图标由图形符号、名称、图标组名称及标识组成（图5-3（b））。图形符号是图标的核心，每个图标的图形符号都不同，具有识别唯一性，在主题上看到的图标就是这个符号；图标名称是对图形符号要表达意思、传达信息的简练文字表述；图标组名称及标识是多个信息关联的图标的归类与称呼。

图5-3

（2）图标分组

由于图标众多，为了快速找到、方便应用，MindManager将图标分为优先级、进度、库图标、单图标四大图标组。其中优先级、进度图标组默认分为九级图标，库图标和单图标为存放在C：\Users\（计算机用户名）\AppData\Local\Mindjet\MindManager\22（MindManager版本号）\ Library\CHS（或ENU）\Icons目录下后缀名为.ico的图标文件，单图标是直接存放在Icons目录下的图标文件，库图标进一步细分为多个图标小组，存放在Icons目录下的文件夹下，文件夹名称即为库图标小组名称（图5-4）。

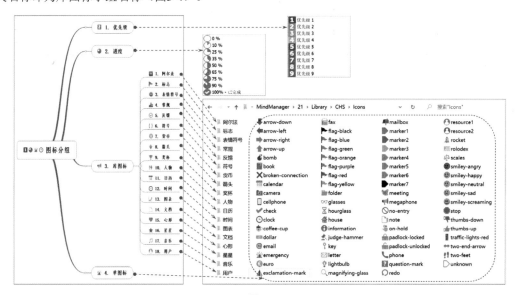

图5-4

提示：Icons目录下的文件夹"阿尔法"下还有子文件夹，对应库图标"阿尔法"组图标的细分组。

库图标分组是为了把含义相关联的图标归类存放，以方便使用时能快速找到。同时，可以把同组图标设为"互斥"，以保证在同一主题中不重复使用同组图标。

优先级、进度组图标集不能自定义更改。

基于库图标和单图标文件格式及存放，通过增减Icons目录下的图标文件，可以调整单图标集；通过修改、删除与合并Icons目录下的文件夹（名称），可以修改、增减库图标的细分组（名称）；通过增减Icons目录下文件夹里的图标文件，可以调整库图标对应细分组图标集。这为自定义图标集提供了简单方便的路径——通过修改文件夹名称、增减图标文件即可实现。

（3）图标状态

图标存在三个状态，一是在主题上、为已使用的图标，二是在图标库中、为可使用的图标，三是在图标文件中、为备用的图标，需要调入到图标库中才可使用。

图标库位于主菜单（图5-5（d））、主题右键菜单（图5-5（g））、主题图标右键菜单（图5-5（b））、【导图索引-标记】窗格（图5-5（a））、【任务信息】窗格（图5-5（f））、【库-图标】窗格（图5-5（c））的图标库区中（图中阴影框）。

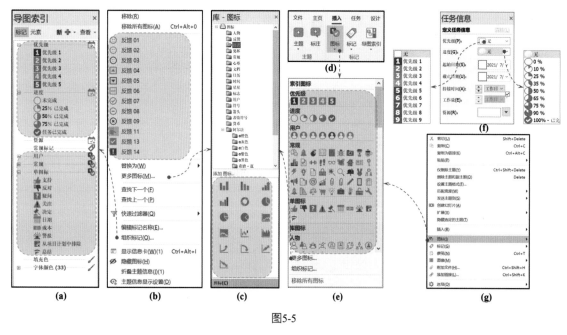

图5-5

在对图标认识的基础上，接下来介绍如何在主题上使用图标，添加可使用的图标以及在导图中插入图标图例和复制图表索引。

5.2.2 在主题上使用图标

在主题上使用图标，包括将图标插入到主题上，并对主题上的图标进行添加与替换、删除与修改、显示与隐藏，以及根据标记查找、统计、显隐主题。

（1）插入主题图标

可以通过主菜单、主题右键菜单、【导图索引-标记】窗格、【任务信息】窗格、【库-图标】窗格（图5-5）来给主题插入图标。

- 从主菜单插入图标。单选或多选目标主题，选择主菜单【插入】/【主页】→【图标】（图5-5（d）），在图标库区（图5-5（e））单击欲插入的图标，即可插入到目标主题。
- 从主题右键菜单插入图标。单选或多选目标主题，选择主题右键菜单中的【图标】（图5-5（g））打开图标库区（图5-5（e）），单击欲插入主题的图标，即可插入到目标主题。
- 从窗格直接插入图标。单选或多选目标主题，打开【导图索引-标记】窗格（图5-5（a））、或【任务信息】窗格（图5-5（f））、或【库-图标】窗格（图5-5（c）），在图标库区单击欲插入的图标，即可插入到目标主题。
- 从窗格图标右键菜单插入图标。单选或多选目标主题，打开【导图索引-标记】窗格（图5-6（a））、或【库-图标】窗格（图5-6（d）），选择欲插入图标右键菜单中的【添加到主题】（图5-6（b）、（c）），则将该图标插入到目标主题。

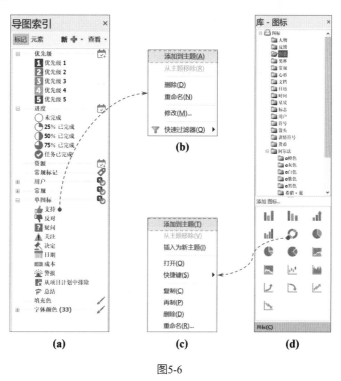

图5-6

📋 提示：一个主题可以插入一个或多个图标。

如果欲插入主题的图标不在图标库区，则需要将所需要图标先添加到图标库区，请参阅"5.2.3添加可使用的图标"。

选择主菜单中的【更多图标】打开【库-图标】窗格（图5-5（c）），选择主菜单中的【组织标记】打开【导图索引-标记】窗格（图5-5（a））。

（2）添加与替换主题图标

一个主题可以有多个同组、异组的图标。但设为互斥（请参阅下文"设置同组图标互斥"）的同组图标，在一个主题中只能有一个。

- 通过插入图标来添加主题图标。使用"（1）插入主题图标"方法，可给主题添加异组图标和非互斥同组图标。
- 通过主题图标右键菜单来替换图标。需要进行同组图标替换时，首先单选主题目标图标，然后右击图标打开右键菜单（图5-5（b）），单击图标库区图标（图标库区显示的为同组图标），就可以将目标图标替换为所选同组图标。需要进行同组互斥图标快速替换时，直接在主题中单击目标图标，会依图标在图标组的顺序用下

一个同组图标循环替换。需要进行异组图标替换时，单选主题目标图标，选择右键菜单中的【替换为】（图
5-5（b）），打开图标库区（显示的图标为异组图标），单击图标库区图标，就可以将目标图标替换为所选异
组图标。

● **设置同组图标互斥。** 在【导图索引-标记】窗格中（图5-7（a）），右击目标图标组，打开右键菜单（图5-7
（b）），勾选【互斥】复选框即设置该组图标为互斥，再次勾选【互斥】复选框即取消设置。

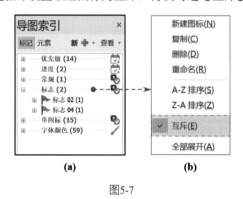

图5-7

📖 **提示**：优先级、进度组图标为固定互斥图标，单图标组为固定非互斥图标，不可设置。库图标组可设置互
斥性。

（3）删除主题图标

可以对单个、多个、所有主题的同一个图标或所有图标进行删除。

● **删除所选主题上的所有图标。** 单选或多选主题，右击其中任一主题上的任一图标，选择其右键菜单中的
【移除所有图标】（图5-5（b））、或选择主菜单【插入】→【图标】（图5-5（d））→【移除所有图标】
（图5-5（e））、或选择其中任一主题右键菜单中的【图标】（图5-5（g））→【移除所有图标】（图5-5
（e）），可删除所选主题上的所有图标。

● **删除所有主题上的同一图标。** 选择【导图索引-标记】窗格（图5-6（a））目标图标右键菜单中的【删除】
（图5-6（b）），可删除所有主题上的目标图标，同时从窗格中删除目标图标。

● **删除所选主题上的同一图标。** 单选或多选主题，选择目标图标右键菜单中的【移除】（图5-5（b）），或选择
【导图索引-标记】窗格（图5-6（a））、【库-图标】窗格（图5-6（d））目标图标右键菜单中的【从主题移
除】（图5-6（b）、（c）），可删除所选主题上的同一目标图标。

● **删除单个主题上的单个图标。** 直接选择目标图标右键菜单中的【移除】（图5-5（b）），可删除该主题上的该
目标图标。

（4）修改主题图标

修改主题图标是指修改主题上的图标组名称、图标名称和图标符号，需要通过图标库来实现，请参阅"5.2.3
（2）在图标库中修改图标（组）"。

（5）显示与隐藏主题图标

为了方便导图阅读、打印，MindManager对主题中的图标提供了多种显示方式和显隐状态。

● **设置主题图标显示方式。** 当主题中有图标（图5-3（a））时，导图会根据【主题信息显示设置】对话框中
的设置以不同方式显示图标（图5-8（c））。选择主题图标右键菜单中的【主题信息显示设置】（图5-8
（a）），打开【主题信息显示设置】对话框（图5-8（b）），对图标的显示形式进行设置，包括是否勾选
"图标""在带隐藏信息的主题中显示省略号""在主题信息中显示图标""在右侧显示主题控制栏"复选
框，不同组合时，图标在主题中的显示如图5-8（c）所示。

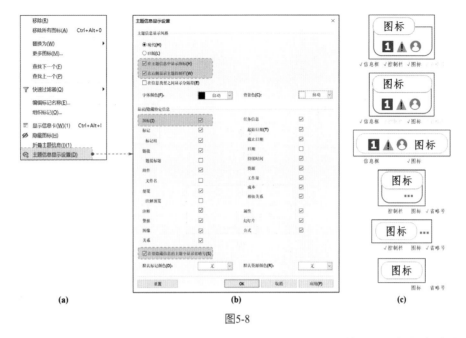

图5-8

● **显示与隐藏图标信息卡**。为了在各种图标显示方式（图5-8（c））情况下，都能有效地观察主题图标，MindManager提供了在主题附近以独立信息卡方式来显示完整的主题图标（图5-9（c））的方式。单选或多选目标主题（图5-9（a）），选择主题图标右键菜单中的【显示信息卡】（图5-9（b）），将在所选主题附近显示各自独立的主题及图标信息卡（图5-9（c）），可移动信息卡，可直接关闭信息卡，或选择图标右键菜单中的【隐藏信息卡】（图5-9（d）），即可回到原来的显示（图5-9（a））。

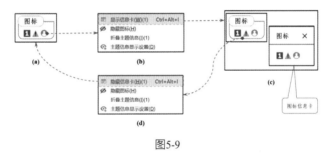

图5-9

● **显示与隐藏主题图标**。任选含有图标的主题（图5-10（b）），选择图标右键菜单中的【隐藏图标】（图5-10（f）），所有主题均隐藏图标（图5-10（e）、（g））。选择导图左下角的【显示/隐藏正在使用-点击重置】（图5-10（d））→【重置显示/隐藏默认值】（图5-10（a））、或选择图5-10（g）中图标隐藏标识"…"右键菜单中的【主题信息显示设置】（图5-10（c）），将恢复全部主题的图标显示（图5-10（b））。

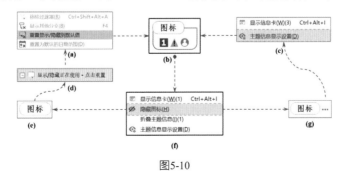

图5-10

● 折叠与展开主题图标。单选或多选目标主题（图5-11（b）），选择图标右键菜单中的【折叠主题信息】（图5-11（e）），隐藏所选主题图标（图5-11（d）、（f））。选择其他主题图标右键菜单中的【主题信息显示设置】（图5-11（a））、或选择（图5-11（f））中图标隐藏标识"..."右键菜单中的【展开主题信息】（图5-11（c）），将重新展开图标在主题上的显示（图5-11（b））。

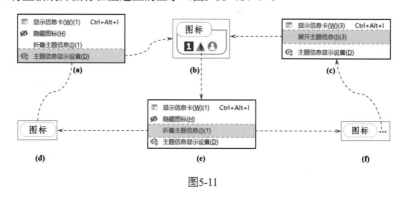

图5-11

> 提示：显示/隐藏主题图标、折叠/展开主题图标的效果是一样的，只是前者对所有主题有效，后者仅对所选主题有效。
>
> 更通用的显隐设置，请参阅"8.6.2设置显隐主题信息"。

（6）查找相同图标的主题

选择目标图标右键菜单中的【查找下一个】/【查找上一个】（图5-5（b）），将在导图中从当前主题开始，按向下/向上顺序寻找含有目标图标的主题。

（7）统计相同图标的主题

在【导图索引-标记】窗格中单击【查看】（图5-12（a）），打开下拉菜单（图5-12（b））：

● 勾选【显示主题计数】复选框，将在窗格图标组上显示含该组图标的主题数量，在图标上显示含该图标的主题数量。

● 勾选【显示每个标记的主题】复选框，将在窗格中按设定顺序显示含该图标、标记的主题列表。

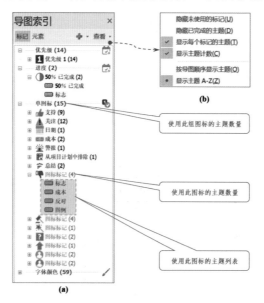

图5-12

- 勾选【按导图顺序显示主题】/【显示主题A-Z（Z）】复选框，将在窗格中对含该图标的主题按主题在导图中的顺序或主题关键词正序显示。
- 勾选【隐藏已完成的主题】复选框，将隐藏导图中含进度完成图标的所有主题。
- 勾选【隐藏未使用的标记】复选框，将隐藏在本导图中未使用的图标组及图标。

📄 提示：因一个主题可能含有多个同组图标，所以含某组图标的主题数量，应该小于等于该组各图标所显示的主题数量之和。

（8）根据图标显隐主题

选择主题目标图标右键菜单中的【快速过滤器】（图5-13（b））、或在【导图索引-标记】窗格（图5-13（d））中选择目标图标右键菜单中的【快速过滤器】（图5-13（a）），打开过滤器设置菜单（图5-13（c））：

- 选择【显示包含此标记的主题】，导图只显示含目标图标的主题，其他主题将被隐藏。
- 选择【淡化带此标记的主题】，导图中含目标图标的主题将被淡化显示，其他主题保持显示不变。
- 选择【隐藏包含此标记的主题】，导图中含目标图标的主题将被隐藏，其他主题保持显示不变。
- 选择【移除过滤器】，将清除上述显示、淡化、隐藏设置，恢复所有显示。
- 选择【调整过滤器选项】，将打开【MindManager选项-过滤器】对话框，进行过滤选项设置，请参阅"10.2.5（8）设置过滤匹配与自动计算规则"。

📄 提示：更通用的显隐主题，请参阅"8.6.1过滤显隐主题"和"8.3.1图标视图"。

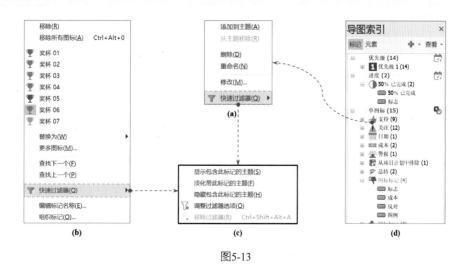

图5-13

5.2.3　添加可使用的图标

MindManager可使用图标显示在主菜单和主题右键菜单、主题图标右键菜单、【索引图标-标记】窗格、【任务信息】窗格、【库-图标】窗格的图标库区（图5-5），各图标区内容是相同且联动的，一个区的可使用图标变动，其他各区会实时变动。

可使用图标只对本导图文档有效。当需要使用的图标不在图标库区，就需要进行可使用图标的添加，包括在图标库中添加、修改、删除、显隐图标（组）。

（1）在图标库中添加图标（组）

MindManager提供了通过图标文档、复制、【导图索引-标记】窗格等途径来添加图标与图标组。

● 通过图标文档添加图标（组）。

第1步，创建图标文件。复制图像或使用图像编辑器编辑图像，保存到C：\Users\（计算机用户名）\AppData\ Local\Mindjet\MindManager\22（MindManager版本号）\Library\CHS（或ENU）\Icons目录下、后缀名为.ico的文件即为图标文件（图5-4）。Icons目录下的文件夹名称为图标组名称，Icons目录下的图标文件为单图标组图标。

第2步，引入到图标库区。选择【导图索引-标记】窗格菜单中的【+】（图5-14（b））→【添加新图标组】（图5-14（a）），选择目标图标组（图5-14（c）），目标图标组及图标添加到【导图索引-标记】窗格图标（组）库区中（图5-14（d）、（e））。

> 提示：通过图标文档添加图标，添加后修改图标文档或在图标库中修改图标，两者不相互影响。

● 通过复制来添加图标（组）。通过复制添加图标（组），可实现跨导图文档或同文档图标重复使用。

第1步，复制。在【导图索引-标记】窗格（图5-15（b））中，选择目标图标组右键菜单中的【复制】（图5-15（c）），即将目标图标组及图标复制到粘贴板。

第2步，粘贴。在目标导图【导图索引-标记】窗格（图5-15（b））中，选择窗格菜单【+】→【粘贴标记组】（图5-15（a）），即将目标图标组及图标粘贴到目标导图的【导图索引-标记】窗格中，可供插入与修改。

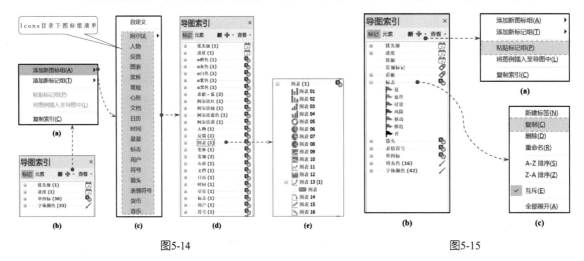

图5-14   图5-15

● 通过窗格添加图标（组）。可分别进行图标组与图标的添加。

添加图标组。选择【导图索引-图标】窗格（图5-16（a））菜单中的【+】→【添加新图标组】（图5-16（b））→【自定义】（图5-16（c）），在【导图索引-标记】窗格中添加了一个可修改"组名"的图标组（图5-16（d））。选择【库-图标】窗格（图5-17（i））目标图标组（文件夹）名称右键菜单中的【新建文件夹】（图5-17（e）），将在目标图标组下添加了一个可修改名称的"新建文件夹"的图标组。

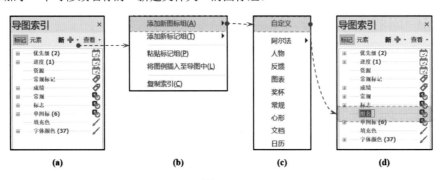

图5-16

　　添加图标。单击【导图索引-标记】窗格目标图标组（图5-17（f））右键菜单中的【新建图标】（图5-17（b）），打开【新建图标】对话框（图5-17（c）），填写图标名称，选择图标图形符号（图5-17（g）），单击"添加"按钮，即在【导图索引-标记】窗格目标图标组下添加了该图标、同时可继续在目标图标组下添加下一个图标，直至单击"关闭"按钮。或选择【库-图标】窗格（图5-17（i））目标图标组（文件夹）名称右键菜单中的【添加图标】（图5-17（e）），选择图标图形符号（图5-17（h）），即在目标图标组下添加了新图标。

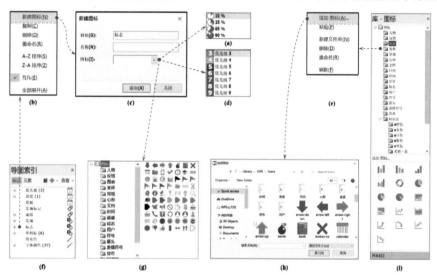

图5-17

　　📖 提示：通过【导图索引-标记】窗格添加图标，可选图标为Icons目录下的图标文件（图5-17（g）），当添加优先级、进度组图标时，其可选图标是固定的（图5-17（a）、（d））；通过【库-图标】窗格添加图标，可选的图标可以是任何目录下的*.ico图标文件（图5-17（h））。

（2）在图标库中修改图标（组）

在图标库中修改图标（组）是指修改图标组名称、图标名称和图标图形符号。

● 修改图标组名称。选择【导图索引-标记】窗格（图5-18（b））目标图标组右键菜单中的【重命名】（图5-18（a）），可以直接在窗格图标组上进行修改，鼠标单击其他处，保存修改并退出修改，按Esc键放弃修改并退出修改。

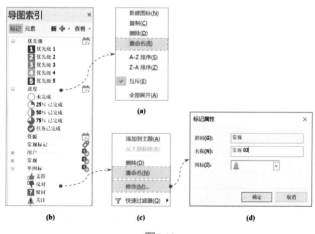

图5-18

● **修改图标名称**。选择【导图索引-标记】窗格（图5-18（b））目标图标右键菜单中的【重命名】（图5-18（c）），则直接在窗格图标名称上进行修改，鼠标单击其他处，保存修改并退出修改，按Esc放弃修改并退出修改。

● **修改图标符号**。选择【导图索引-标记】窗格（图5-18（b））目标图标右键菜单中的【修改】（图5-18（c）），打开【标记属性】对话框（图5-18（d）），可以修改图标名称，更改图标图形符号。

（3）在图标库中删除图标（组）

在图标库中删除图标（组），包括删除图标组和删除图标。

● **删除图标组**。选择【导图索引-标记】窗格（图5-18（b））目标图标组右键菜单中的【删除】（图5-18（a）），将删除目标图标组及其图标，但已经插入主题的该组图标仍保持在主题中。

● **删除图标**。选择【导图索引-标记】窗格（图5-18（b））目标图标右键菜单中的【删除】（图5-18（c）），如目标图标没被主题所使用，将直接删除；如目标图标被主题所使用，则打开提示框（图5-19），选择"是"，将从窗格里删除目标图标，并从所有主题上删除目标图标；选择"否"，仅从窗格里删除目标图标。

> 提示：被主题使用的被删（图标组下的）图标，如果在窗格中被移到常规图标组下，一旦主题中删除了这些图标，在常规图标组中将自动删除。

（4）在图标库中显隐图标（组）

勾选【导图索引-标记】窗格菜单中的【查看】→【隐藏未使用的标记】复选框（图5-20），在本导图中未使用的图标和图标组将被隐藏，去掉勾选将全部显示。

图5-19　　　　　　　　　　　　　图5-20

5.2.4　编制图标图例和索引

为了易于阅读，MindManager提供了将图标形成图例和索引插入导图且可将图标索引复制出来的功能。

（1）插入图标图例

选择【导图索引-标记】窗格（图5-21（b））菜单中的【＋】→【将图例插入至导图中】（图5-21（a）），打开【插入标记图例】选择框（图5-21（c）），进行选项选择后单击"确定"按钮，可将图标以图例形式插入为一个主题枝（图5-21（d））。

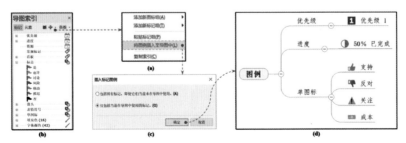

图5-21

提示：插入图标图例在中心主题显示时才可用。

（2）复制图标索引

分为图标全索引、指定图标组索引、单图标符号索引复制。

● 复制图标全索引。选择【导图索引-标记】窗格菜单中的【＋】→【复制索引】（图5-22（b）、（a）），将本导图使用的图标组名称、图标名称和主题关键词按相互隶属关系复制到粘贴板上，选择目标导图或其他格式文档右键菜单中的【粘贴】，可粘贴为导图主题枝（图5-22（d）），在其他格式文档中通过粘贴可复制为文本。

● 复制所选图标组索引。选择【导图索引-标记】窗格（图5-22（b））目标图标组右键菜单中的【复制】（图5-22（c）），将目标图标组及其所有图标名称复制到粘贴板上，选择目标导图或其他格式文档右键菜单中的【粘贴】，可粘贴为导图主题（图5-22（d））或其他格式可粘贴文本。

● 复制单图标符号索引。选择【导图索引-标记】窗格（图5-22（b））"单图标"组右键菜单中的【复制】（图5-22（c）），将单图标组所有图标符号复制到粘贴板上，选择目标导图主题右键菜单中的【粘贴】，可粘贴为导图主题（图5-22（d））。

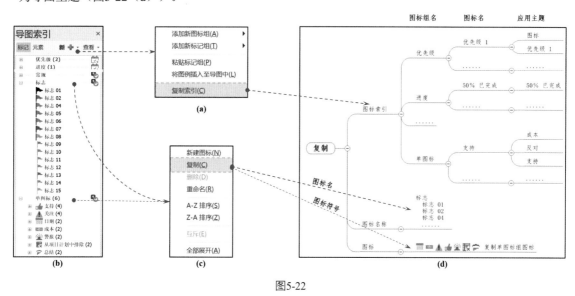

图5-22

提示：图标图例由图标组名和图标符号组成，图标索引由图标组名、图标名称、应用主题组成。

图标图例只能在当前导图中插入，复制图标索引不仅可以在当前导图中进行，还可以在跨导图文档、跨不同格式文档间进行。

5.3　使用标记

标记，如同图标，都是主题标识信息之一。标记是文本化的图标，图标是图形化的标记。

5.3.1　认识标记

要使用标记，先要认识标记，包括标记的组成、分组与状态。

（1）标记组成

类似于图标，标记在主题上的显示如图5-23（a）所示。标记包括图形符号、标记名称、标记颜色和分组名称。不同于图标，所有的标记使用统一的图形符号 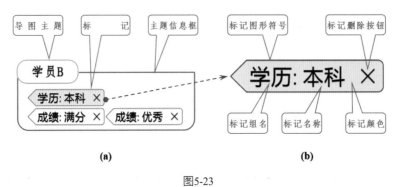，不具有识别唯一性。标记名称是对标记要表达意思、传达信息的简练文字表述，在主题上看到的标记主要是它的名称；标记颜色是该标记名称显示时的背景色，默认无颜色；分组名称是多个信息关联标记的归类称呼，考虑到标记名称可能重复，为了区分，在主题上可一并显示标记组名称（图5-23（b））。

图5-23

（2）标记分组

在MindManager导图中，标记主要由用户根据需要创建与分组。为了示范，MindManager默认提供了"常规标记"和"看板"2个常驻标记组（图5-24（a））和8个标记组文件（图5-24（d））。其中"常规标记"组不可删除但可改名，且默认没有标记，由用户添加（图5-24（c））。"看板"组可删除、可改名，默认有3个标记，用户可删除、改名、添加（图5-24（b））。8个未显示的标记组，存放在C：\Users\（计算机用户名）\AppData\Local\Mindjet\MindManager\22（MindManager版本号）\Library\CHS\Tag Groups目录下（图5-24（d）），为文本（.txt）文档，可用文本编辑器进行修改。

（3）标记状态

类似于图标，标记有三个状态，一是在主题上，为已使用的标记，二是在标记库中，为可使用的标记，三是在标记文件中，为备用的标记，需要调入到标记库中才可使用。

在认识标记的基础上，接下来介绍如何在主题上使用标记，添加可使用的标记以及在导图中插入标记图例和复制标记索引。鉴于MindManager标记库可使用的标记默认只有3个（图5-24（b）），为了在给主题插入标记时，有足够的标记可用，下面先介绍添加可使用的标记。

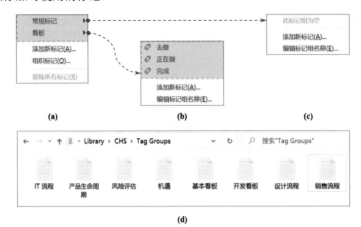

图5-24

5.3.2　添加可使用的标记

MindManager可使用的标记显示在主菜单（图5-25（a）、（e）、（c）、（b））、主题标记右键菜单（图5-25（d））、【导图索引-标记】窗格（图5-25（f））的标记（组）库区，三个标记（组）区内容是相同且联动的，一个区的可使用标记变动，其他两个区会实时变动。

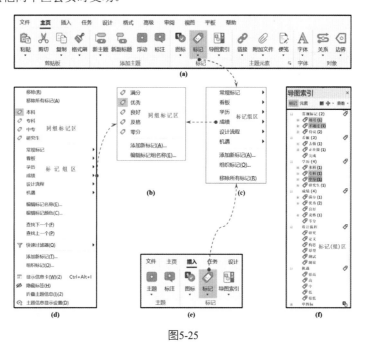

图5-25

类似于图标，可使用标记只对本导图文档有效。当需要使用的标记不在标记库区，就需要进行可使用标记的添加，包括在标记库中添加、修改、删除、显隐标记（组）。

（1）在标记库中添加标记（组）

MindManager提供了通过标记文档、复制、【导图索引-标记】窗格、给主题插入标记等途径来添加标记与标记组。

● 通过标记文档添加标记（组）。

第1步，创建标记文件。在C：\Users\（计算机用户名）\AppData\Local\Mindjet\MindManager\22（MindManager版本号）\Library\CHS\Tag Groups目录下，复制一个既有的标记文本（.txt）文档，修改文件名为标记组名（图5-26（a）），并打开文本编辑器（图5-26（b））进行文本内容编辑，文本每一行为一个标记名称，按标记顺序输入，修改好后保存。

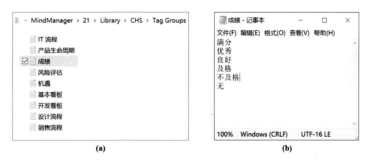

图5-26

提示：这里不建议直接创建.txt文档保存在Tag Groups目录下，而建议复制已有的.txt文档后改名，再进行编辑，还要考虑到计算机上用到的.txt文档编辑器版本可能不同，会导致在下一步显示标记时出现乱码。

第2步，引入到标记库区。选择【导图索引-标记】窗格（图5-27（a））菜单中的【+】→【添加新标记组】（图5-27（b）），选择目标标记组（图5-27（c）），则目标标记组及标记显示在【导图索引-标记】窗格标记（组）库区中（图5-27（d））。

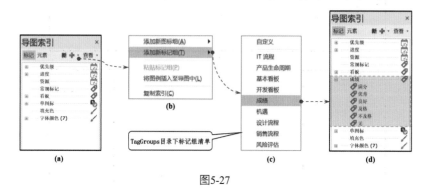

图5-27

提示：通过标记文档添加标记，添加后修改标记文档或在标记库中修改标记，两者相互不影响。

● 通过复制来添加标记（组），可实现跨导图文档或同文档标记复用。

第1步，复制。在【导图索引-标记】窗格（图5-28（a））中，选择目标标记组右键菜单中的【复制】（图5-28（c）），即将目标标记组及标记复制到粘贴板。

第2步，粘贴。在目标导图【导图索引-标记】窗格（图5-28（a））中，选择窗格菜单中的【+】→【粘贴标记组】（图5-28（b）），即将目标标记组及标记粘贴到目标导图的【导图索引-标记】窗格中，可供插入与修改。

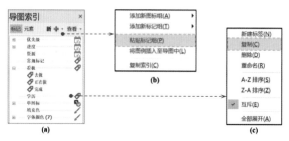

图5-28

● 通过窗格添加标记（组）。可分别进行图标组与图标的添加。

添加标记组。选择【导图索引-标记】窗格（图5-29（a））菜单中的【+】→【添加新标记组】（图5-29（b））→【自定义】（图5-29（c）），在【导图索引-标记】窗格中添加了一个可修改"组名"的标记组（图5-29（d））。

图5-29

添加标记。选择【导图索引-标记】窗格目标标记组（图5-30（a））右键菜单中的【新建标签】（图5-30（b）），打开【新建标签】对话框（图5-30（c）），填写标记名称、选择标记颜色，单击"添加"按钮，在【导图索引-标记】窗格目标标记组下添加了该标记（图5-30（d）），可以继续在目标标记组中添加下一个标记，直至单击"关闭"按钮。

如果在添加标记时，其标记名称重复，单击"添加"按钮时，MindManager会提示该名称已创建（图5-30（e））。

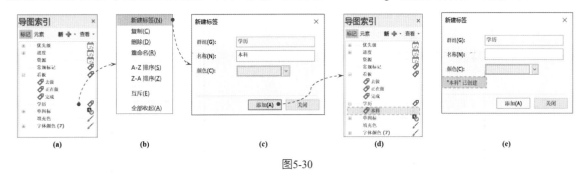

图5-30

- 通过插入标记来添加标记（组）。给主题插入标记（组）库区中没有的标记的同时，就添加了该标记组及标记，请参阅"5.3.3（1）插入主题标记"。

提示：标记（组）库区标记仅对当前导图文档有效。通过标记文档添加的标记，可在MindManager不同导图文档间调用；通过复制标记，可实现跨文档标记复用；而通过【导图索引-标记】窗格，给主题插入标记来添加的标记，不仅不能在MindManager导图文档间借用，甚至在当前文档标记库区删除后，要重新使用时，也需要重新添加。

通过插入标记来添加标记（组）需选取主题，其他途径不需选取主题。

MindManager在翻译和使用图标、标记、标签三个名词术语时比较乱，有时标记其实是指图标，有时标记包含图标，有时标签就是包含图标的标记或不包含图标的标记。

添加新图标，需先添加图标组，后添加图标；添加新标记，可以同时添加标记与标记组。

（2）在标记库中修改标记（组）

在标记库中修改标记（组）是指修改标记组的名称、标记名称、标记颜色。

- 修改标记组名称。选择【导图索引-标记】窗格（图5-31（f））目标标记组右键菜单中的【重命名】（图5-31（d）），或主菜单【插入】/【主页】→【标记】（图5-31（a）、（e））→某目标标记组（图5-31（b））→【编辑标记组名称】（图5-31（c）），可以直接在窗格标记组名称上进行修改，鼠标单击其他处保存修改并退出修改、按Esc键放弃修改并退出修改。

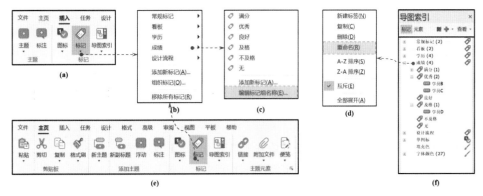

图5-31

● **修改标记名称**。选择【导图索引-标记】窗格（图5-32（a））目标标记右键菜单中的【重命名】（图5-32（b）），或选择主题目标标记右键菜单中的【编辑标记名称】（图5-32（e）），可以直接在窗格标记名称上进行修改（图5-32（c）），鼠标单击其他处即保存修改并退出，按Esc键放弃修改并退出。

也可以在修改标记颜色时一并修改标记名称（图5-32（d））。

● **修改标记颜色**。选择【导图索引-标记】窗格（图5-32（a））目标标记右键菜单中的【添加标记颜色】（图5-32（b）），或选择主题目标标记右键菜单中的【编辑标记颜色】（图5-32（e））、打开【标记属性】对话框（图5-32（d）），可以同时修改标记名称、更改标记颜色。

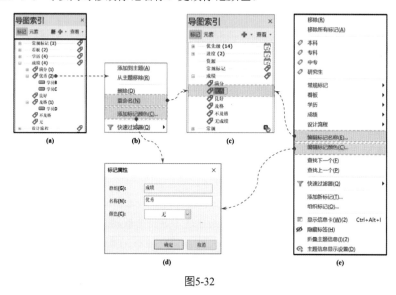

图5-32

> 📖 **提示**：在标记库中修改标记（组）后，在修改前已插入主题的标记组名称、标记名称、标记颜色将随之改变。修改通过标记文档添加的标记组名称、标记名称和标记颜色，与标记文档无关。

（3）在标记库中删除标记（组）

在标记库中删除标记（组），包括删除标记组和删除标记。

● **删除标记组**。选择【导图索引-标记】窗格（图5-31（f））目标标记组右键菜单中的【删除】（图5-31（d）），将删除目标标记组及其标记，但已经插入主题的标记组仍保持在主题中。

● **删除标记**。选择【导图索引-标记】窗格（图5-32（a））目标标记右键菜单中的【删除】（图5-32（b）），如目标标记没被主题所使用，将直接删除；如目标标记已经被主题使用，则会打开选择提示框（图5-33），选择"是"，将从窗格里删除目标标记，并从所有主题上删除目标标记；选择"否"，仅从窗格里删除目标标记。

图5-33

> 📖 **提示**：被主题使用的被删除（标记组下的）标记，会在窗格中被移到常规标记组下，一旦主题中删除了这些标记，在常规标记组中将自动删除。

（4）在标记库中显隐标记（组）

勾选【导图索引-标记】窗格菜单【查看】→【隐藏未使用的标记】复选框（图5-34），将隐藏可使用标记在本导图中未使用的标记和标记组，去掉勾选将全部显示。

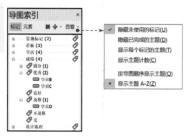

图5-34

5.3.3　在主题上使用标记

在主题上使用标记，包括将标记插入到主题上，并对主题上的标记进行添加与替换、删除与修改、显示与隐藏，以及根据标记查找、统计、显隐主题。

（1）插入主题标记

可以通过主菜单、主题右键菜单和【导图索引-标记】窗格给主题插入标记。

● **从主菜单插入标记**。单选或多选目标主题，选择主菜单【插入】/【主页】→【标记】（图5-35（a）、（c）），如果欲插入主题的标记在标记库，直接选择目标标记（图5-35（b）、（e）），即插入到目标主题；如果欲插入主题的标记不在标记库，但标记组在标记库，则选择该标记组下的菜单【添加新标记】（图5-35（b）、（d）），打开【新建标签】对话框（图5-35（f）），填写标记名称，选择标记颜色后，单击"添加"按钮，则将新建标记插入到目标主题中，同时该标记添加到标记库中；如果欲插入标记及其标记组都不在标记库，则选择【插入】/【主页】→【标记】→【添加新标记】（图5-35（b）），打开【新建标签】对话框（图5-35（g）），填写标记组名称、标记名称，选择标记颜色后，单击"添加"按钮，则将新建标记插入到目标主题中，同时该标记添加到标记库中。

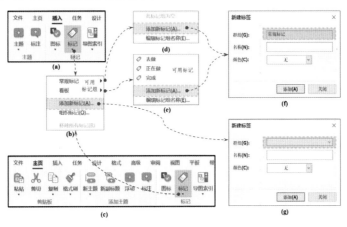

图5-35

● **从窗格插入标记**。选择【插入】/【主页】→【标记】→【组织标记】（图5-35（b））或单击【插入】/【主页】→【导图索引】，打开【导图索引-标记】窗格（图5-36（d）），单选或多选目标主题：如果欲插入主题的标记在标记库，则直接选择目标标记（图5-36（d））或选择目标标记右键菜单中的【添加到主题】（图5-36（b）），即插入到所选主题；如果欲插入主题的标记不在标记库，则通过"5.3.2添加可使用的标记"添加目标标记到标记库中后，再按照上述情形操作。

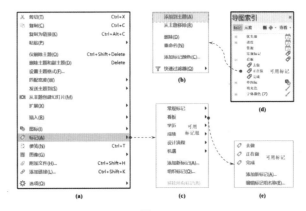

图5-36

（2）添加与替换主题标记

一个主题可以有多个同组、异组的标记。但设为互斥的同组标记（请参阅下文"设置同组标记互斥"），在一个主题中只能有一个。

● 通过插入标记来添加主题标记。使用"（1）插入主题标记"方法，可给主题添加异组图标和非互斥同组标记。

● 替换主题标记。当需替换的主题标记为互斥同组标记时，通过添加同组标记即可替换（直接插入即替换）；当需替换的主题标记为异组标记或非互斥同组标记时，只能采用删除原标记，添加新标记的方法办理。

> 提示：MindManager对主题图标有直接替换功能，对标记没有直接替换功能。

● 通过主题标记右键菜单来添加与替换标记。单选主题，右击目标标记打开右键菜单（图5-37），在标记库区，单击目标标记即添加（同组非互斥或异组时）到所选主题，或替换（同组互斥时）所选主题中的同组标记。

● 设置同组标记互斥。在【导图索引-标记】窗格（图5-38（a））中，右击目标标记组，打开右键菜单（图5-38（b）），勾选【互斥】复选框即设置该组标记为互斥，再次勾选【互斥】复选框即取消设置。

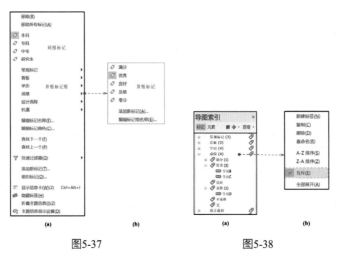

图5-37　　　　　　　　　　　　　　图5-38

（3）删除主题标记

可以对单个、多个、所有主题的同一个图标或所有图标进行删除。

● 删除所选主题上的所有标记。单选或多选主题，右击其中任一主题上的任一标记，选择其右键菜单中的【移除所有标记】（图5-39（a））、或选择主菜单【插入】→【标记】（图5-39（g））→【移除所有标记】（图5-39（e））、或选择其中任一主题右键菜单中的【标记】（图5-39（b））→【移除所有标记】（图5-39（c）），可删除所选主题上的所有标记。

● 删除所有主题上的同一标记。在【导图索引-标记】窗格中（图5-39（h）），选择目标标记右键菜单中的【删除】（图5-39（f）），可删除所有主题上的目标标记（图5-39（d）选择"是"），同时也从窗格中删除目标标记。

● 删除所选主题上的同一标记。单选或多选主题，选择目标标记右键菜单中的【移除】（图5-39（a）），或选择【导图索引-标记】窗格（图5-39（h））目标标记右键菜单中的【从主题移除】（图5-39（f）），可删除所选主题上的同一目标标记。

● 删除单个主题上的单个标记。直接选择目标标记右键菜单中的【移除】（图5-39（a）），可删除该主题上的该目标标记。

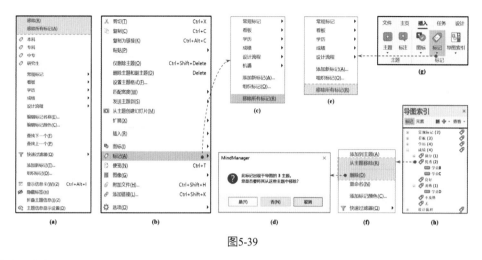

图5-39

（4）修改主题标记

修改主题标记是指修改主题上的标记组名称、标记名称和标记颜色，可以通过在标记库修改标记来实现，请参阅"5.3.2（2）在标记库中修改标记（组）"。

（5）显示与隐藏主题标记

为了方便导图阅读、打印，MindManager对主题中的标记提供了多种显示方式和显隐状态。

● **设置主题标记显示方式。** 当主题中有标记（图5-23（a））时，导图会根据【主题信息显示设置】以不同方式显示标记（图5-40（c）），同组标记显示在一行，不同组标记分行显示。选择主题标记右键菜单中的【主题信息显示设置】（图5-40（a）），打开【主题信息显示设置】对话框（图5-40（b）），可以对标记的显示形式进行设置，是否勾选"标记""标记组""在带隐藏信息的主题中显示省略号"等复选框时，标记在主题中的显示如（图5-40（c））所示。

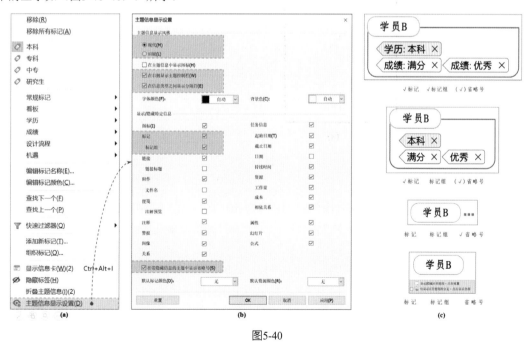

图5-40

● **显隐与展折标记。** 显隐与展折标记，包括显隐标记信息卡，显示与隐藏主题标记，折叠与展开主题标记，与显隐与展折图标的操作完全相同，只需将选择对象由图标更换为标记即可。

（6）查找相同标记的主题

选择目标标记右键菜单中的【查找下一个】/【查找上一个】（图5-40（a）），将在导图中从当前主题开始，向下/向上顺序寻找含有目标标记的主题。

（7）统计相同标记的主题

单击【导图索引-标记】窗格菜单中的【查看】（图5-41（a）），打开下拉菜单（图5-41（b）），可以进行如下设置。

- 勾选【显示主题计数】复选框，将在窗格标记组上显示含该组标记的主题数量，在标记上显示含该标记的主题数量。
- 勾选【显示每个标记的主题】复选框，将在窗格中按设定顺序显示含该图标、标记的主题列表。
- 勾选【按导图顺序显示主题】/【显示主题A-Z（Z）】，将在窗格中对含该标记的主题按主题在导图中的顺序或主题关键词正序显示。
- 勾选【隐藏未使用的标记】，将隐藏在本导图中未使用的标记组及标记。

> 提示：因一个主题可能含有多个同组标记，所以含某组标记的主题数量，应该小于等于该组各标记所显示的主题数量之和。

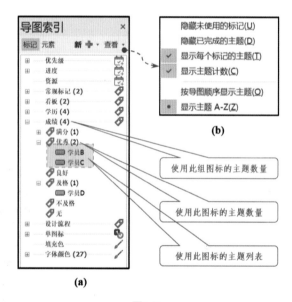

图5-41

（8）根据标记显隐主题

选择主题目标标记右键菜单中的【快速过滤器】（图5-42（b））、或在【导图索引-标记】窗格（图5-42（d））中选择目标图标右键菜单中的【快速过滤器】（图5-42（a）），打开过滤器设置菜单（图5-42（c）），可以进行如下设置。

- 选择【显示包含此标记的主题】，导图只显示含目标标记的主题，其他主题将被隐藏。
- 选择【用这个标记来淡化主题】，导图中含目标标记的主题将被淡化显示，而其他主题保持显示不变。
- 选择【隐藏含此标记的主题】，导图中含目标标记的主题将被隐藏，而其他主题保持显示不变。
- 选择【移除过滤器】，将清除上述显示、淡化、隐藏设置，恢复全面显示。
- 选择【调整过滤器选项】，将打开【MindManager选项-过滤器】对话框，进行过滤选项设置，请参阅"10.2.5（9）设置过滤匹配与自动计算规则"。

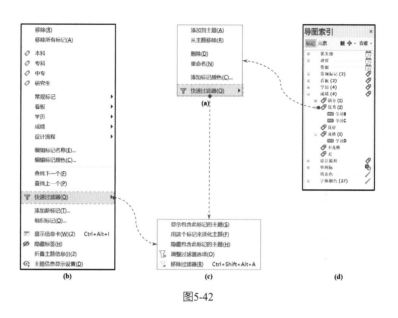

图5-42

📖 提示：更通用的显隐主题，请参阅"8.6.1过滤显隐主题"和"8.3.2标记视图"。

5.3.4　编制标记图例和索引

为了易于阅读，MindManager提供了将标记形成图例和索引插入导图的功能，也提供了将标记索引复制出来的功能。

（1）插入标记图例

选择【导图索引-标记】窗格（图5-43（b））菜单中的【＋】→【将图例插入至导图中】（图5-43（a）），打开【插入标记图例】选择框（图5-43（c）），单选后单击"确定"按钮，可将标记以图例形式插入为一个主题枝（图5-43（d））。

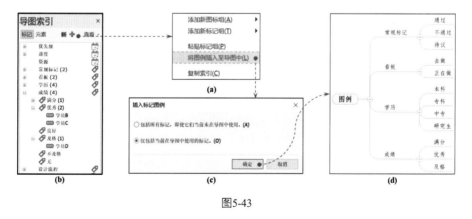

图5-43

📖 提示：插入标记图例在中心主题显示时才可用。

（2）复制标记索引

复制标记索引分为标记全索引和指定标记组索引复制。

● **复制标记全索引**。选择【导图索引-标记】窗格（图5-44（a））菜单中的【＋】→【复制索引】（图5-44

（b）），将本导图使用的标记组名称、标记名称和主题关键词按相互隶属关系复制到粘贴板上，选择目标导图或其他格式文档右键菜单中的【粘贴】，可将复制的内容粘贴为导图主题枝（图5-44（d）），在其他格式文档中通过粘贴可复制为文本。

● 复制所选标记组索引。选择【导图索引-标记】窗格（图5-44（a））目标标记组右键菜单中的【复制】（图5-44（c）），将目标标记组及其所有标记名称复制到粘贴板上，选择目标导图或其他格式文档右键菜单中的【粘贴】，可粘贴为导图主题（图5-44（e）），在其他格式文档中通过粘贴可复制为文本。

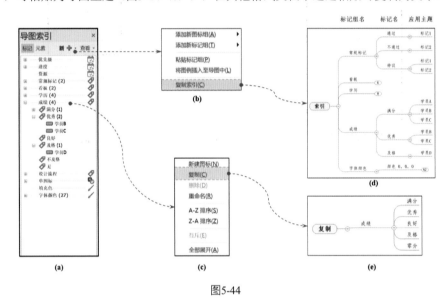

图5-44

> 提示：标记图例由标记组名和标记名称组成，标记索引由标记组名、标记名称、应用主题组成。
> 插入标记图例只能在当前导图中插入，复制标记索引不仅可以在当前导图中复制，还可以跨导图文档，跨不同格式文档间进行复制。
> 当导图主题中插有图标和标记时，此时的图例与索引包括图标与标记。

5.4　本章总结

鉴于图标与标记相似性较高，三种表示信息编号、图标、标记，可归为编号与标签（图标、标记）两类，使用自动编号可提高导图绘制编辑的效率与质量，使用标签可对主题进行分类标注，并增加导图的展现维度。

（1）通过给主题插入自动编号，当主题之间关系变化，或增删主题，其编号会自动按规则变化，这提高了导图绘制编辑的效率与质量。编号分为单级编号与多级编号，MindManager的编号模式比较简单。设置编号包括编号的插入、修改与删除，修改编号与插入编号的方法几乎相同。了解编号由前置码、编码符、分隔符组成，以及重复编号、连续编号的概念和编号的有效范围，才能知其所以然地设置编号。对一个大主题枝下的某个小主题枝使用不同的编码方案，可以在大主题枝设置编号后，采用相同的步骤对小主题枝设置需要的编码方案，但是在修改、删除大主题枝编号时，小主题枝的编号会一并被修改或删除。

（2）给主题添加标签，认识标签是基础，管理主题标签是重点，管理可使用标签是必不可少的（图5-45）。图标是图形化的标记、标记是文本化的图标，图标与标记具有很大的共性，其使用方法也绝大部分是相同和相通的，但也因图标与标记的少量差异带来了一些使用方法上的差异。

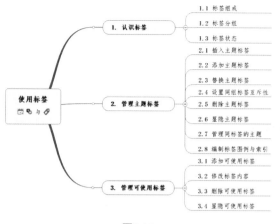

图5-45

（3）认识标签包括了解标签的组成、分组与状态三方面（图5-46）。图标与标记在组成上的差异，导致了在其使用操作上的差异。在组成方面，标记有颜色设置；在可编辑性方面，标记符号不可改且具单一性；在展现核心上，图标是图形符号，标记是标记名称。在分组方面，MindManager把任务信息中的优先级与进度归为图标，因其特殊性，其在可使用图标管理、插入主题方面的操作有一些差异。在状态方面，已使用标签也是可使用标签的一部分。

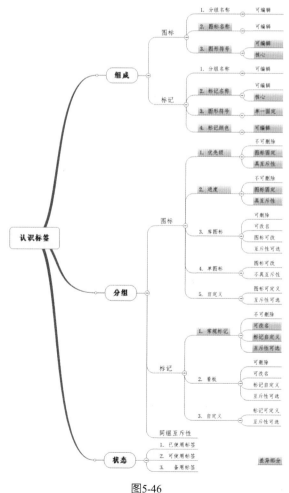

图5-46

（4）为方便使用标签，应尽量先创建标签并将备用标签调入到标签库中，成为可使用的标签，这是"管理可使用标签"的内容，包括可使用标签的添加、修改、删除与显隐（图5-47）。

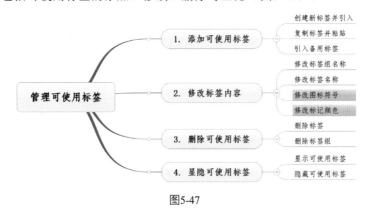

图5-47

（5）在导图上使用标签，包括标签的插入、添加、替换，删除，显隐。为了更好地在主题上使用标签，掌握一些进阶技能也是必要的，如根据标签寻找、显隐、统计同标签主题，在导图中插入标签图例、复制标签索引，这样可以提高制作与使用导图的效率（图5-48）。更高阶的使用技能是根据标签显隐主题（请参阅"8.6自定义视图"）、使用图标视图（请参阅"8.3.1图标视图"）和标记视图（请参阅"8.3.2标记视图"），这也是MindManager使用标签的主要目的之所在。

（6）标签在【导图索引-标记】任务窗格中均有显示。

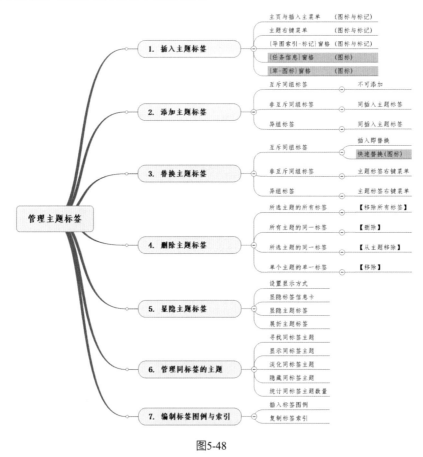

图5-48

6
插 入 对 象

　　对象信息是对主题间关系的辅助性表达和导图内容的补充,包括用以标识主题关联性的关系、边界,用作主题容器或分隔器的图形、形状、图像和用作说明的文本框(图6-1(a)),以及虚拟对象智能规则。关系、边界与主题处于同一图层,称为同层对象信息;图形、形状、图像、文本框则处于主题背景层,可以重叠与组群,称为背景对象信息,并在【导图索引-元素】窗格中进行显示(图6-1(b))。

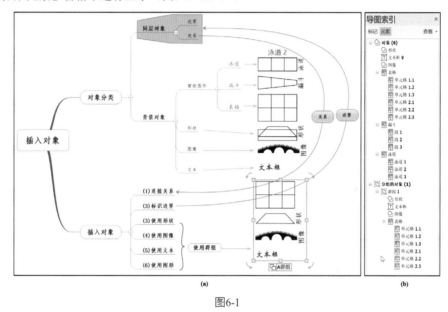

图6-1

　　MindManager主要通过主菜单插入对象信息(图6-2),通过对象右键菜单和窗格右键菜单进行对象信息的编辑与设置操作。

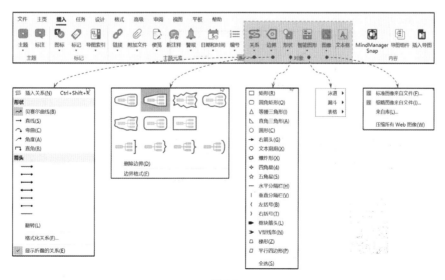

图6-2

使用对象信息的基础为对象认识、插入与选择；与主题密切相关的同层对象关系、边界，具有相近的操作，重点在格式设置和高效操作；同为背景对象的形状、图像、智能图形、文本，除对象源不同，其操作具有高度相似性，难点在智能应用图形，重点在对象名称修改与显隐设置、大小与方向调整、边框与填充设置、容器与锁定设置。

6.1　连接关系

关系用于标识非隶属主题间的关联性以及主题与对象信息间的关联性，包括关系线、标签与编辑手柄。关系线包括形状、线型、粗细、颜色及起讫点样式（图6-3（a））。连接关系包括关系的插入、标注，关系线的选择、编辑、删除、显示以及格式设置（图6-3（b））。MindManager提供了主菜单与关系线右键菜单两个途径来连接关系（图6-4）。

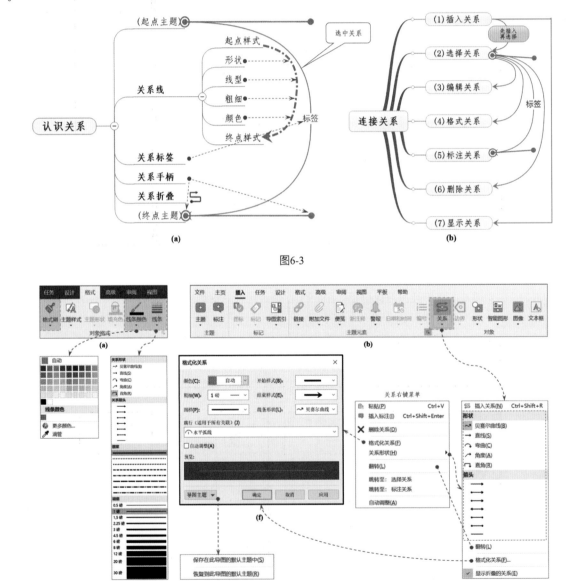

图6-3

图6-4

（1）插入关系

选择主菜单【插入】→【关系】（图6-4（b））、或【插入】→【关系】→【插入关系】（图6-4（h）），鼠标光标在靠近主题时显示为带关系线的箭头形状 ，依次单击需要插入关系的起始点主题，即在这两个主题之间插入了关系（图6-3）。

📋 提示：插入的关系将采用默认设置或最近一次设置的格式。

（2）选择关系

同其他软件的选择相同，单击单选，Ctrl+单击多选、再次单击减选。

选中的关系，关系线上会显示"标签"（标签没有内容时）与编辑手柄（图6-3）。

（3）编辑关系

编辑关系是指调整关系线起讫点所在主题、在主题上的位置和关系线位置。

● 对换起讫点主题。选择关系，选择主菜单（图6-4（h））或右键菜单（图6-4（g））中的【翻转】，可互换目标关系线起始点主题。

● 更换主题及调整在主题上的位置。选择关系，鼠标左键按住关系线编辑手柄近主题端（此时鼠标光标上有个"+"）移动（图6-3），可将其移动到另一个主题上，也可以调整其在主题上的位置。

● 手工调整关系线位置及在主题上的位置。选择关系，鼠标左键按住关系线编辑手柄远主题端（此时鼠标光标上有个"+"）移动（图6-3），可调整关系线的位置，也可以调整其在主题上的位置。

● 自动调整关系线大小及在主题上的位置。选择关系，勾选【格式化关系】对话框（图6-4（f））中的"自动调整"复选框、或选择目标关系右键菜单（图6-4（g））中的【自动调整】，将自动调整至MindManager默认的最优大小及在主题上的位置。

（4）格式关系

格式关系是指设置关系线的形状、线型、粗细、颜色、两端样式，并进行默认格式设置。

● 综合设置。选择关系，选择主菜单【插入】→【关系】→【格式化关系】（图6-4（h）），或选择目标关系右键菜单中的【格式化关系】（图6-4（g）），调出【格式化关系】对话框（图6-4（f）），可设置关系线的颜色、粗细、图样、形状和两端样式。

● 默认设置。在【格式化关系】对话框（图6-4（f））中，选择【导图主题】下拉列表中的【保存在此导图的默认主题中】，将本次格式化设置为本导图关系线的默认设置；选择【恢复到此导图的默认主题】，将采用本导图关系线的默认设置进行格式设置（亦即该关系格式进行过个性化设置，为保持关系格式的统一性，可采用此方法一键恢复到默认的关系线格式上来）。

● 单项设置。选择关系，通过关系右键菜单中的【关系形状】（图6-4（g））、或主菜单【插入】→【关系】（图6-4（b））来选择关系线的形状和两端样式（图6-4（h））；通过主菜单【格式】→【线条颜色】（图6-4（a））来选择关系线的颜色（图6-4（c））；通过主菜单【格式】→【线条】（图6-4（a））来选择关系线的粗细、图样、形状和两端样式（图6-4（d））。

● 使用格式刷。选择源格式关系，选择主菜单【格式】→【格式刷】（图6-4（a）），再单击目标关系，即可将源格式复制到目标关系上（双击格式刷，可重复多次单击多个目标关系）。

（5）标注关系

关系线上默认设置中有一用于说明关系的"标签"（图6-3），其属性同"标注主题"，没有内容时不显示，选择关系时才显示。

● 选择关系，单击"标签"（图6-3）即可编辑内容，也可拖曳移动其位置和添加副主题，与标注主题操作相同。

● 选择目标关系右键菜单中的【插入标注】（图6-4（g）），给目标关系插入标注主题（标签），选择目标关系右键菜单中的【粘贴】（图6-4（g）），可将复制在粘贴板上的内容粘贴给标签。

标签内容清除后，将恢复原状。

（6）删除关系

选择关系，通过以下3种途径均可删除包括标签在内的目标关系：

● 选择目标关系右键菜单【删除关系】（图6-4（g））。

● 选择主菜单【主页】→【删除】→【删除关系】（图6-5）。

● 按Del键。

（7）显示关系

由于连接关系的一端主题可能被隐藏，为了给未被隐藏的另一端主题进行标识，可勾选主菜单【插入】→【关系】→【显示折叠的关系】复选框（图6-4（h）），将在未被隐藏主题信息框中显示关系标识符号 ⇆ （图6-3（a））。不需要显示时，取消此勾选。

图6-5

（8）快速定位起讫点主题

在一张主题较多的导图中，可通过关系右键菜单快速找到关系线所连接的主题。

选择目标关系右键菜单（图6-4（g））第一个【跳转至：（主题关键词）】，将跳转到关系起点主题上；选择第二个【跳转至：（主题关键词）】，将跳转到关系终点主题上。

6.2 标识边界

在主题及其所属副主题周边插入边界，可同时插入边界（标注）主题，可以突出显示该主题枝内容并加以说明，会对导图的阅读与理解有很大的帮助。

边界包括形状、边框、填充和主题（图6-6（a）），标识边界包括边界的插入、选择、复制、删除、格式设置和边界主题的插入（图6-6（b）），MindManager提供了主菜单与边界右键菜单两个途径来标识边界（图6-7）。

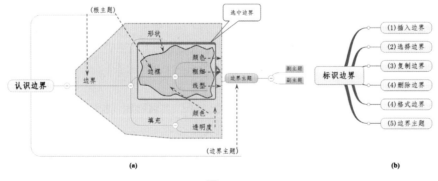

图6-6

（1）插入边界

选择目标主题枝的根主题，选择主菜单【插入】→【边界】（图6-7（b）），将给目标主题枝插入最近使用过的格式边界；在主菜单【插入】→【边界】的下拉形状库中选择形状（图6-7（d）），将给目标主题枝插入选择的形状边界。

如果选择了多个主题，将同时给这些主题枝插入边界。

▤ 提示：插入的边界将采用默认设置或最近一次设置的格式。

（2）选择边界

同通用软件的选择相同，单击单选、Ctrl+单击多选、再击减选。

选中的边界，同选中的主题相同，边界周边有高亮矩形框，有1个"＋"号（未插入边界主题时）（图6-6）。

（3）复制边界

复制边界是指将现有的边界（可以是跨文档）复制给目标主题枝。

选择边界，选择边界右键菜单中的【剪切】、【复制】（图6-7（j）），可剪切、复制边界至粘贴板上；再选择目标主题枝根主题右键菜单中的【粘贴】→【粘贴】，可给目标主题枝复制边界（包括边界主题）。

也可以通过主菜单【主页】→【剪贴板】进行剪切、复制、粘贴。

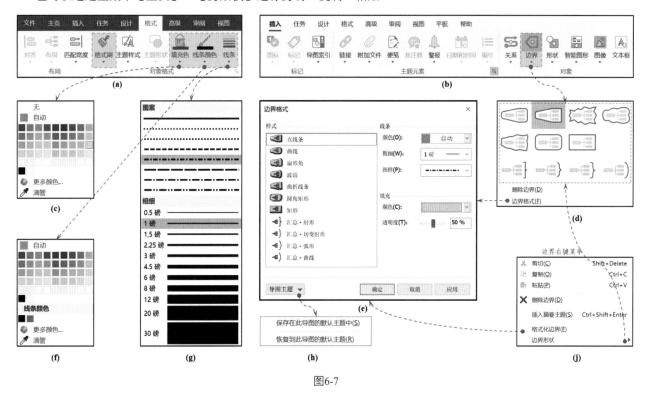

图6-7

（4）删除边界

选择边界，通过以下4种途径均可删除包括边界主题在内的目标边界：

● 选择边界右键菜单中的【删除边界】（图6-7（j））。
● 选择主菜单【插入】→【边界】→【删除边界】（图6-7（d））。
● 选择主菜单【主页】→【删除】→【删除边界】（图6-8）。
● 按Del键。

图6-8

（5）格式边界

格式边界是指设置边界的形状，边框的线型、粗细、颜色和边界填充颜色、透明度，并进行默认格式设置。

- 综合设置。选择目标边界，选择主菜单【插入】→【边界】→【边界格式】（图6-7（d）），或选择边界右键菜单中的【格式化边界】（图6-7（j）），调出【边界格式】对话框（图6-7（e）），可更换边界形状，修改边界线条颜色、粗细、图样和边界填充颜色、透明度。

- 默认设置。在【边界格式】对话框（图6-7（e））中，在【导图主题】的下拉列表中选择【保存在此导图的默认主题中】，将本次格式化设置为本导图边界格式的默认设置；选择【恢复到此导图的默认主题】，将采用本导图边界格式的默认设置对目标边界进行格式设置。

- 单项设置。选择边界，通过关系右键菜单中的【边界形状】（图6-7（j））、或主菜单中的【插入】→【边界】（图6-7（b））来选择边界形状库中的形状（图6-7（d）），以更换目标边界形状；通过主菜单【格式】→【填充色】（图6-7（a））来选择边界形状填充的颜色（图6-7（c））；通过主菜单【格式】→【线条颜色】（图6-7（a））来选择边界边框的颜色（图6-7（f））；通过主菜单【格式】→【线条】（图6-7（a））来选择边界边框的粗细、图案（图6-7（g））。

- 使用格式刷。选择源格式边界，选择主菜单【格式】→【格式刷】（图6-7（a）），再单击目标边界，就将源格式复制到目标边界上了（双击格式刷，可重复多次点击多个目标边界）。

（6）插入边界主题

边界上默认可设置用于边界说明的"边界主题"（图6-6），其属性同"标注主题"。

选择边界，单击所选边界边上的"+"（图6-6），或选择边界右键菜单中的【插入摘要主题】（图6-7（j）），即可在所选边界插入边界主题（图6-6），也可拖曳移动其位置和添加副主题，同标注主题操作相同。

📑 提示：不同的边界形状联合边界主题的应用，可创造出新的导图绘制模式。

6.3 使用形状

与常用桌面办公软件插入形状一样，可以在导图中任何位置插入各种形状，包括其名称、样式、线条、填充、大小与方向（图6-9）。形状之间可以叠在一起，还可以作为容器容纳主题。

使用形状时，包括形状的插入、选择、编辑、格式以及容器设置（图6-10）。MindManager提供了主菜单、形状右键菜单和窗格右键菜单三个途径来使用形状。

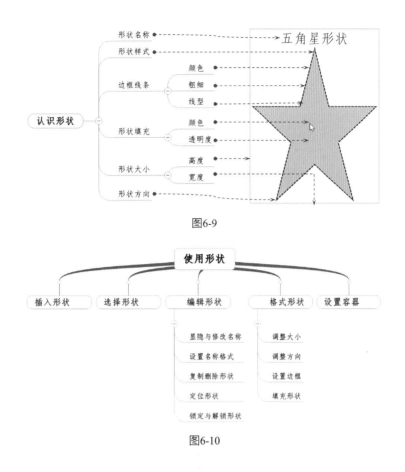

图6-9

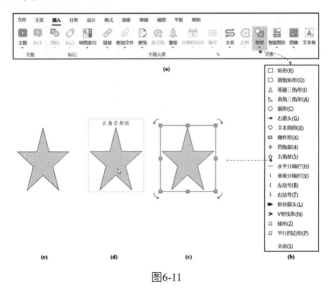

图6-10

（1）插入形状

选择主菜单【插入】→【形状】（图6-11（a）），在形状库下拉界面中选择一个形状（图6-11（b）），此时鼠标光标箭头变为 ⌖，单击欲插入形状的位置，或继续拖曳形成需要的大小，即插入一个形状（图6-11（c）），单击导图中其他地方，完成形状插入（图6-11（e））。

图6-11

📄 **提示：** 此时形状的图样、粗细、线条颜色，填充颜色、透明度等格式将采用默认设置或最近一次设置。

（2）选择形状

选择形状与通用软件相同。单击单选，Ctrl+单击加选、再次单击减选，选择主菜单【插入】→【形状】→【全选】（图6-11（b）），将全选本导图上的所有背景对象。

选中的形状，会显示外接深色矩形，且在最后选中的形状上显示伸缩点与旋转手柄（图6-11（c））；多选时，不是最后选择的形状仅显示外接深色矩形；鼠标光标置于形状上时，形状外围显示外接浅色矩形（图6-11（d））。

📋 提示：包括形状在内的所有背景对象锁定后，不能在导图中选择，只能通过【导图索引-元素】窗格中的右键菜单来操作。

（3）显隐与修改形状名称

在插入形状时会自动生成名称，以用于标记形状，但MindManager默认不显示。

显隐形状名称。有两条途径：一是勾选形状右键菜单中的【显示标题】复选框（图6-12（a）），二是选择形状右键菜单中的【设置对象格式】、打开【设置背景对象的格式】对话框（图6-12（b））、勾选"显示"复选框，即在形状中显示名称（图6-11（d））；去掉勾选则隐藏。

修改形状名称。有三条途径：一是形状名称显示时，双击形状名称直接修改；二是选择形状右键菜单中的【重命名】/【设置对象格式】（图6-12（a）），打开【设置背景对象的格式】对话框（图6-12（b）），在"名称"栏直接修改；三是在【导图索引-元素】窗格（图6-12（c）），选择形状名称右键菜单（图6-12（d））中的【重命名】，将在形状名称上直接修改。

📋 提示：显隐名称可以单选或多选形状，修改名称只能单选形状。

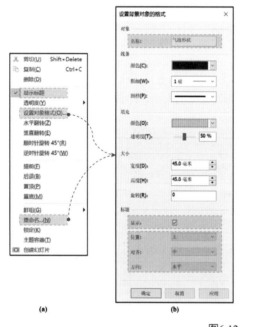
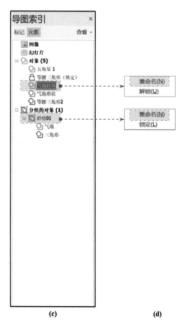

图6-12

（4）设置形状名称格式

形状名称格式包括名称相对于形状的位置关系和字体格式。

设置形状名称显示方式。选择形状右键菜单中的【设置对象格式】（图6-12（a）），打开【设置背景对象的格式】对话框（图6-12（b）），在"位置"（名称与形状的相对位置关系）、"对齐"（名称与形状对齐方式）、"方向"（名称文本方向）下拉列表中进行选择，即完成名称显示方式设置。

设置形状名称字体格式。双击形状名称，通过主菜单【格式】→【字体】进行字体格式设置。

📄 **提示：** 设置名称显示格式可以单选或多选形状。

（5）复制与删除形状

通过右键菜单复制与删除形状。单选或多选背景对象，选择背景对象右键菜单中的【剪切】、【复制】、【删除】（图6-13（a）），可剪切、复制、删除所选背景对象。右击需要复制背景对象的位置，选择右键菜单中的【粘贴】（图6-13（b）），可在该位置粘贴背景对象。

通过拖曳复制形状。单选或多选背景对象，鼠标光标在背景对象上移动，当光标变成十字箭头 ✛ 时，按住Ctrl+左键直接拖曳至需要的位置放开鼠标即完成复制。

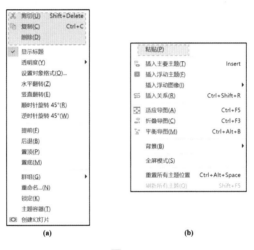

图6-13

删除形状。单选或多选背景对象，选择主菜单【主页】→【删除】→【删除背景对象】（图6-14）、或直接按Del键，可删除所选背景对象。

图6-14

（6）定位形状

移动定位。选择形状并在某个所选形状上按住左键，直接拖动至需要位置放开鼠标即可。

叠置定位。背景对象信息可以有重叠、并分前后层。单选或多选背景对象，选择背景对象右键菜单中的【提前】（上移一层）、【后退】（下移一层）、【置顶】或【置底】（图6-15（c）），可调整背景对象所在前后层的顺序。

对齐定位。选择需要对齐的背景对象，通过主菜单【格式】→【对齐】（图6-15（a））、或形状右键菜单【对齐】（图6-15（c）），可进行以最后所选背景对象为基准的横向的左中右、纵向的上中下对齐和均匀排列设置（图6-15（b））。

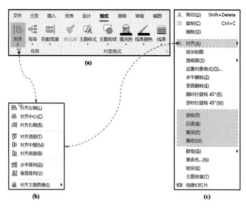

图6-15

（7）锁定与解锁形状

锁定的形状，在导图中不能选取，就可以防止形状被编辑与删除。锁定的形状可在【导图索引-元素】窗格中单击形状名称进行选取并进行有关编辑操作。

锁定。有两条途径：一是单选或多选形状，选择形状右键菜单中的【锁定】（图6-16（a））。二是在【导图索引-元素】窗格（图6-16（c））中，选择形状名称右键菜单中的【锁定】（图6-16（d）），可锁定单个形状；选择背景对象组右键菜单中的【锁定全部】（图6-16（b）），可锁定导图中包括形状在内的所有背景对象。

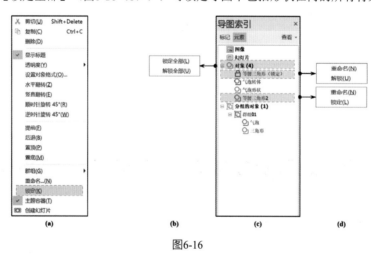

图6-16

解锁。在【导图索引-元素】窗格（图6-16（c））中，选择形状名称右键菜单中的【解锁】（图6-16（d）），可解除单个形状的锁定状态；选择背景对象组右键菜单中的【解锁全部】（图6-16（b）），可解除导图中包括形状在内的所有背景对象的锁定状态。

提示：包括形状在内的所有背景对象解锁只能通过【导图索引-元素】窗格中的右键菜单来操作。

（8）调整形状大小

通过调整形状外接矩形的高与宽来调整形状大小，有粗调与精调之分。

粗调。单击形状，鼠标光标移至形状外接矩形上的伸缩点且鼠标光标变成双向箭头时，按住左键进行拖动即改变大小。

精调。选择形状右键菜单中的【设置对象格式】（图6-17（a）），调出【设置背景对象的格式】对话框（图6-17（b）），在宽度、高度栏通过数字精确调整形状的宽度与高度。

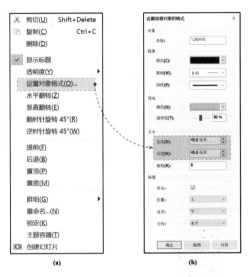

图6-17

（9）调整形状方向

手动调整。有三条途径：一是单选形状（图6-18（c）），鼠标左键按住旋转手柄旋转，可旋转整度数（图6-18（d））；二是单选形状，鼠标左键单击旋转手柄，每单击1次旋转45°（图6-18（e））；三是单选或多选形状，选择形状右键菜单中的【顺时针/逆时针旋转45°】（图6-18（a）），每单击一次旋转45°。

数字调整。选择形状右键菜单中的【设置对象格式】（图6-18（a）），调出【设置背景对象的格式】对话框（图6-18（b）），在旋转栏通过数字精确调整形状旋转角度（整数）。

对称翻转。选择形状右键菜单中的【水平/垂直翻转】（图6-18（a）），可使形状水平/垂直对称翻转。

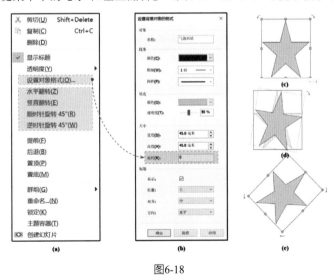

图6-18

📑 **提示：形状外接矩形的中心是旋转中心，外接矩形的对称轴是翻转轴。**

（10）设置形状边框与填充

单选或多选形状，选择形状右键菜单中的【设置对象格式】（图6-19（e）），调出【设置背景对象的格式】对话框（图6-19（g）），在"线条"组可以设置形状边框的颜色、粗细和图样，在"填充"组可以设置形状填充的颜色和透明度，其中透明度也可以通过形状右键菜单中的【透明度】（图6-19（e））来设置（图6-19（f））。

同时，也可以通过主菜单【格式】→【填充色】（图6-19（a）、（b））来设置形状的填充颜色，通过主菜单【格式】→【线条颜色】（图6-19（a）、（c））来设置形状边框的颜色，通过主菜单【格式】→【线条】（图6-19（a）、（d））来设置形状边框的粗细和图案。

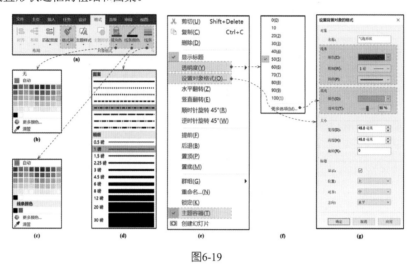

图6-19

（11）设置形状为主题容器

把形状设置为容器，当主题置入形状中，主题将随形状移动而移动，并为主题提供位置信息，以触发"Smartrule"的应用。

单选或多选形状，勾选形状右键菜单中的【主题容器】复选框（图6-19（e）），则形状设为主题容器，取消勾选【主题容器】复选框则取消形状主题容器设置。

6.4　使用图像

在MindManager导图中，图像可作为主题图像、主题形状、标识信息、对象信息和导图背景来使用。本节仅介绍图像作为对象信息使用的有关概念与操作。

> 提示：图像作为主题图像使用请参阅"3.6.2编辑主题图像"，作为主题形状请参阅"7.2.3（1）选用形状"，作为标识信息使用请参阅"5.2.3添加可使用的图标"；作为导图背景使用请参阅"7.4装饰导图背景"。

图像与形状（图6-9）相比，都有名称、大小和方向，但形状来源于有限的样式，图像来源于无限的图像文件，形状有边框线条并可填充、图像仅有图像透明度可以调整（图6-20）。

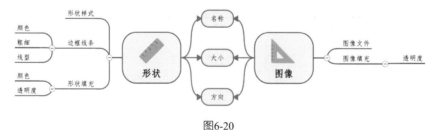

图6-20

使用图像为对象信息（图6-21，从左至右依次为使用状态、鼠标光标置于其上状态、选中状态），与使用形状大同小异，包括图像的插入、选择、编辑、格式以及设置容器（图6-22）。

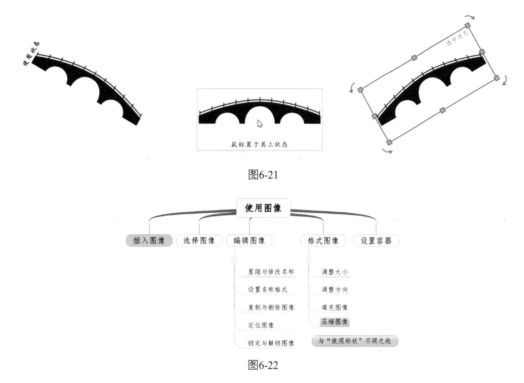

图6-21

图6-22

MindManager同样提供了主菜单（图6-23（a））、图像右键菜单（图6-23（d））和窗格（图6-23（e））右键菜单（图6-23（f））三条途径来使用图像。不同之处在于（图6-22），一是插入图像与插入形状有所不同（请参阅"（1）插入图像"），二是使用图像不用设置线条相关，三是为了压缩导图大小，MindManager增加了图像压缩（请参阅"（2）压缩图像"），四是需要将右键菜单的来源由形状改为图像（图6-23（c））。其他使用图像的操作完全与使用形状相同，本节不重复阐述，请参阅"6.3使用形状"。

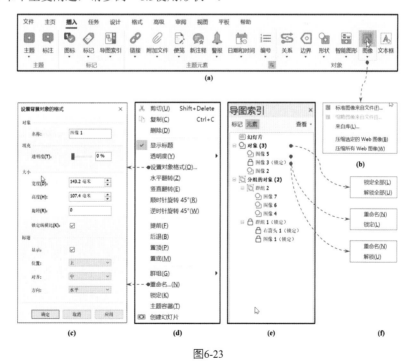

图6-23

（1）插入图像

在导图中插入的图像可以来自（任何目录下的）图像文件和（MindManager预置的）图像库中的图像。

插入来自文件的图像。选择主菜单【插入】→【图像】（图6-24（a））或【插入】→【图像】→【标准图像来自于文件】（图6-24（b）），打开【添加图像】对话框（图6-24（c）），选择欲插入的图像文件，单击【插入】按钮，此时鼠标光标转换为$\searrow$，单击欲插入位置，可将图像插入到导图中（图6-24（d））。

插入来自图像库的图像。选择主菜单【插入】→【图像】→【来自库】（图6-24（b）），打开【库-图像】窗格（图6-24（e）），选择欲插入的图像，按住鼠标左键拖曳到插入位置，单击即可将图像插入到导图中。

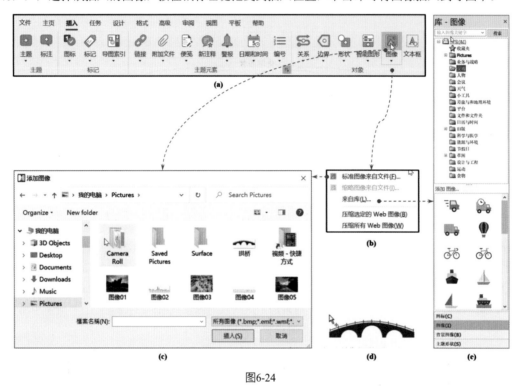

图6-24

（2）压缩图像

如果导图中插入有大量大体积的图像，将导致导图文件体积快速增大，甚至导致运行缓慢。为了优化导图因插入图像而带来的不良影响，MindManager提供了压缩导图中的图像功能。

单选或多选图像，选择主菜单【插入】→【图像】→【压缩选定的Web图像】（图6-24（b）），将压缩所选图像；选择主菜单【插入】→【图像】→【压缩所有Web图像】（图6-24（b）），将压缩导图中所有图像文件。

6.5 使用文本框

与常用桌面办公软件插入文本框一样，可以在导图中任意位置插入文本框。在导图中，作为对象信息使用的文本框，包括隐形的文本框与核心的文本内容，与形状（图6-9）相比，都有名称、大小和方向，但名称不可显示；形状来源于有限的样式，文本内容可编辑、字体格式可设置；形状有边框线条并可填充，文本框不显示框线，也就不需要进行相关设置（图6-25）。

使用文本为对象信息（图6-26，从左至右依次为使用状态、鼠标光标置于其上状态、被选中状态），与使用形状大同小异，包括文本框的插入、选择、编辑、格式以及设置容器（图6-27）。

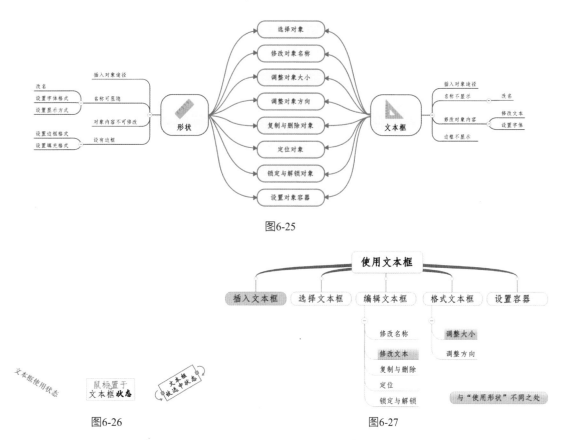

图6-25

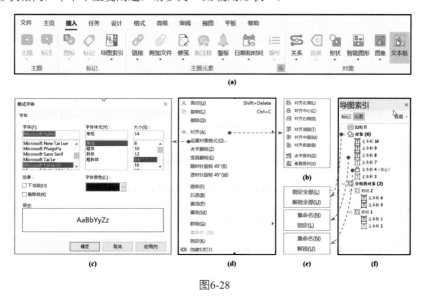

图6-26　　　　　　　　　　　　　　　　　　　图6-27

　　MindManager同样提供了主菜单（图6-28（a））、文本右键菜单（图6-28（d））和窗格（图6-28（f））右键菜单（图6-28（e））三条途径来使用文本框。不同之处（图6-27），一是插入文本框与插入形状、图像不同（请参阅"（1）插入文本框"）；二是不用设置文本框名称的显示、名称文本字体格式，不用设置文本框线格式与填充；三是调整文本框大小操作不同（请参阅"（2）调整文本框大小"）；四是可进行文本框中的文本编辑与字体格式设置（请参阅"（3）文本编辑与字体设置"）；五是需要将右键菜单的来源由形状改为文本（（图6-28（c）））。其他使用文本的操作完全与使用形状相同，本节不重复阐述，请参阅"6.3使用形状"。

图6-28

（1）插入文本框

选择主菜单【插入】→【文本框】（图6-29（a）），鼠标光标转换为箭头加右下角绿色"+"、并带有"文字标签"提示框与智能位置绿色提示线（图6-29（b）），单击欲插入文本框的位置，则插入了一个带"文字标签"提示的文本框（图6-29（c）），单击该文本框，输入文本，文本框大小自适应框中文字且自动隐去，单击其他位置，结束文本框插入（图6-29（d））。

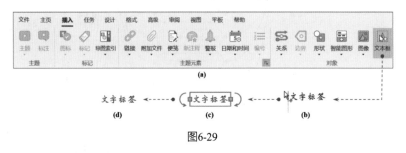

图6-29

提示：此时文本字体格式将采用默认设置或最近一次设置的样式。

（2）调整文本框大小

单击文本框，鼠标光标移至形状外接矩形上的伸缩点且光标变成双向箭头时（图6-30（a）），按住左键进行拖动即改变大小（图6-30（b））。

图6-30

提示：文本框最大宽度和高度为自适应调整，在调整宽度时，高度将随文本自适应调整。

（3）文本编辑与字体设置

文本编辑与主题关键词编辑相同。单击文本框输入内容将替换当前全部文本，两次单击文本框，在鼠标光标处插入输入内容，可按通用方法对所选文本进行复制、粘贴与删除等操作。

文本框中只能输入文本且为单行文本，与主题关键词一样，可用Shift+Enter组合键换行成多行文本。

通过主菜单【主页】→【字体】（图6-31（a））、或【格式】→【字体】（图6-31（b））、或文本框右键菜单中的【设置对象格式】（图6-28（c）），可对文本进行字体格式和对齐设置。

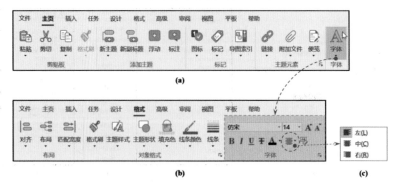

图6-31

6.6 使用图形

智能图形可以看作是智能化的表格，包括泳道、漏斗和表格（图6-32）。泳道、漏斗分为水平与垂直型，水平与垂直型泳道可以看作是单列多行与单行多列表格，水平与垂直型漏斗可以看作是表格边框为斜线的单列多行与单行多列表格。

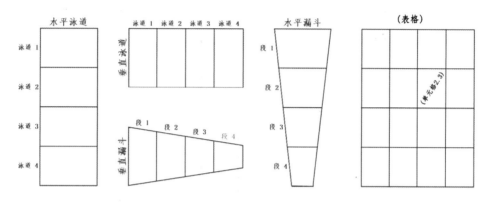

图6-32

表格的组成单元称为行、列、单元格，有表格名与单元格名、但不显示；泳道的组成单元称为泳道，可看作是单元格，有泳道名和单元格名；漏斗的组成单元称为段，可看作是单元格，有漏斗名和段（单元）名。

这样就可以把泳道、漏斗和表格统一起来，看作是表格，由行、列、单元格组成，有图形名和单元名。

图形的使用包括图形的插入与选择、图形的编辑与格式化、设置为容器和智能应用（图6-33）。MindManager提供了主菜单（图6-34（a））、图形与单元格右键菜单（图6-34（d））和窗格（图6-34（e））右键菜单（图6-34（f））三条途径来使用图形。与使用形状相比，由于图形由单元组成而带来了诸多不同之处，一是插入图形与插入其他背景对象信息不同（请参阅"（3）插入图形"），二是需要进行单元名的显隐与修改（请参阅"（5）显隐与修改图形单元名称"）、单元名的格式设置（请参阅"（6）设置单元名称格式"）、以及增删图形单元（请参阅"（4）增删图形单元"）和进行图形单元的填充（请参阅"（7）设置单元填充"），三是MindManager赋予了图形的智能化应用（请参阅"6.8使用智能规则"），四是需要将右键菜单的来源由形状改为泳道、漏斗、表格。其他使用图形的操作完全与使用形状相同，本节不重复阐述，请参阅"6.3使用形状"。

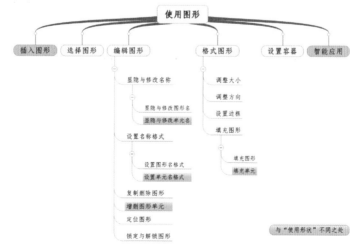

图6-33

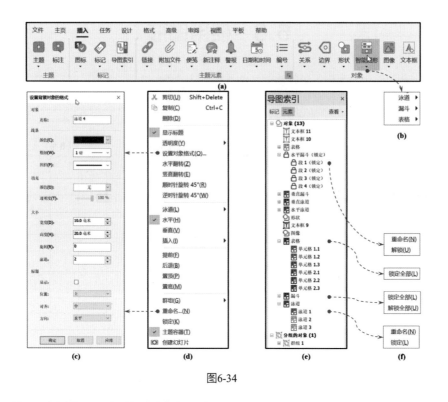

图6-34

📑 **提示：** 图形右键菜单分泳道、漏斗、表格的右键菜单和泳道、漏斗、表格单元的右键菜单，图6-34仅以泳道右键菜单示意。

（1）插入图形

选择主菜单【插入】→【智能图形】（图6-35（a）），选择需要的图形泳道数、漏斗数、表格数或"更多"（图6-35（b）、（g）、（c）），此时鼠标光标箭头变为 ，单击欲插入图形的位置，或继续拖曳图形形成需要的大小，则插入一个图形（图6-35（f）），单击导图中其他位置，完成图形插入（图6-35（d））。

📑 **提示：** 此时图形的边框粗细、颜色，填充颜色、透明度等格式将采用默认设置或最近一次设置。

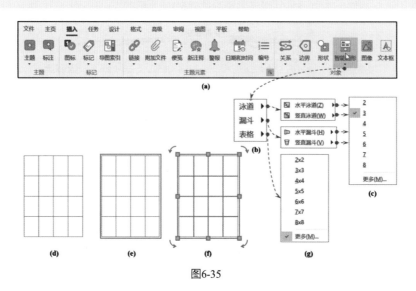

图6-35

（2）增删图形单元

增删图形单元分顺位与定位增删。

顺位增减图形单元。有两条途径：一是选择图形右键菜单中的【泳道】/【段】/【栏】/【行】，选择图形单元数量（图6-36（a）、（b））；二是选择【更多】（图6-36（b））、或选择图形右键菜单中的【设置对象格式】（图6-36（a）），调出【设置背景对象的格式】对话框（图6-36（c）），调整所需要的泳道、段、行、列等单元数量。根据所选单元数量与现有单元数量对比，在图形的底部、右侧以现有单元宽高顺位增减单元，同时调整图形大小。

定位插入图形单元。有两条途径：一是选择图形右键菜单中的【插入】（图6-37（b）、（a））；二是选择图形单元右键菜单（图6-37（c）～（g））中的相应选项在右击图形单元的上、下、左、右，以现有单元宽高插入单元，同时调整图形大小。

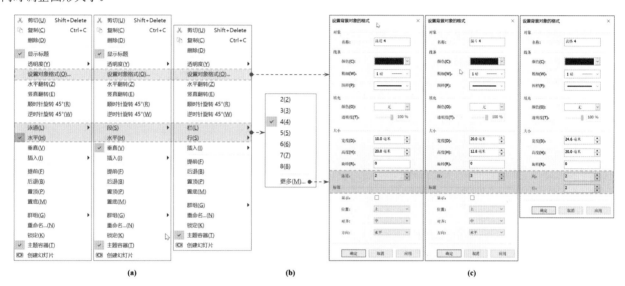

图6-36

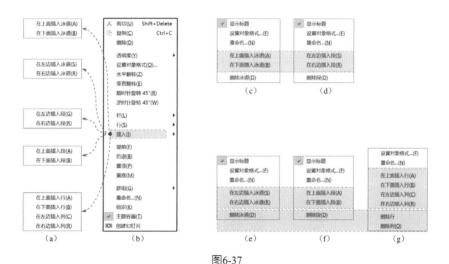

图6-37

删除图形单元。选择图形单元右键菜单中的【删除泳道】/【删除段】/【删除行】/【删除列】（图6-37（c）、（d）、（e）），可删除所选图形单元，同时调整图形大小。

提示：MindManager在图形菜单翻译时，"栏""列"是通用的。

（3）显隐与修改图形单元名称

泳道、漏斗、表格和单元（段、单元格）都默认有名称，且默认不显示。如同文本框名称，表格名称、单元格名称不能在表格上显示。

图形单元名称也可进行显隐设置与修改。

显隐单元名称。有两条途径：一是勾选图形单元右键菜单中的【显示标题】复选框（图6-37（c）、（d）），二是选择图形单元右键菜单中的【设置对象格式】（图6-38（a）、（c）），打开【设置背景对象的格式】对话框、勾选【显示】复选框（图6-38（b）），即在图形中显示该单元名称；去掉勾选则隐藏。

修改单元名称。有三条途径：一是图形单元名称显示时，双击图形单元名称直接修改；二是选择图形单元右键菜单中的【重命名】/【设置对象格式】（图6-38（a）、（c）、（d）），打开【设置背景对象的格式】对话框，在"名称"栏直接修改（图6-38（b）、（e））；三是在【导图索引-元素】窗格（图6-34（e））中，选择图形单元名称右键菜单中的【重命名】（图6-34（f）），将在图形单元名称上直接修改。

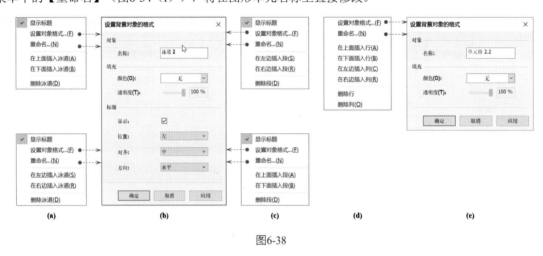

图6-38

（4）设置单元名称格式

设置单元名称显示格式。选择图形单元右键菜单中的【设置对象格式】（图6-38（a）、（c）），打开【设置背景对象的格式】对话框（图6-38（b）），在"位置"（名称与图形单元的相对位置关系）、"对齐"（名称与图形单元对齐方式）、"方向"（名称文本方向）下拉列表中选择，即完成名称显示位置设置。

设置单元名称字体格式。双击图形单元名称，通过主菜单【主页】→【字体】（图6-31（a）），或【格式】→【字体】（图6-31（b）），对文本进行字体格式和对齐设置。

（5）设置单元填充

选择图形单元右键菜单中的【设置对象格式】（图6-38（a）、（c）、（d）），打开【设置背景对象的格式】对话框（图6-38（b）、（e）），设置填充组中的"颜色"和"透明度"即可。

6.7 使用对象群组

类似于常用桌面办公软件形状组合，在导图中，选择包括多个背景对象信息，可以组成"群"，以形成一个对象单元（图6-39（a）），以便于选择和操作，但组成群组的背景对象仍保持其独立性（图6-39（b））、其操作内容和方法不变。

群组除了组成单元形状、图形、文本框和图形，还有群组名称、大小与方向。与形状、图形、文本框和图形等背景对象相比，一是群组名称默认不显示，仅在群组被选中时显示（图6-39），不能进行显隐设置，其名称修改同文本框；二是群组没有边框，不用进行边框设置，可进行填充透明度设置，但其对象是群组单元既有填充的透明度；三是调整群组大小时，其组成单元将等比例调整；四是调整群组方向时，其组成单元同方向调整。

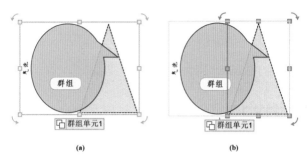

图6-39

使用群组与使用形状、图形、文本框、图形大同小异，包括群组的组群、撤群与选择，组名的修改，群组的剪切、复制、删除、粘贴，群组大小、方向、定位、锁定、设置容器（图6-40）。

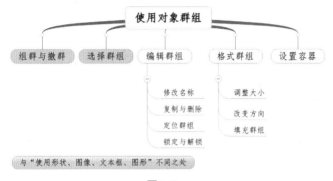

图6-40

MindManager提供了群组右键菜单（图6-41（a））和窗格菜单（图6-41（e））两条途径来使用群组。与背景对象相比，不同之处（图6-40），一是组群与撤群的途径不同（请参阅"（1）组群与撤群"），二是群组选择显示稍有不同（请参阅"（2）选择群组"），三是需要将右键菜单的来源由背景对象改为群组（（图6-41（a））。其他使用群组的操作完全与使用背景对象相同，本节不重复阐述，请参阅"6.3使用形状"。

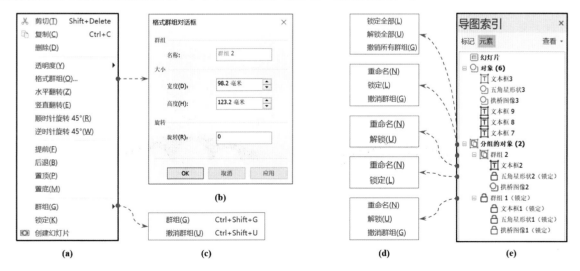

图6-41

（1）组群与撤群

组群：选择多个背景对象（包括群组），选择背景对象（包括群组）右键菜单中的【群组】→【群组】（图6-42），可将所选背景对象组建为一个群组，并默认创建组名。

撤群：对未锁定的群组，单选或多选群组，选择背景对象右键菜单中的【群组】→【撤销群组】，可将所选对象群撤销（图6-42）；或在【导图索引-元素】窗格中，选择群组名称右键菜单中的【撤销群组】（图6-41（e）、（d）），可将所选对象群撤销；选择"分组的对象"右键菜单中的【撤销所有群组】（图6-41（e）、（d）），可撤销导图中的所有群组。

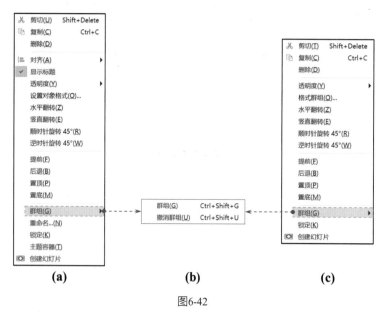

图6-42

> 📋 **提示**：与桌面办公软件形状组合可以嵌套不同，导图中对象组群不能嵌套，只能加入。

（2）选择群组

群组的选择与背景对象信息选择一样，被选中的标识只是颜色不同，其他都与背景对象信息被选中相同（图6-43（a）），被锁定的群组可以通过【导图索引-元素】单击窗格中的群组名来选择。

可以在群组中选择对象（图6-43（b））并进行有关编辑操作。

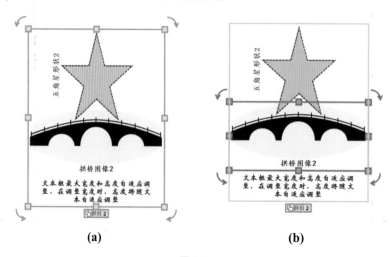

图6-43

6.8 使用智能规则

在绘制或使用导图时，遇到一些有明确规则但需要重复进行的操作时，MindManager提供了SmartRules（智能规则）来实现这些操作，以减少重复烦琐操作而造成的不一致甚至错误，提高效率与质量。使用智能规则，可以非常简单，比如当主题属于某个特定分支时，为它添加一个特定的图标；也可以非常有趣，比如以可视化的形式进行风险评估；还可以非常复杂，比如自动审批某个项目的预算（图6-44）。

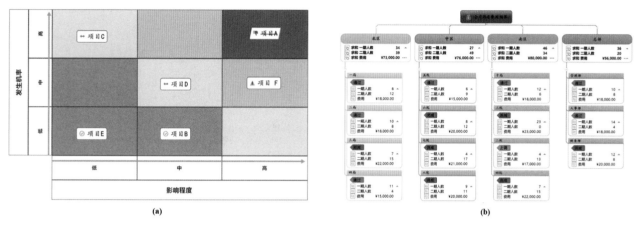

图6-44

使用智能规则，包括添加、编辑智能规则与管理智能规则库。

6.8.1 添加智能规则

设置智能规则包括选择触发器、效果和应用主题。触发器可以是主题包含的内容或数据（图6-45（f）），也可以是主题所处的位置（图6-44（a））。

选择主菜单【高级】→【SmartRules】→【添加规则】，打开【添加新规则】对话框（图6-45（a）、（b）、（d）），在【规则标题】框中输入规则名称，在【触发因素】（图6-45（f））下拉列表中选择满足触发条件后产生的【效果】（图6-45（e）），并可通过单击"高级选项"按钮设置本规则应用到哪些特定主题（图6-45（c））。

提示：类似于Microsoft Excel的"条件格式"由条件、格式与应用单元格构成，MindManager的智能规则触发器就是某些条件，当条件成立时，应用主题呈现什么效果。

默认情况下，智能规则适用于导图中的所有主题。通过"高级选项"设置规则应用范围，与先单选或多选主题、再选择【为选定议题添加规则】效果相同。这些选定的主题被锁定为"主题属于分支"触发器。

勾选"允许手动覆盖效果"复选框时，可手动设置智能规则应用的主题效果。

一个智能规则中，可以通过"添加新触发因素"（图6-45（d））设置多个触发条件，同时通过"添加新效果"（图6-45（d））使用多个效果，且不同的触发条件和效果有不同的参数需要选择（图6-46）。

举例：自动为处于导图（图6-47（a））不同分支的主题添加任务优先级（图6-47（c））。打开【编辑规则】对话框（图6-48（a）），在触发因素栏选择"议题属于分支"、再选择"是"，在"选择分支"下拉列表中选择导图中的相应主题（图6-48（b））；在效果栏选择"任务优先级"、再选择"优先级1"，单击【确定】按钮，导图就会自动执行SmartRules（图6-47（b）），为属于所选分支主题添加任务优先级图标（图6-47（c））。依此设置其他优先级规则（图6-47（b）），完成各分支不同优先级图标的自动添加。在各个分支间拖动主题时，这些图标也会随之改变。

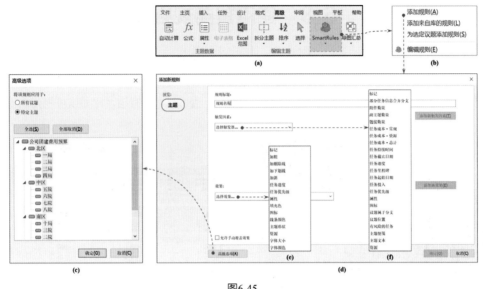

图6-45

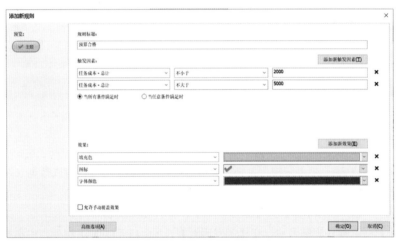

图6-46

图6-47

📑 **提示**：风险评估的触发因素是主题在智慧图形中的位置（图6-44（a）），预算审批规则设置则用到了任务信息中的成本信息或可计算的主题自定义信息。

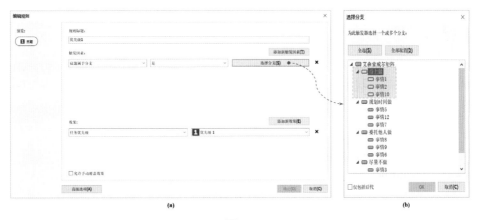

图6-48

6.8.2 编辑智能规则

通过主菜单【高级】→【SmartRules】→【编辑规则】（图6-45（a）、（b）），打开【SmartRules】对话框（图 6-49（b）），可以添加、修改、删除、禁用智能规则，调整智能规则顺序。

（1）添加规则

在【SmartRules】对话框（图6-49（b））中，单击"新增"按钮，可以选择"添加新规则"或"从库添加"（图 6-49（a））。选择"添加新规则"，其操作同"6.8.1添加智能规则"；选择"从库添加"，其操作同"6.8.3（1）从 库中添加智能规则"。

（2）修改规则

在【SmartRules】对话框（图6-49（b））中，选择目标规则，单击"编辑"按钮，打开【编辑规则】对话框（图 6-48（a）），请参阅"6.8.1添加智能规则"。

（3）删除规则

在【SmartRules】对话框（图6-49（b））中，选择目标规则，单击"删除"按钮，再单击"确认"按钮，则删除 所选目标规则。

（4）禁用规则

在【SmartRules】对话框（图6-49（b））中，单击目标规则生效开关，可打开与禁用规则。当生效开关处于禁用 状态时，目标规则将暂停执行。

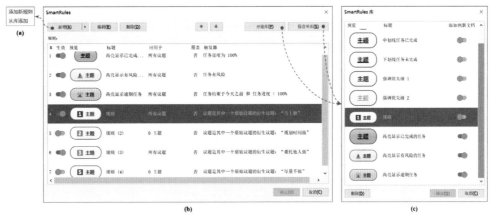

图6-49

> 提示：与删除规则相比，禁用规则只是暂停规则应用，可随时打开并使其生效；而删除规则后，要重新使用时，需要重建规则。

（5）调整规则执行顺序

在一个导图里可设置一个或多个智能规则，并按其先后顺序进行执行，顺序靠前者优先。每个规则前面的数字就是它们的执行顺序。在【SmartRules】对话框（图6-49（b））中，选中要调整顺序的规则，单击对话框中的↑↓（箭头），可调整它们的顺序。

6.8.3 管理智能规则库

在导图中所建智能规则只能在该导图中应用，MindManager提供了智能规则库来实现导图间智能规则的传递，即可以把经常使用的智能规则保存到规则库中，从规则库中引用规则到需要的导图中，也可以删除库中规则。

（1）从库中添加智能规则

通过主菜单【高级】→【SmartRules】→【添加来自库的规则】（图6-45（a）、（b）），打开【SmartRules库】对话框（图6-49（c）），先单击目标规则右侧的"添加到新文档"按钮，再单击"确定"按钮，则所选目标规则从规则库中添加到当前导图的规则列表（图6-49（b））中。

（2）将规则保存到规则库

在当前导图的规则列表（图6-49（b））中，选择目标规则，单击"保存至库"按钮，所选目标规则即保存到规则库中。

（3）清理规则库规则

在【SmartRules】对话框（图6-49（b））中，单击"开放库"按钮，打开【SmartRules库】对话框（图6-49（c）），先单击目标规则，再单击"删除"按钮，可以从库中删除目标规则。

6.9 本章总结

对象信息可分为同层对象、背景对象及虚拟对象三类。与主题密切相关的同层对象有关系与边界，导图绘图区随处可用的背景对象有形状、图像、文本框、图形及其组合（即群组）。使用对象信息，一是要认识对象，即认识对象的组成元素，是使用对象信息的基础；二是要了解对象可编辑内容，进而掌握编辑工具，适用对象的编辑工具有主菜单、对象右键菜单、任务窗格及其右键菜单三个工具；三是要使用好智能规则，重点在理解其本质含义。

（1）关系与边界

主题关系与边界的不同之处，一是关系线涉及的起点和终点需要编辑，边界可能是封闭图形有填充之需；二是关系线不能复制，边界可以复制；三是因主题隐藏涉及关系显示设置，但边界不涉及显示设置；其他可编辑内容大体相同，操作途径也基本相似（图6-50）。

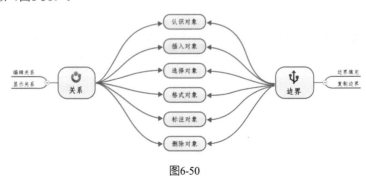

图6-50

（2）背景对象信息

类似于常用桌面办公软件插入的文本框、表格、图形与图像，可以在导图编辑区任何位置，通过智能形状、图形、图像、文本及其颜色来帮助导图进行表达，还可以用作主题容器，与主题分层且始终在主题后面的层，不因主题显隐而改变位置。

类似于表格的单元格，主题容器就是当把主题放在图形、形状、图像里时，它可以提供主题的位置信息，以作为"Smartrule"的触发器。

认识背景对象是使用背景对象的基础。组成背景对象的要素如表6-1所示，由于其组成的异同点，导致了其操作的异同性（表6-2）。

表6-1

序　号	组成元素	形　状	图　像	文本框	图　形	群　组	备　注
1	对象名称	√	√	√	√	√	对图形分图形与单元
2	对象形状	√			√		
2.1	形状边框	√			√		对图形分图形与单元
2.1.1	线条	√					
2.1.2	颜色	√			√		对图形分图形与单元
2.1.3	粗细	√			√		对图形分图形与单元
2.1.4	线型	√			√		对图形分图形与单元
2.2	形状填充	√	√		√		对图形分图形与单元
2.2.1	颜色	√			√		对图形分图形与单元
2.2.2	透明度	√	√		√		对图形分图形与单元
2.3	形状大小	√	√		√	√	对图形分图形与单元
2.3.1	高度	√	√		√	√	对图形分图形与单元
2.3.2	宽度	√	√		√	√	对图形分图形与单元
2.4	形状方向	√	√	√	√	√	
3	对象文本			√			

表6-2

序　号	事　项	形　状	图　像	文本框	图　形	群　组	备　注
1	插入对象	√	√	√	√	√	群组为组、撤群
2	选择对象	√	√	√	√	√	
3	编辑对象	√	√	√	√	√	
3.1	显隐对象名称	√	√		√		对图形分图形与单元
3.2	修改对象名称	√	√	√	√		对图形分图形与单元
3.3	设置名称格式	√	√		√		对图形分图形与单元
3.4	修改文本			√			
3.5	设置文本格式			√			
3.6	复制对象	√	√	√	√	√	对图形分图形与单元
3.7	插入单元				√		对图形单元
3.8	删除对象	√	√	√	√	√	对图形分图形与单元
3.9	定位对象	√	√	√	√	√	
3.10	锁定对象	√	√	√	√	√	
3.11	解锁对象	√	√	√	√	√	

序　号	事　　项	形　状	图　像	文本框	图　形	群　组	备　　注
4	**格式对象**	√	√	√	√	√	
4.1	调整对象大小	√	√	√	√	√	
4.2	调整对象方向	√	√	√	√	√	
4.3	设置对象边框	√			√		
4.4	填充对象	√	√		√	√	对图形分图形与单元
4.5	压缩图像		√				
5	**设置容器**	√	√	√	√	√	
6	**智能应用**				√		

7
美化导图

MindManager导图经过创建主题，添加附加信息、标识信息和对象信息后，内容的编制已经大功告成。但是，为了提高易读性，需要对导图进行美化，包括对主题的空间位置、主题间线框和主题格式的设置。另外，为了减少重复设置操作，保持风格一致性，提高操作效率，MindManager提供了主题格式、导图样式和导图背景设置工具，以供重复使用。美化导图涉及空间、线框、颜色、字体等要素的使用，分为布局、格式、样式与背景的设置与应用（图7-1（a））。

7.1　调整主题布局

主题布局是指主题之间的空间位置关系，并通过连线表达主题间的隶属与层级关系。调整主题布局包括选用布局模式、配置主题连线、调整主题间距、设置对齐方式（图7-1（b））。

图7-1

7.1.1　选用布局模式

布局模式是指父、子主题在平面空间上的摆放方式，选用布局模式分为整体选用、局部改变、自动平衡，以及设置默认的布局模式（图7-2（a））。

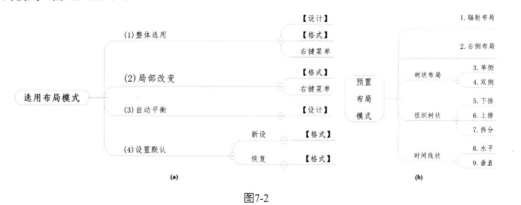

图7-2

为了有布局模式可选，MindManager预置了9种布局模式，分为辐射状，右侧，单、双侧树状，上排、下排、拆分组织树，水平、垂直时间线等5类（图7-2（b）、图7-3）。在创建导图时，可以引用该模板配置的系统默认布局模式。

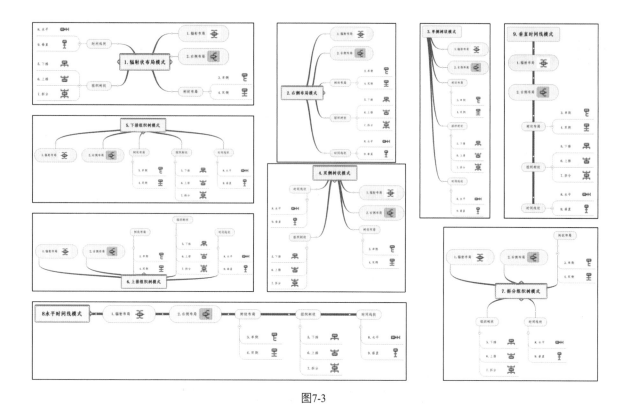

图7-3

📑 提示：选择空白模板时，主要就是选择布局模式。

（1）整体调整布局模式

整体调整布局模式，是指以中心主题为根主题枝，或以最高浮动主题、标注主题、摘要主题为根主题枝，整体选用一种布局模式。MindManager提供了3条途径：一是通过主菜单【设计】→【地图布局】，单击所需要的布局模式（图7-4（a）、（c）），则中心主题枝布局更新为所选布局模式；二是单选或多选中心主题与最高浮动主题、标注主题、摘要主题，通过主菜单【格式】→【布局】下列菜单，选择所需要的布局模式（图7-4（b）、（e）），则所选主题枝布局更新为所选布局模式；三是选择中心主题或最高浮动主题、标注主题、摘要主题右键菜单中的【设置主题格式】（图7-5（b）），在打开的【设置主题格式】对话框的【副主题布局】选项卡中，选择所需要的布局模式（图7-5（a）），则所选主题枝布局更新为所选布局模式。

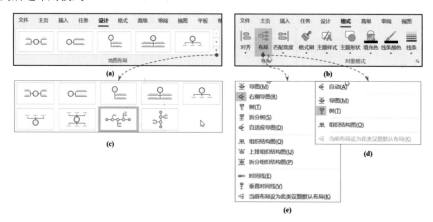

图7-4

📄 提示：通过主菜单【设计】→【地图布局】来调整整体布局模式，不需要选择主题，对浮动主题枝和中心主题枝上的摘要主题枝、标注主题枝无效。

（2）局部改变布局模式

一个导图可以对不同的主题枝选用不同的布局模式，但对一个最小的"主题枝"来说，只能有一个布局模式。改变局部布局有2条途径：一是单选或多选根主题，选择主菜单【格式】→【布局】，在下拉菜单中选择需要的布局模式（图7-4（b）、（d）），则所选根主题枝布局更新为所选布局模式；二是选择所选根主题右键菜单中的【设置主题格式】（图7-5（b）），在打开的【设置主题格式】对话框的【副主题布局】选项卡中，选择所需要的布局模式（图7-5（c）），则所选根主题枝的布局更新为所选布局模式。

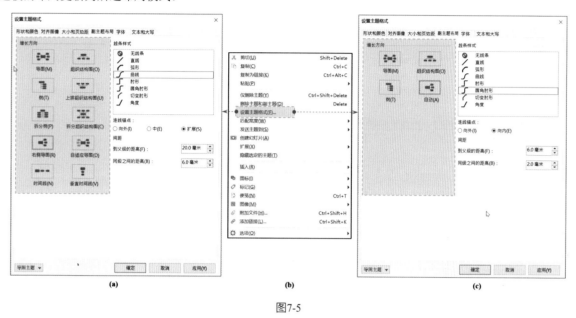

图7-5

📄 提示：在设置了局部布局模式后再整体调整布局模式，不会改变已设置的局部主题布局。
不同类别的主题有不同的布局模式组合供选择。

（3）自动平衡布局

对辐射状、双侧树状、组织树、时间线导图布局的主要议题在中心议题的两侧，如果需要进行自动平衡调整，选择主菜单【设计】→【平衡导图】（图7-6）即实现。自动平衡后，还可以进行手动拖曳做少量调整。

图7-6

（4）设置默认布局模式

MindManager为导图配系统默认布局模式。可以将常用的模式设置为默认布局模式，也可以恢复MindManager配置的系统默认布局模式。

新设默认布局模式。单选主题，选择主菜单【格式】→【布局】→【当前布局设为此类议题默认布局】（图7-7（a）、（b）、（c））、或主菜单【格式】→【设置默认布局】（图7-7（a）），则该主题的布局模式设为同类主题的默认布局模式。设置默认布局模式后，在导图中新建同类主题时，将使用新设置的默认布局模式。

恢复系统默认布局模式。单选主题，选择主菜单【格式】→【重置为默认值】（图7-7（a）），则该主题的布局模式恢复为系统默认布局模式。恢复系统默认布局模式后，在导图中新建同类主题时，将使用系统默认布局模式。

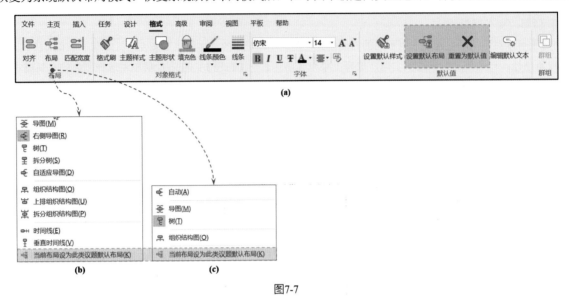

图7-7

> 提示：局部调整布局模式是通过对主题枝进行布局调整，设置默认布局模式则是通过对同类主题进行布局调整。

7.1.2 配置主题连线

主题连线是指主题隶属关系的连线，分为中心主题（主要主题间）连线和其他主题间连线（主题连线）。配置主题连线包括选择连线样式、粗细、颜色和锚点（图7-8）。

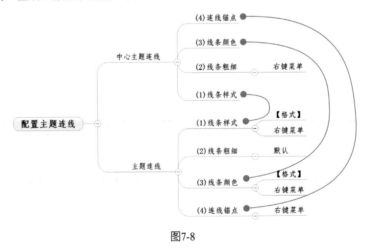

图7-8

（1）主题连线

● 选取线条样式。单选或多选主题，选择主题右键菜单中的【设置主题格式】（图7-9（c）），在打开的【设置主题格式】对话框的【副主题布局】选项卡中，选取"线条样式"（图7-9（b））；或通过主菜单【格式】→【线条】选取"副主题线条样式"（图7-9（a）、（d））进行配置。

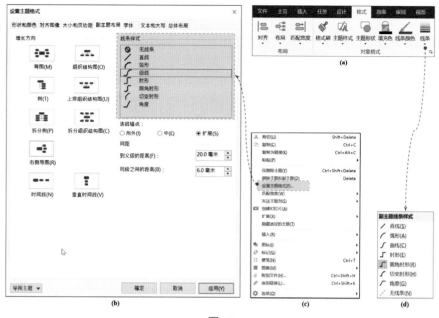

图7-9

● 设置线条粗细。主题连线的粗细由MindManager默认设置。

● 设置线条颜色。主题连线颜色同主题边框颜色，其设置请参阅"7.2.3设置主题形状格式"。

● 设置连线锚点。锚点是指主题连线起点在所选主题上的位置。连线锚点选择"向外"，起点在主题边框四周中点（图7-10（b））；选择"中间"，起点在主题边框中心（图7-10（d））；选择"扩展"，起点在主题边框周边分散（图7-10（c））。

单选或多选主题，选择主题右键菜单的【设置主题格式】（图7-9（c）），在打开的【设置主题格式】对话框的【副主题布局】选项卡中，在"连接锚点"选项中（图7-10（a））进行设置。

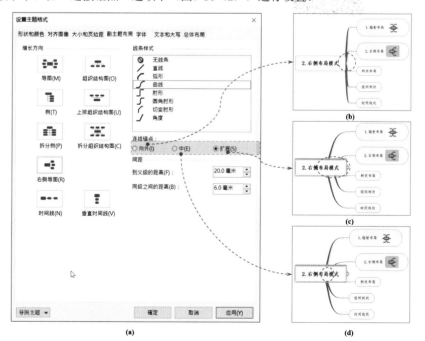

图7-10

📑 提示：主题连线配置有效范围为所选主题与其子主题之间的连线，可单选或多选主题。

（2）中心主题连线

中心主题连线的样式、锚点、颜色同上述"主题连线"配置操作，且可配置连线粗细。

选择中心主题右键菜单中的【设置主题格式】（图7-9（c）），在打开的【设置主题格式】对话框的【总体布局】选项卡中，在"线条粗细"和"粗细应用于"选项中（图7-11（a））进行设置。

"线条粗细"的作用范围取决于"粗细应用于"的选择：

● 所有议题：选取的线宽应用于所有主题间的连线与边框，且为等宽度连线（图7-11（b））。

● 有机线条：选取的线宽应用于中心主题至主要主题之间的连线，且为变宽度连线（图7-11（c））。

● 主议题线条：选取的线宽应用于中心主题至第二级副主题之间的连线与边框，且为等比例变宽度连线（图7-11（d））。

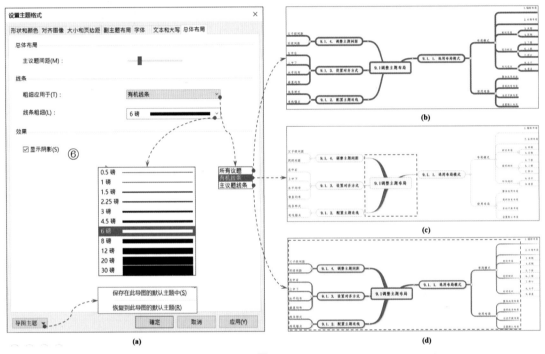

图7-11

📑 提示：在【设置主题格式】对话框的【总体布局】选项卡中，勾选"显示阴影"（图7-11（a））复选框，将对所有连线和主题边框加设阴影显示。

线条"粗细应用于"的三个选项，可能是翻译或命名偏差，导致词不达意，难以望文生义地理解。

7.1.3　调整主题间距

通过选用布局模式，完成了主题间的相互摆放方式；通过配置主题间连线，突出了主题间隶属关系。为了整齐划一，需要调整主题间距，主题间距包括横向与竖向间距，亦即父子主题间距和兄弟主题间距（图7-12（c））。

单选或多选主题，选择主题右键菜单中的【设置主题格式】（图7-12（a）），在打开的【设置主题格式】对话框的【副主题布局】选项卡中（图7-12（d）），可以通过"到父级的距离"栏调整所选主题与其子主题间（横向）距离，通过"同级之间的距离"栏调整所选主题的兄弟主题间（竖向）距离。

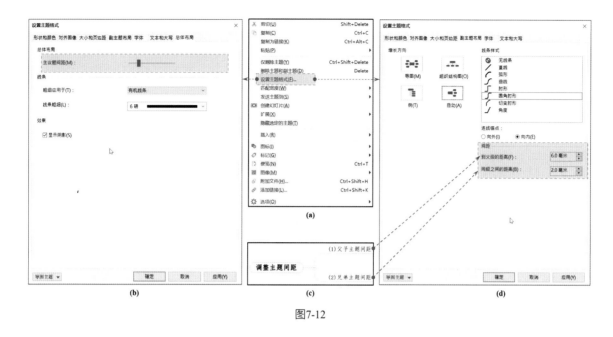

图7-12

📖 提示：主题间距设置只影响所选主题与下一级子主题的横向、竖向间距。

　　在中心主题右键菜单【设置主题格式】（图7-12（a））打开的【设置主题格式】对话框中的【总体布局】选项卡（图7-12（b））中，调整"主议题间距"时，仅对"主要主题"竖向间距有效，并且设置间距小于默认必要间距时无效。

7.1.4　设置主题对齐方式

　　通过调整主题间距，可以让同一导图的主题排列匀称。但在一个导图文档上可能有多个导图，还有对象信息等，不同导图间的最高根主题、对象信息，以及同一导图上的主题，可以通过对齐设置工具来实现对齐。

　　选择不同导图的最高根主题、对象，或同一导图上的同级主题，选择主菜单【格式】→【对齐】（图7-13），选择对齐方式，形成对齐效果。

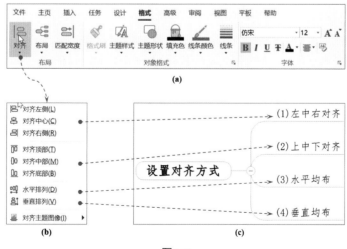

图7-13

提示：对齐基准是最后选择的主题、对象。

通过定义各级主题横向和纵向间距来定位主题在平面空间上的相互位置，并默认自动左对齐，由于主题宽度可能不一致，同一导图同级主题需要右对齐时，可以通过设置对齐方式来实现。

7.2　设置主题格式

主题由内容和形状组成，设置主题格式包括设置其内容格式、形状大小、形状格式以及对其进行复制和清除（图7-14）。

图7-14

7.2.1　设置主题内容格式

主题内容格式分为字体格式与段落格式，以及便笺字体与段落格式（图7-15）。

图7-15

（1）设置主题内容字体格式

字体格式包括字形、字样、字号、颜色、下画线、删除线、大小写。选取一个主题、多个主题或主题文本后，MindManager提供了三条途径来设置：一是选择主菜单【主页】→【字体】（图7-16（a）、（d）），二是选择主菜单【格式】→【字体】（图7-16（c）），三是选择主题右键菜单中的【设置主题格式】（图7-16（b）），在打开的【设置主题格式】对话框中的【字体】、【文本和大写】选项卡（图7-16（e）、（f））中选择或勾选字体、字体样式、大小、字体颜色、下画线、删除线、大小写。

提示：因导图主题内容精炼短小，MindManager仅提供了简单的字体格式设置功能，而且同常用办公软件的字体格式设置相同。

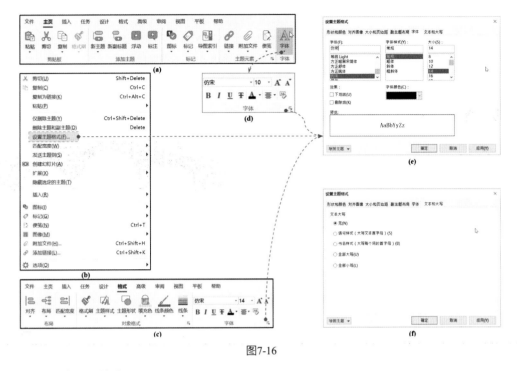

图7-16

（2）设置主题内容段落格式

主题内容段落格式仅包括文本的段落与对齐、图像与文本的对齐、图像特性。MindManager提供了4条途径来设置：选取一个或多个主题，一是选择主菜单【主页】→【字体】（图7-17（a）、（c）、（b）），二是选择主菜单【格式】→【对齐】→【对齐主题图像】（图7-17（g）、（e）、（f）），三是选择主菜单【格式】→【字体】（图7-17（g）），四是选择主题右键菜单中的【设置主题格式】（图7-17（d）），选择【设置主题格式】对话框中的【对齐图像】选项卡（图7-17（h）），选择文本对齐方式、图像对齐方式、图像填充、缩略图尺寸、图像查看器最大尺寸。

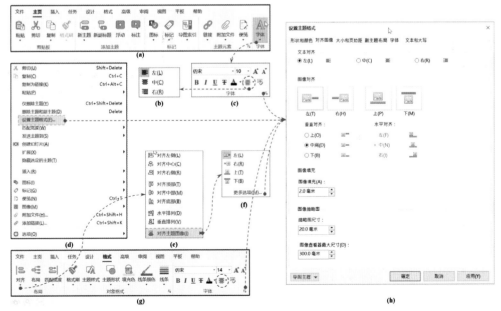

图7-17

📋 **提示：** 文本对齐只有"左、中、右"对齐方式，没有通常的"分散对齐"方式。

"图像填充"值是指图像与文本之间的间距，"缩略图尺寸"是指使用缩略图插入图像时在主题中显示的尺寸大小，"图像查看器最大尺寸"是指图像查看时查看窗口的最大尺寸（图7-18）。

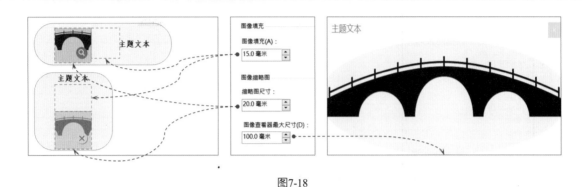

图7-18

（3）设置便笺字体与段落格式

选择主菜单【设计】→【便笺主题】，打开【设置便笺格式】对话框（图7-19（a）、（c）），可以设置便笺主题的字体、大小、字体颜色等格式；也可以直接在便笺编辑框中设置字体与段落格式（图7-19（b））。

图7-19

7.2.2 设置主题形状大小

主题形状为平面二维图形，由高宽确定大小。MindManager提供了自动宽度并首选自动宽度、固定高宽、自动匹配宽度和手动调整宽度4种设置方式（图7-20）。

选择所选主题右键菜单中的【设置主题格式】（图7-17（d）），在打开的【设置主题格式】对话框中的【大小和页边距】选项卡（图7-21）中可以进行如下设置。

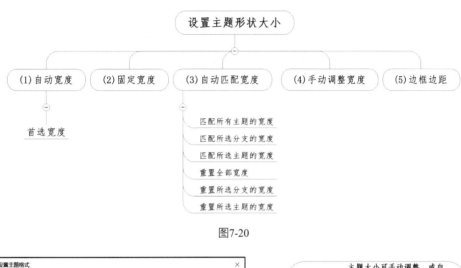

图7-20

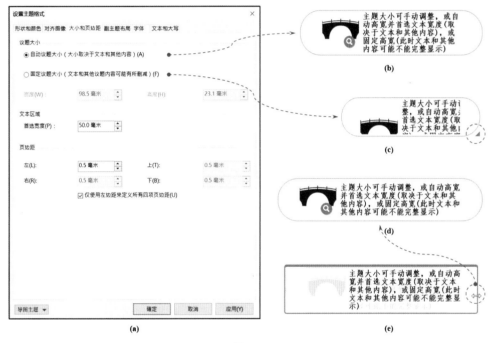

图7-21

（1）自动宽度并首选文本宽度来设置主题形状大小

选择"自动议题大小"，可同时设置"首选宽度"（图7-21（a）），此时的形状宽度由文本"首选宽度"和其他内容的宽度决定，高度随内容需要自动变化（图7-21（b））。

（2）固定高宽来设置主题形状大小

选择"固定议题大小"（图7-21（a）），此时的形状宽度和高度固定，不随内容变化，可能导致文本和其他内容不能完整显示（图7-21（c））。

提示：设置了固定形状大小的主题，其内容不能完全显示时，形状右下角有提示小三角。

（3）自动匹配宽度来设置主题形状大小

单选、多选或不选主题，选择主菜单【格式】→【匹配宽度】，在下拉菜单中选择需要的匹配或重置宽度选项（图7-22），即可对所选主题（枝）或所有主题进行形状宽度的匹配或重置设置。

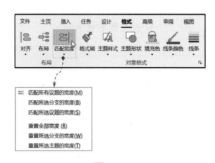

图7-22

📖 提示：匹配是指主题以兄弟主题中内容最长的一个来定宽度，兄弟主题形状等宽。重置是指主题以自身内容来
定宽度，兄弟主题形状不等宽。

匹配与重置宽度出现问题，可能是受"首选宽度"（图7-21（a））约束，可通过调整此宽度值得以解决。

（4）手动调整宽度来设置主题形状大小

鼠标光标置于主题形状左右侧，当光标变成了左右双箭头（图7-21（e））时，按住鼠标左键左右拖动到适当宽度，
放开即完成宽度设定，其高度会随内容需要自动变化（图7-21（d））。

📖 提示：只能单选主题进行操作。

（5）设置边距

在【设置主题格式】对话框的【大小和页边距】选项卡中，在"页边距"栏可设置形状四周边缘与文本的间距，
可设置为相同边距，也可设置为不同边距（图7-21（a））。

7.2.3 设置主题形状格式

主题形状格式包括形状格式套用、形状样式、形状边框颜色以及形状填充（图7-23）。

图7-23

（1）选用形状

MindManager提供了主菜单、右键菜单、窗格3条路径，来选择预置形状、库形状、图像为主题形状（图7-24）。

图7-24

选取一个或多个主题后可以进行如下设置。

● **选用预置形状**。一是选择主菜单【格式】→【主题形状】，在形状库中选择MindManager预置的常用形状（图
7-25（a）、（c））；二是选择主题右键菜单中的【设置主题格式】（图7-17（d））、或选择主菜单【格

式】→【主题形状】→【设置主题格式】（图7-25（a）、（c）），打开【设置主题格式】对话框（图7-25（b）），在【形状和颜色】选项卡中选择MindManager预置的常用形状做主题形状。

● 选用库形状。单击库形状窗格按钮、或选择主菜单【格式】→【主题形状】→【来自库的图像】（图7-25（a）、（c）），在打开的【库-主题形状】窗格中选择主题形状（图7-25（e））。

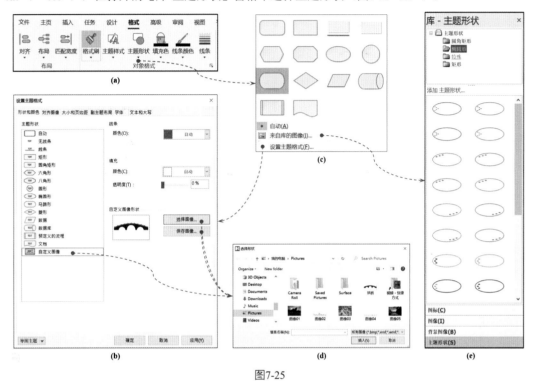

图7-25

● 选用图像。在【设置主题格式】对话框的【形状和颜色】选项卡（图7-25（b））中，单击【自定义图像】或【选择图像】按钮，打开【选择形状】对话框（图7-25（d）），选择图像作为主题形状。

提示：MindManager预置的常用形状、库主题形状和图像形状是有区别的，三者都可以看作是主题内容的背景，常用形状本质是形状，可以设置边框颜色以及填充；库主题形状和图像形状本质是图像，没有边框颜色与填充（图7-24）。

（2）自定义形状

库主题形状是存放在C：\Users\（计算机名）\AppData\Local\Mindjet\MindManager\22（MindManager版本号）\Library\CHS（ENU）\Shapes目录下的图像文件（*.bmp、*.emf、*.wmf、*.gif、*.jpeg、*.jpg、*.pcx、*.png），做形状的图像可以是存放在任何目录下的图像文件。将欲做形状的图像文件存放在相应文件目录下，即可供选用形状时使用，也可以将导图中已有形状图像保存下来使用。

在【设置主题格式】对话框的【形状和颜色】选项卡（图7-25（b））中，单击【保存图像】按钮，可将导图中正在使用的形状图像保存到本地文件目录中，供设置形状时使用。

（3）设置形状边框颜色

MindManager提供了主菜单、右键菜单2条路径来设置主题形状边框颜色。选取一个或多个主题，一是选择主菜单【格式】→【线条颜色】（图7-26（a）），二是选择主题右键菜单中的【设置主题格式】（图7-17（d）），打开【设置主题格式】对话框（图7-26（b）），在【形状和颜色】选项卡中打开线条的颜色库（图7-26（d）），选择颜色或用滴管选取颜色，则所选根主题枝的主题边框与主题连线都会使用所选颜色。

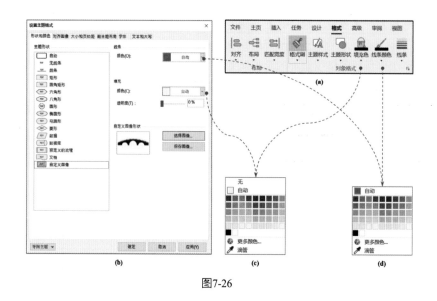

图7-26

📄 提示：设置边框颜色的同时也就设置了主题间的连线颜色，但使用库主题形状和图像做主题形状时，主题形状没有边框线，所以不显示边框颜色。

设置边框颜色的有效范围是所选根主题的主题枝形状与主题连线，但不包括其中预先设置了边框颜色的更小主题枝。

（4）填充形状

MindManager提供了主菜单、右键菜单2条路径来填充主题形状。选取一个或多个主题，一是选择主菜单【格式】→【填充色】（图7-26（a）），二是选择主题右键菜单中的【设置主题格式】（图7-17（d）），打开【设置主题格式】对话框（图7-26（b）），在【形状和颜色】选项卡中，打开填充颜色库（图7-26（c）），选择颜色或用滴管选取颜色，并调节填充透明度值，则在所选主题形状中使用目标颜色填充、并按目标透明度显示。

📄 提示：选用库形状和图像做主题形状时，主题形状没有边框线，也不能填充形状。

7.2.4　复制与清除主题格式

为减少主题格式重复设置，提高主题格式设置的效率和统一性，MindManager提供了格式刷、样式刷、主题样式、默认格式4条主题格式复制途径，另外，在一个导图中，由于不断地进行主题格式个性化设置，有可能会导致主题的杂乱无章，MindManager提供了主题格式清除与重置功能，清除与重置后的主题格式将恢复为导图默认的主题格式，有利于导图美化（图7-27）。

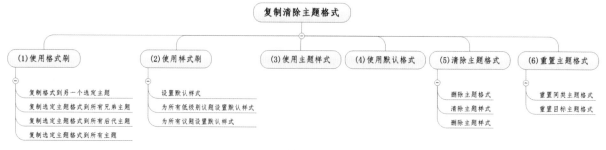

图7-27

（1）使用格式刷复制主题格式

选取复制源格式主题，单击【主页】/【格式】→【格式刷】（图7-28（a）、（d）），鼠标光标在空白处显 ⬚ 状态、在主题上显 ⬚ 状态，单击需要复制格式的主题，则将选定格式复制到目标主题上，双击【格式刷】可多次将选定格式复制到不同的目标主题上。

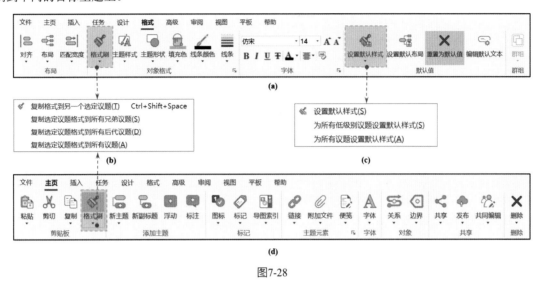

图7-28

【格式刷】的下拉小三角中有四个选项（图7-28（b））：

● 复制格式到另一个选定议题——将选定格式复制到目标主题上。
● 复制选定议题格式到所有兄弟议题——将选定格式复制到选定源格式主题的兄弟主题上。
● 复制选定议题格式到所有后代议题——将选定格式复制到选定源格式主题为根主题主题枝的所有主题上。
● 复制选定议题格式到所有议题——将选定格式复制到本导图的所有主题上。

> 提示：当鼠标光标显示为 ⬚ 状态时，可框选主题进行多主题格式复制。

（2）使用样式刷复制主题格式

单类主题格式集合称之为主题样式。选取要复制的格式源主题，单击【格式】→【设置默认样式】（图7-28（a）），将选定格式设为该类主题的主题格式、且同时复制到与选定格式源主题相同类别的主题上。单击【设置默认样式】下拉小三角，有三个选项（图7-28（c））。

● 设置默认样式——将选定格式设为该类主题的主题格式、且同时复制到与选定格式源主题相同类别的主题上。
● 为所有低级别议题设置默认样式——将选定格式复制到所有选定格式源主题同级及以下所有主题上。
● 为所有议题设置默认样式——将选定格式复制到本导图的所有主题上。

> 提示：使用格式刷、样式刷复制主题格式后，格式刷的后三个选项与样式刷的三个选项相似，相似的是当前已刷主题，不同的是刷后新建的主题。使用格式刷后，刷后新建的主题使用该主题原来的默认样式；使用样式刷后，将把所选样式设置为该主题的默认样式，刷后新建的主题将使用所刷样式。

（3）使用主题样式复制主题格式

MindManager提供了主菜单与任务窗格两条途径来新建与使用样式。一是选择主菜单【格式】→【主题样式】（图7-29（a）），打开【主题样式】下拉菜单（图7-29（b））；二是选择【主题样式】下拉菜单中的【组织主题样式】（图7-29（b））、或单击窗格按钮 ⬚，打开【主题样式】窗格（图7-29（c））。

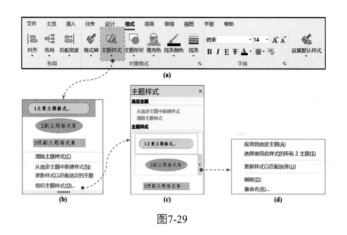

图7-29

第1步，新建样式。单选目标样式主题，选择【从选定主题中新建样式】（图7-29（b）或（c）），则在【主题样式】下拉菜单（图7-29（b））和【主题样式】窗格（图7-29（c））中都会显示新建主题样式。选择主题样式右键菜单中的【重命名】（图7-29（d））、可修改主题样式名。

第2步，更换主题样式。单选或多选目标主题，在【主题样式】下拉菜单（图7-29（b））或【主题样式】窗格（图7-29（c））中单击目标主题样式，或选择窗格目标主题样式右键菜单中的【应用到选定主题】（图7-29（d）），则所选目标主题更新使用目标主题样式。

📄 提示：使用主题样式复制主题格式，类似于将主题样式命名后，从样式角度使用格式刷复制主题格式的第一个选项功能（复制格式到另一个选定主题）。

（4）使用默认格式复制主题格式

单选目标格式主题，选择主题右键菜单中的【设置主题格式】（图7-30（a）），打开【设置主题格式】对话框（图7-30（c）），选择【导图主题】→【保存在此导图的默认主题中】（图7-30（b）），则将此主题格式设置保存为此类主题的默认样式，并将此样式应用到此类主题上。

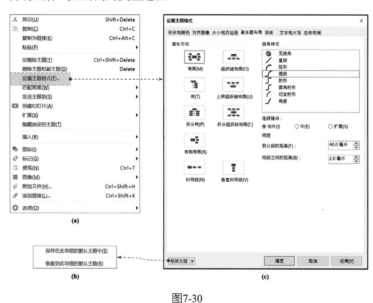

图7-30

📄 提示：本功能同单击【格式】→【设置默认样式】（使用样式刷复制主题格式中的第一个选项功能）（图7-28（c））。

（5）清除主题格式

MindManager提供了3条途径来清除主题格式。

一是删除主题格式。单选或多选主题，选择主菜单【主页】→【删除】→【格式】（图7-31），可清除所选主题的格式设置，并恢复为导图默认主题格式。

二是清除主题样式。单选或多选主题，选择主菜单【格式】→【主题样式】→【清除主题样式】（图7-29（b））、或【主题样式】窗格菜单中的【清除主题样式】（图7-29（c）），则把所选主题样式恢复到默认的主题样式。

三是删除主题样式。选择窗格目标主题样式右键菜单中的【删除】（图7-29（d）），则删除目标主题样式的同时，使用该目标样式的主题样式恢复到默认的主题样式。

图7-31

（6）重置主题格式

MindManager提供了2条途径来重置主题格式。

一是重置同类主题格式。单选目标主题，在使用主题右键菜单打开的【设置主题格式】对话框设置格式时，选择【导图主题】→【恢复到此导图的默认主题】（图7-30（b）），则将此主题格式恢复为此类主题的默认样式。

二是重置目标主题格式。单选或多选主题，选择主菜单【格式】→【重置为默认值】（图7-32），所选主题将使用默认主题样式。

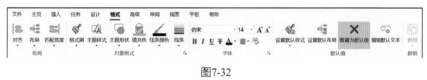

图7-32

📑 提示：清除主题格式，只清除所选主题格式，但不改变主题的默认格式，此后新增主题格式仍将使用格式清除前的设置格式；重置主题格式，也只重置所选主题格式，但同时重置了此类主题的默认格式，此后新增主题格式将使用重置后的默认格式。

7.3 配置导图样式

在导图中，各类各级主题的字体、段落、边框、连线格式，主题间边界、关系格式，导图布局和背景的组合，称之为导图主题样式，简称**导图样式**。不同的格式组合形成了不同的导图样式。

通过建立和使用不同的导图样式，以及根据不同的导图内容使用相应的导图样式，类似导图内容会使用同一风格的主题格式，可以极大地节省主题格式设置耗时，并高效实现主题格式风格的统一。

配置导图样式包括使用与自定义导图样式和设置默认导图样式（图7-33）。

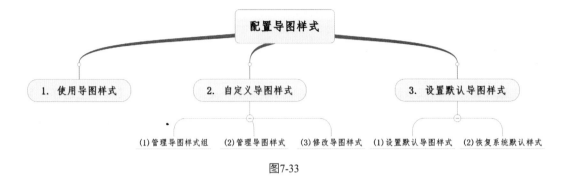

图7-33

> 📖 提示：MindManager中对单类主题样式与导图主题样式未做区分，都以"主题样式"称之。为了便于理解，本书还是分别称呼，以"导图样式"特指整个导图的各级各类主题样式集合，以"主题样式"特指单类主题的主题样式。

7.3.1 使用导图样式

导图是基于模板或既有导图创建，已经使用了基于模板或既有导图样式，通过选用导图样式，可全局性地更换导图样式。

选择主菜单【设计】→【导图主题】（图7-34），在导图样式库中选择导图样式，则该导图更换使用所选导图样式。

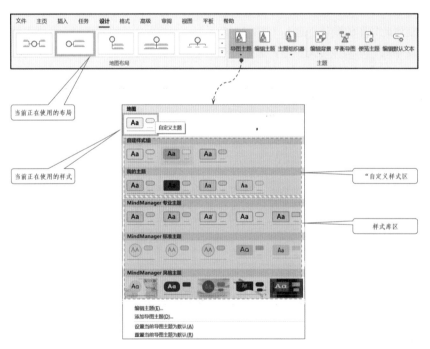

图7-34

MindManager预置了专业、标准、风格三组导图样式，为*.mmas或*.xmmas格式文件，存放于"C：\Users\（计算机用户名）\AppData\Local\Mindjet\MindManager\22（MindManager版本号）\Library\CHS（或ENU）\Styles"（以下简称"Styles"）目录下（图7-35）。同时MindManager预置了一个空的"我的主题"样式组，当MindManager预置的样

式不满足使用需求时，可以自定义样式，存放到"Styles"或"C：\Users\（计算机用户名）\Documents\我的导图\我的主题"（以下简称"我的主题"）目录下，并按样式分组显示在样式区（图7-34）。

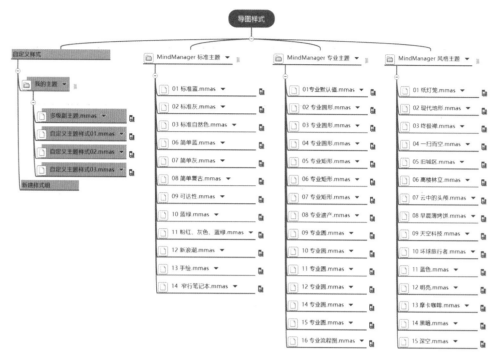

图7-35

📝 提示：在更换新样式之前，如对部分主题进行了格式修改，在更换新样式之后，将在新样式的基础上保留这部分修改。如果要废除这部分修改，请参阅"7.2.4（6）重置主题格式"。

导图当前使用的整体布局和导图样式在"地图布局""导图样式"库区有浅色加粗边线标识（图7-34）。

在MindManager的翻译中，"地图""导图"通用。

如果样式库中没有适用的导图样式，可以自定义导图样式，请参阅下文。

7.3.2　自定义导图样式

自定义导图样式包括样式分组管理、添减、修改导图样式。选择主菜单【设计】→【主题组织器】（图7-36（a）），打开【模板组织者】对话框，在【导图主题】选项卡中（图7-36（c））可以进行如下设置。

● 使用文件夹命令，可对导图样式进行分组管理（图7-36（c））。

● 使用【添加新导图主题】和模板命令【复制】【删除】【重命名】（图7-36（c）、（b）），可对导图样式文件进行管理，亦即添减导图样式。

● 使用模板命令【修改】（图7-36（b）），可对导图样式进行修改。

（1）管理导图样式组

在"Styles"和"我的主题"目录下的文件夹即为样式组，一个文件夹就是一个样式组，文件夹名称就是样式组名称；样式来自于该目录及文件夹下的样式文件，样式文件名称就是样式名称。

MindManager提供了主菜单和文件管理两条途径来分组管理导图样式。

一是通过主菜单来管理导图样式分组。选项主菜单【设计】→【主题组织器】，打开【模板组织者】对话框，在

【导图主题】选项卡中（图7-36（c））可以进行如下设置。

- 选择需要添加样式组的文件夹，单击文件夹命令【新建】，则在所选文件夹下添加了一个新文件夹；
- 选择文件夹，单击文件夹命令【重命名】，可修改所选文件夹名称；
- 选择文件夹，单击文件夹命令【删除】、可删除所选文件夹（连同其组下样式文件一并删除）。

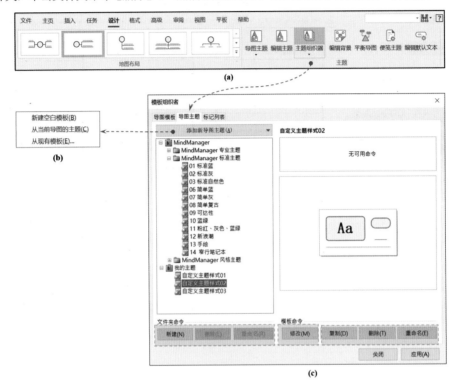

图7-36

二是通过文件资源管理器来管理导图样式分组。通过"文件资源管理器"即文件管理，直接在"Styles"和"我的主题"目录下，新建、删除文件夹，修改文件夹名称，更简单易行。

> 📄 提示：MindManager和"我的主题"两个文件夹不可删除与改名；样式组可嵌套创建。

（2）管理导图样式

MindManager提供了主菜单【主题组织器】【添加导图主题】和文件管理3条途径来管理导图样式。

一是通过主题组织器来管理导图样式。选择主菜单【设计】→【主题组织器】，打开【模板组织者】对话框，在【导图主题】选项卡（图7-36（c））中，选择欲添加新导图样式的文件夹，选择【添加新导图主题】→【新建空白模板】【从当前导图的主题】【从现有模板】（图7-36（b）），可分别基于空白导图样式创建导图样式文件，复制当前导图样式为新的导图样式文件，复制选择的样式文件为新的导图样式文件，并存放在所选文件夹下。

在【导图主题】选择卡（图7-36（c））中选择样式文件，可以进行如下设置。

- 改变导图样式分组。鼠标左键按住所选样式文件在文件夹间拖动，可以改变导图样式的分组。
- 复制导图样式。选择模板命令【复制】，可复制所选样式文件为一个新的自定义导图样式文件并存放在同一个文件夹下。
- 改名导图样式。选择模板命令【重命名】，可修改所选样式文件名称。
- 删除导图样式。选择模板命令【删除】，可删除所选样式文件。

二是通过添加导图样式文件来添加导图样式。选择主菜单【设计】→【导图主题】→【添加导图主题】（图

7-37（a）），调出【添加新主题】对话框（图7-37（c）），选取要添加的导图样式（.mmas、.xmmas）文件，单击
【添加】按钮，所选导图样式文件保存到"我的主题"目录下（图7-37（b）），并显示在样式库【我的主题】项下
（图7-37（d））。

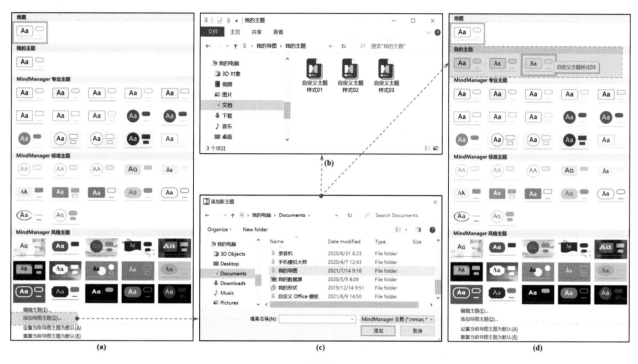

图7-37

三是通过文件资源管理器来管理导图样式。通过"文件资源管理器"直接在"Styles"和"我的主题"目录下复
制粘贴、移动、删除样式文件，修改样式文件名称，更简单易行。

> 提示：导图样式（.mmas、.xmmas）文件可以在网络上获取，也可以将以前用过的样式文件复制过来，还可以将
> 导图文件另存为导图样式（.mmas、.xmmas）文件，快速复制导图文件使用的导图样式。
> 添减导图样式途径一最全面，途径三最简单。

（3）修改导图样式

通过对目标导图样式的各类、各级主题和边界、关系、背景格式的修改来改变导图样式。MindManager提供了
【导图主题】样式简易编辑模式、高级编辑模式2条途径来修改导图样式。

选择主菜单【设计】→【主题组织器】（图7-38（a）），打开【模板组织者】对话框，在【导图主题】选
项卡中，选择目标样式文件，单击模板命令【修改】（图7-38（d）），进入【导图主题】高级编辑模式（图7-38
（e））；在主菜单【设计】→【导图主题】的下拉列表中，选择目标样式（同时应用到当前导图上），再选择【编
辑主题】（图7-38（b））、或选择主菜单【设计】→【编辑主题】，进入【导图主题】样式简易编辑模式（图7-38
（c））。

在【导图主题】样式简易编辑模式下选择【高级编辑器】（图7-38（c）），在【导图主题】样式高级编辑模式下
选择【简易编辑器】（图7-38（c）），可以进行简易编辑模式与高级编辑模式间的转换。

使用简易编辑模式修改导图样式。在【导图主题】样式简易编辑模式（图7-39）中，可以通过右侧的选择框对目
标样式中的主题、主题边框，主题间连线、关系，边界进行字体、形状、线条、颜色、大小、背景的格式修改（修改
效果在绘图区实时可见）。

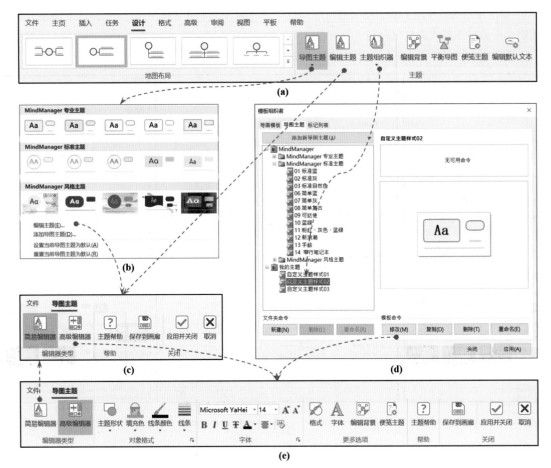

图7-38

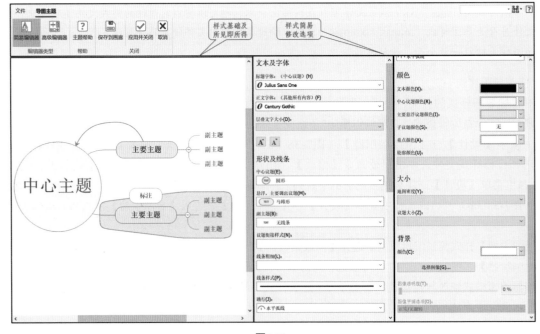

图7-39

使用高级编辑模式修改导图样式。在【导图主题】样式高级编辑模式（图7-40）中，通过左侧选择修改格式对象，通过上部菜单对所选对象进行格式修改（请参阅"7.1调整主题布局""7.2设置主题格式"），可对目标样式中的中心主题、主要主题、多级副主题、标注主题（亦即摘要主题）、浮动主题、便笺、边界、关系、背景进行格式修改（修改效果在绘图区实时可见）。

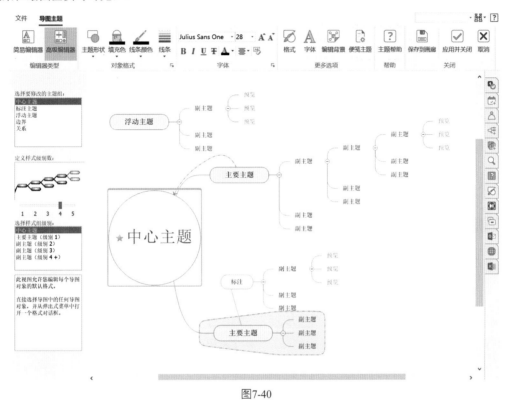

图7-40

📄 提示：在【导图主题】样式高级编辑模式（图7-40）中，通过左侧框选择修改格式对象时，当选择中心主题、标注主题、浮动主题时，可以通过选择主题级别来定义其隶属的多达5级主题。

在导图样式简易编辑模式（图7-39）和高级编辑模式（图7-40）中可以进行如下设置。

● 单击【取消】，不保存对样式的修改成果，并关闭编辑器。

● 单击【应用并关闭】，将对样式的修改成果另存到名为"自定义主题"的临时样式文件，并应用到当前导图，显示在样式库"地图"栏，不保存到目标样式文件中，只能是本导图中使用。

● 单击【保存到画廊】，将对样式的修改成果另存到"我的主题"目录下，可以选择文件夹（样式组），也可以自命名样式文件。可以应用到当前导图，显示在样式库选定样式组栏，并在不同导图中使用。

📄 提示：通过【保存到画廊】另存的样式文件，可以任选非"我的主题"目录保存，但此时该样式将不显示在样式库中，也不能被导图选择使用。

通过【应用并关闭】可以保存为"自定义主题"的临时样式文件，要保存为永久样式文件，可在样式库中选择"自定义主题"临时样式文件右键菜单中的【添加到主题画廊】（图7-41），与直接单击【保存到画廊】效果一样。

常用的导图样式可以设置在快速访问工具栏。在样式区，选择目标样式右键菜单中的【添加图库到快速访问工具栏】（图7-41），即可将目标导图样式添加到【快速访问工具栏】上。

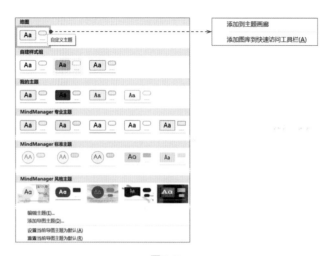

图7-41

7.3.3　设置默认导图样式

基于模板或既有导图创建的导图，都可溯源为基于空白模板创建。MindManager为空白模板配有系统默认导图样式。可以将常用的样式或者自定义的样式设置为默认空白模板的默认导图样式，也可以恢复MindManager配置的系统默认导图样式。

（1）设置为默认模板的默认导图样式

选择主菜单【设计】→【导图主题】（图7-42（a））→【设置当前导图主题为默认】（图7-42（f）），打开提示框（图7-42（g）），单击【确认】，将当前导图样式设置为默认空白模板的默认导图样式（图7-42（d））。此时，在空白模板列表中，已将原默认模板文件名标注为"原始"，还在使用的默认模板采用了新的导图样式（图7-42（d））。自此以后，基于默认模板创建的导图，其导图样式将使用新样式，修改默认导图样式前后使用默认模板创建的导图使用不同的默认导图样式（图7-42（c）、（e））。

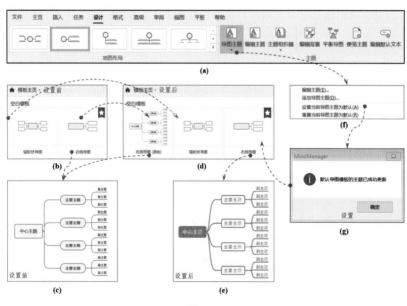

图7-42

（2）恢复默认模板的系统默认导图样式

选择主菜单【设计】→【导图主题】→【重置当前导图主题为默认】（图7-42（f）），将恢复默认模板的系统默认导图样式。此时，在空白模板列表中，已将原默认模板文件名标注为"原始"，正在使用的默认模板采用系统默认导图样式。自此以后，基于默认模板创建的导图，其导图样式将使用系统默认样式。

7.4 装饰导图背景

背景就是导图画布上的颜色或图像。MindManager为导图提供了颜色底背景叠加图案、图像背景源，默认为无色底背景。叠加图案、图像背景时，通过图案、图像透明度来设置底背景颜色呈现程度。装饰导图背景包括导图背景的设置与清除，设置内容包括背景源的选取、透明度的设置与图像图案铺设方式的选择，MindManager提供了主菜单、右键菜单、窗格三条途径，【背景】设置对话框、窗格两种方式来设置与清除导图背景（图7-43）。

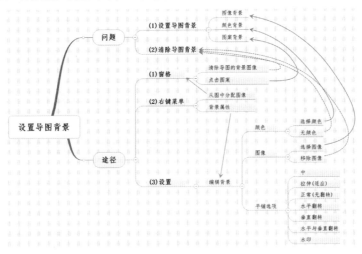

图7-43

三条途径为：一是选择主菜单【设计】→【编辑背景】（图7-44（a）），打开【背景】设置对话框（图7-44（b））；二是单击窗格库按钮 ，打开【库-背景图像】窗格（图7-44（e））；三是选择导图空白处右键菜单（图7-44（c））中的【背景】→【背景属性】（图7-44（d））、打开【背景】设置对话框（图7-44（b）），选择导图空白处右键菜单（图7-44（c））中的【背景】→【从库中分配图像】（图7-44（d））、打开【库-背景图像】窗格（图7-44（e））。

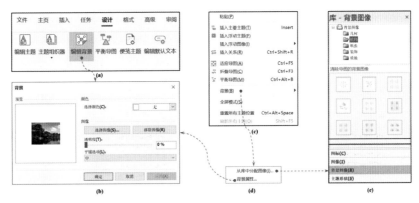

图7-44

两种方法是：一通过【背景】对话框（图7-44（b））、二通过【库-背景图像】窗格（图7-44（e））。

（1）通过对话框设置与清除背景

在【背景】设置对话框中（图7-44（b））选择颜色（图7-45（b））、图像（图7-45（c））、平铺选项（图7-45（d））、透明度，单击"确定"按钮，就可设置导图背景；当选择颜色为"无"、且有图像/图案背景时，单击【移除图像】，再单击"确定"按钮，就可删除背景（恢复为默认的无色背景）。

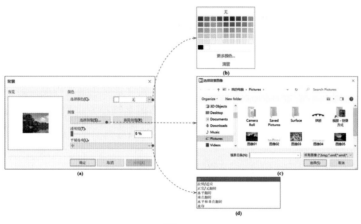

图7-45

📖 提示：仅设置颜色背景（无图像/图案）时，不用设置透明度与平铺选项。

选择图像可以是任何目录下的图像文件，包括MindManager预置的图案/图像文件（【库-背景图像】窗格显示的图案）。

透明度是指透过图像/图案显示的颜色背景程度。

平铺选项的"中"将图像/图案置于中心主题中心处，"拉伸/适应"将图像/图案拉伸在有主题的范围，"正常/无翻转"将图像/图案铺满画布，"水平翻转""垂直翻转""水平和垂直翻转"将图像/图案水平、垂直翻转后铺满画布，"水印"将图像/图案旋转45°后作为水印布置在画布上。

不同平铺方式（图7-46）对应的效果如图7-47所示。

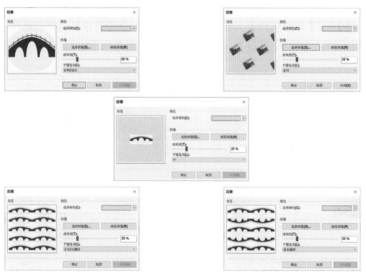

图7-46

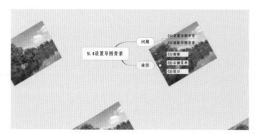
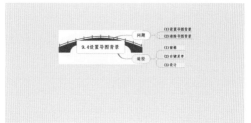
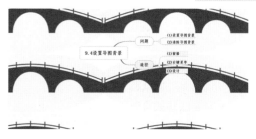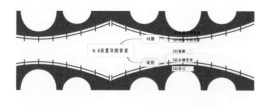

图7-47

（2）通过窗格设置与清除背景

在【库-背景图像】窗格（图7-44（e））中单击图案，将该图案按最近一次背景透明度与平铺方式设置为导图背景；选择【清除导图中的背景图像】将清除导图中设置的图案背景。

提示：预置的图案文件为存放在C：\Users\（计算机名）\AppData\Local\Mindjet\MindManager\22（MindManager版本号）\Library\CHS（ENU）\Background Images目录下的*.png文件。

可以自建*.png文件，并存放在上述目录下，从而自建背景图案。

7.5　本章总结

美化导图的出发点就是在主题内容、隶属关系不变的情况下，通过美化途径对美化对象进行美化内容的设置，以提高导图的易读性，并通过美化工具来保障导图风格的一致性，同时提高美化操作的高效性（图7-48）。

（1）美化对象就是主题（包括对象信息）、主题之间及背景。

（2）美化内容分为主题之间的位置、间距、对齐和形状的样式、大小、边距、填充、颜色、透明度，线的样式、线型、粗细、颜色、填充、两端、锚点，段落的文本对齐、图文对齐、图像特性，字体的字形、字样、字号、颜色、下画线、删除线、大小写。主题之间的位置，对齐美化内容统称为布局，其他美化内容统称为格式。

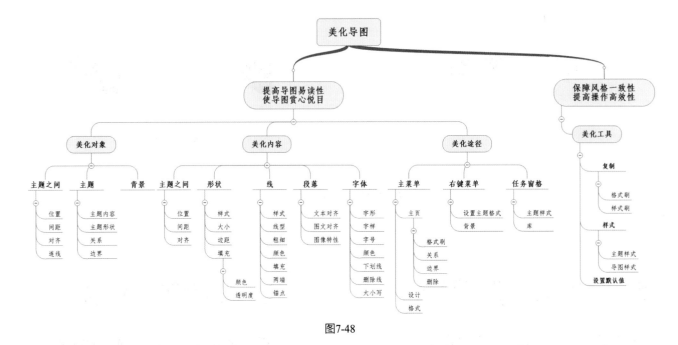

图7-48

MindManager给导图、主题设置了初始的布局和格式，称之为**系统默认布局与系统默认格式**。

单个主题的各种格式合称为**主题样式**，并命名以分辨，整个导图的各种主题格式合称为**导图样式**，也命名以分辨。

（3）美化途径包括【主页】【设计】【格式】3个主菜单和主题右键菜单，以及【主题样式】【库】2个任务窗格。

（4）美化工具包括复制性工具格式刷、样式刷，以及使用主题样式、导图样式和默认布局、格式、样式的设置。

初步理解美化对象、内容、途径、工具的内容及其之间的关系，以及格式、样式、布局及其默认值概念，是本章学习的基础。有效使用美化途径，对美化对象进行美化内容的设置，是学习本章的重点。充分理解样式、默认值的含义，熟练使用美化工具进行导图美化，是本章学习的难点，也是高效美化导图的必由之路。

8
按需展现

MindManager导图在内容创建、导图美化和阅读理解过程中，需要从不同视角来呈现导图内容，例如有任务信息的导图能像甘特图一样呈现，有标识信息的导图可隐藏或只显示含某个标识的主题，只显示或隐藏部分主题，这种展现在MindManager中称之为视图。MindManager提供了标准、辅助、标识、任务、演示视图和自定义视图，主要通过主菜单【视图】（图8-1），同时辅以主题右键菜单（图8-2）和状态栏工具（图8-3）来实现。

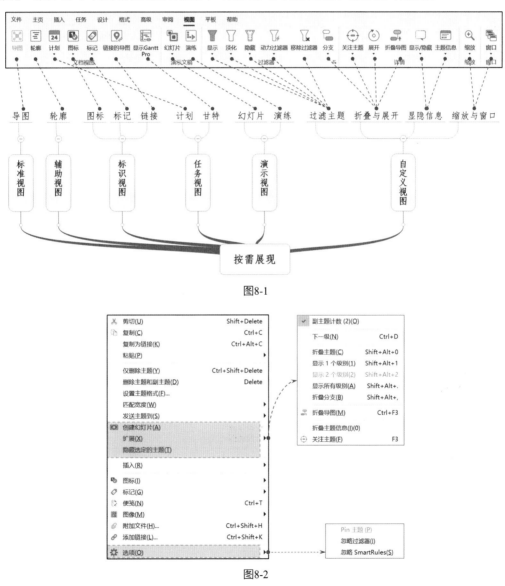

图8-1

图8-2

📝 提示：自定义视图可就视图展示内容在纵、横方向上进行显隐、展折选择与设置。
鉴于右键菜单和状态栏工具大部分与主菜单相同，在下文的描述中，相同部分将会略去。

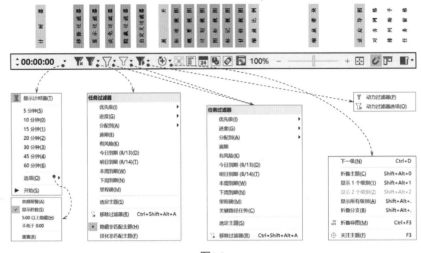

图8-3

8.1　标准视图

导图视图（图8-4）是MindManager默认的视图模式，是完整显示导图文档内容的标准视图模式，也是其他视图的基础。

在其他视图模式下，直接选择主菜单【视图】→【导图】、或选择其他视图模式菜单中的【导图视图】，即可使用或返回到标准视图模式。

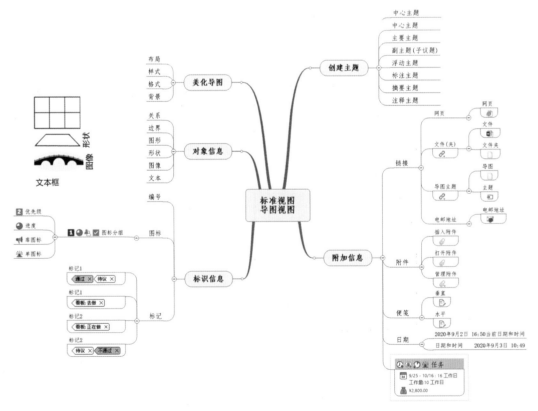

图8-4

8.2　辅助视图

以类似书籍目录、常用桌面软件大纲视图方式查看导图，MindManager称之为轮廓视图，是标准视图的辅助性视图。

在标准视图中，选择主菜单【视图】→【轮廓】（图8-1），可进入轮廓视图（图8-5），再选择主菜单【视图】→【导图】（图8-1），即返回标准视图。

图8-5

在轮廓视图中，除了导图主题关键词按级别以大纲形式用表格列出外，还包括附加信息、标识信息，基本等同于MindManager文档导出的Word或Excel格式文档，不仅有助于阅读，且可进行主题上下移动以调整相互关系，也可对主题关键词、附加信息、标识信息进行编辑操作。

8.3　标识视图

标识视图分为图标视图、标记视图和链接导图视图，分别用于显示设有选定图标、标识的主题，以及显示导图中的链接导图。

8.3.1　图标视图

以图标为筛选条件，观察导图中设有图标的主题。图标视图的对象可以是整张导图，也可以是选定的某个主题枝或选取的若干主题。

（1）对整张导图进行图标视图。在标准视图中（图8-6），单击【视图】→【图标】或选择【视图】→【图标】→【显示图标视图】，将显示整张导图的图标视图（图8-7（c））。

（2）对所选主题进行图标视图。在标准视图中（图8-6），单选或多选主题，选择【视图】→【图标】→【在图标视图中显示选定主题】，将显示所选主题的图标视图。

（3）对主题枝进行图标视图。在标准视图中（图8-6），单选根主题，选择【视图】→【图标】→【在图标视图中显示独立分支】，将显示所选根主题的主题枝图标视图。

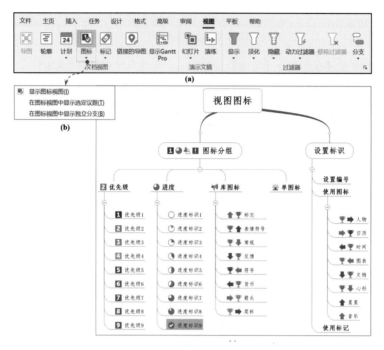

图8-6

图标视图（图8-7（c））包括未分类主题区①、视图标题②、图标列表区③、图标主题区④，且新增加查看工具【图标视图】菜单（图8-7（a）），以进行"图标视图"的有关操作。

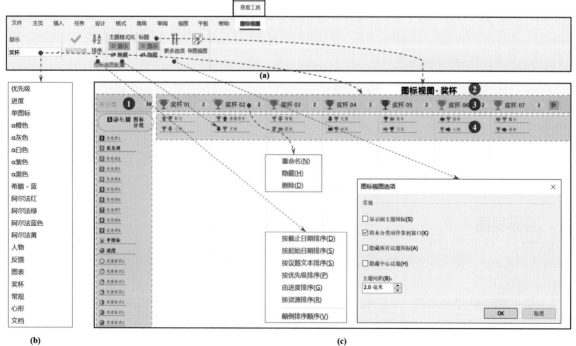

图8-7

（1）单击【导图】视图，返回到标准视图模式（图8-6）。

（2）单击【标题】→【显示/隐藏】，可设置图标视图②是否显示。

📖 **提示**：图标视图标题由"中心主题-图标组名"构成。

（3）单击【显示】在其下拉列表中选择图标组（图8-7（b）），图标组显示在图标视图（图8-7（c））的图标列表区③，包括图标符号、图标名称和含有此图标主题的数量，每个图标占据1列，对应的图标主题区④显示含有该图标的主题，不含所选图标主题的显示在未分类主题区①。

（4）单击【主题格式化】→【显示/隐藏】，可设置图标视图中主题是否带格式显示。

（5）单击【排序】可设置图标视图中所有主题在本列的显示排序。

（6）单击【更多选项】可设置主题间距，显隐中心主题、所有主题的图标符号、未分类主题和副主题图标。

（7）选择图标主题区主题的右键菜单（图8-8（a）、（c）），可进行右键菜单提供的功能操作。

（8）选择图标列表区③图标的右键菜单（图8-8（d）），可对该图标改名、删除此图标（同时从所有主题上删除此图标）；单击图标左侧的"+""-"可显隐图标列（图8-8（b））。

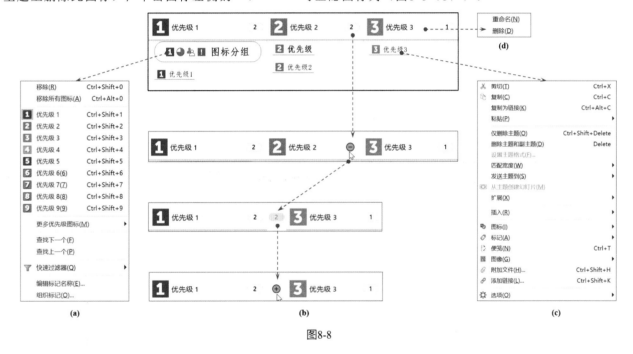

图8-8

8.3.2 标记视图

以标记为筛选条件，观察导图中设有标记的导图主题。标记视图的对象可以是整张导图，也可以是选定的某个主题枝或选取的若干主题。

（1）对整张导图进行标记视图。在标准视图中（图8-9），选择【视图】→【标记】或【视图】→【标记】→【显示标记视图】，将显示整张导图的标记视图（图8-10（c））。

（2）对所选主题进行标记视图。在标准视图中（图8-9），单选或多选主题，选择【视图】→【标记】→【在标记视图中显示选定主题】，将显示所选主题的标记视图。

（3）对主题枝进行标记视图。在标准视图中（图8-9），单选根主题，选择【视图】→【标记】→【在标记视图中显示独立分支】，将显示所选根主题的主题枝标记视图。

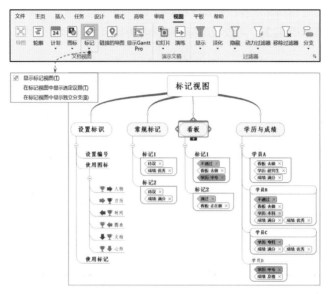

图8-9

标记视图（图8-10（c））包括未分类主题区①、视图标题②、标记列表区③、标记主题区④，且新增加【查看工具】→【标记视图】菜单（图8-10（a）），以进行"标记视图"的有关操作，请参阅"8.3.1图标视图"。

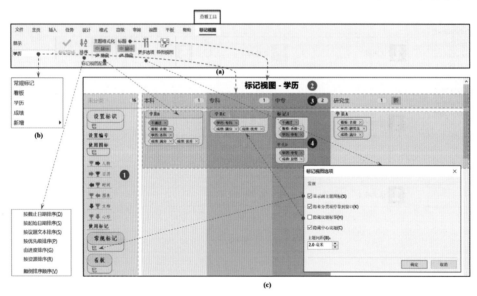

图8-10

> 提示：标记视图中，标记列的背景色是标记颜色（类似于图标符号）。
>
> 当一个主题拥有同一标记组的多个标记时，将显示在未分类主题区。

8.3.3 链接导图视图

标准视图下，导图中有哪些链接的导图文档，并不是一目了然的（特别是有嵌套链接导图时），另外在传递导图时，如果不同时传递链接导图文档时，受众不能完整查阅导图。为了高效解决这个困惑，MindManager提供了链接导图视图，以缩略图方式查看MindManager导图中链接的导图（包括链接导图和汇总导图），以及将当前导图文档打包为一个整体进行发送。

（1）打开链接导图视图

在标准视图（图8-11）中，选择主菜单【视图】→【链接的导图】，即以缩略图方式显示主导图及导图中（嵌套）链接的导图（图8-12）。

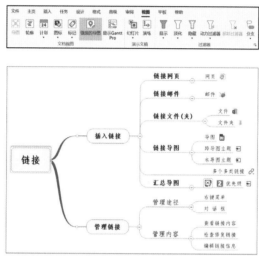

图8-11

（2）在链接导图视图中开关导图和链接导图

在链接导图视图（图8-12）中，第一个是主导图缩略图（b），其他是主导图中的链接导图和汇总导图缩略图，并增加了"链接的导图"主菜单（a）。

关闭链接导图视图：双击主导图缩略图，或选择主菜单中的【关闭链接的导图视图】，将关闭链接导图视图、返回到标准视图。

打开链接导图：双击链接导图缩略图、单击链接导图缩略图、选择主菜单【打开导图】，均可打开所选链接导图。

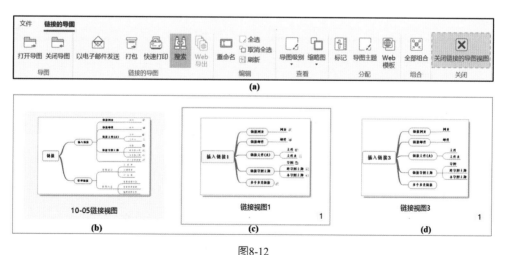

图8-12

关闭链接导图：在打开的链接导图中直接关闭、在链接导图视图中单击链接导图缩略图、选择主菜单中的【关闭导图】，均可关闭所选链接导图。各菜单的功能如表8-1所示。

表8-1

序号	菜　单	功　能	适用范围
1	打开导图	在新窗口中打开所选链接导图	链接导图
2	关闭导图	关闭在新窗口中打开的链接导图	链接导图
3	以电子邮件发送	将主导图及所选链接导图压缩打包为ZIP文件，作为电子邮件附件进行发送	设有邮箱地址
4	打包	将主导图及所选链接导图压缩打包为ZIP文件，存放在本机	
5	快速打印	将所选导图直接发送到默认打印机上进行打印	
6	搜索	显示"搜索"窗格，在整个链接的导图中查找	
7	Web导出	将所选导图导出为网页格式	
8	重命名	将所选导图进行重命名	
9	全选	选择所有导图	
10	取消全选	取消选择所有导图	
11	刷新	刷新链接导图的预览，以显示导图的最新更改	
12	导图级别	选择要查看到哪个级别主题上的链接导图	
13	缩略图	选择缩略图型号大小	
14	标记	将标记列表套用给主导图	主导图
15	导图主题	更换主导图的导图样式	主导图
16	Web模板	更换主导图的Web模板	主导图
17	全部组合	将所有链接的导图合并到主导图中，并形成一个新导图文档	
18	关闭链接的导图视图	关闭链接导图视图，返回到导图视图	

（3）将主导图和链接导图打包压缩

在编制导图时，链接的导图文档和其他文件可能来自不同的目录。在传递过程中，如果仅传递主导图，对方不能阅读链接内容；如果把主导图和链接文件收集在一起，需要人工调整链接路径才能正常阅读链接内容。通过链接导图视图邮件发送、打包功能，可以快速过滤出链接导图，并自动修改链接路径。

在链接导图视图（图8-12）中，单击主导图或链接导图缩略图，然后选择主菜单中的【以电子邮件发送】或【打包】，将把所选导图及其链接的导图、其他文件打包压缩为一个*.zip文件，作为邮件附件（图8-13（b））或存放在本机（图8-13（c））。

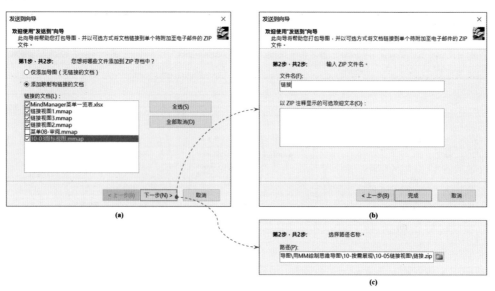

图8-13

📄 提示：将主导图和链接导图打包压缩是"链接导图视图"的主要价值之一。

链接导图视图中仅显示链接导图，但在打包压缩时，连同链接的非导图文档也会过滤出来，一并打包。

（4）将链接导图内容组合进主导图

在链接导图视图（图8-12）中，选择主菜单中的【全部组合】，将把链接导图的内容直接插入主导图中，生成一个新的导图。

📄 提示：这也是"链接导图视图"的主要价值之一。

（5）在链接导图中搜索内容

在链接导图视图（图8-12）中，选择主菜单中的【搜索】，将打开【搜索】窗格（图8-14左）。输入查询内容，在导图缩略图区选取搜索导图范围，在窗格区勾选搜索选项，单击【搜索】按钮，将显示搜索结果。选择【发送到】→【新导图】，可将搜索结果形成导图（图8-14右）；或打开某个导图，单选主题，选择【发送到】→【选定主题】，可把搜索结果插入到所选导图主题上。

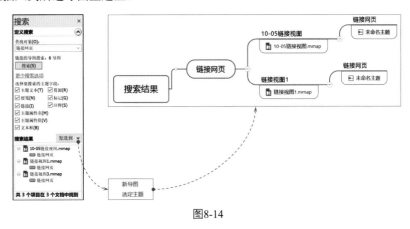

图8-14

8.4 任务视图

任务视图分为计划视图和甘特视图（简称甘特图）。计划视图是将有任务信息的主题显示在对应日期组内（图8-15），甘特图是将有任务信息的主题以横道图显示出来（图8-16）。

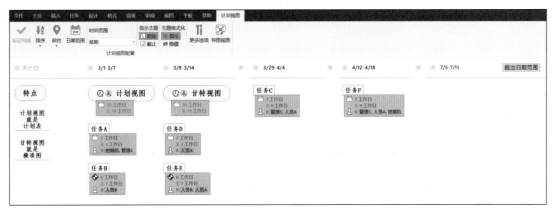

图8-15

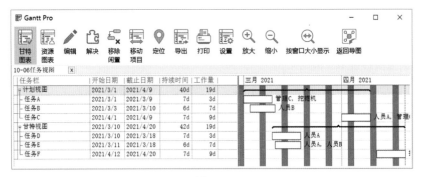

图8-16

📋 提示：如果把日期信息看作图标信息，把日期段看作图标组，计划视图就可看作是以日期信息为标识的图标
视图。

8.4.1 计划视图

计划视图是以任务开始和结束时间为筛选条件，聚焦观察导图中设有的任务信息的导图主题。计划视图的对象可以是整张导图，也可以是选定的某个主题枝或选取的若干主题。

（1）对整张导图进行计划视图。在标准视图（图8-17）中，选择主菜单【视图】→【计划】或【视图】→【计划】→【显示调度视图】（图8-18），将显示整张导图的计划视图（图8-19）。

（2）对所选主题进行计划视图。在标准视图中（图8-17）中，单选或多选主题，选择主菜单【视图】→【计划】→【在调度视图中显示选定的主题】（图8-18），将显示所选主题的计划视图。

（3）对主题枝进行计划视图。在标准视图（图8-17）中，单选根主题，选择主菜单【视图】→【计划】→【在调度视图中显示独立分支】（图8-18），将显示所选根主题的主题枝计划视图。

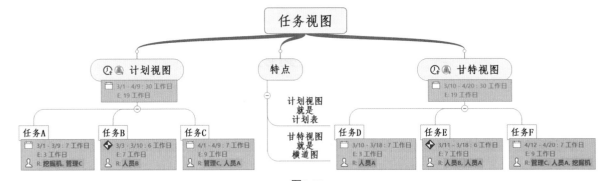

图8-17

图8-18

在计划视图中，将增加查看工具【计划视图】菜单（图8-19），以进行"计划视图"的有关操作。计划视图的分区和操作同图标视图，请参阅"8.3.1图标视图"。其中：显示时间范围通过【日期范围】（图8-19①）设置，显示时间刻度通过【时间范围】（图8-19②）选择，任务主题以开始时间、结束时间来显示，可通过【显示主题】→【起始/截止】（图8-19③）来选择。

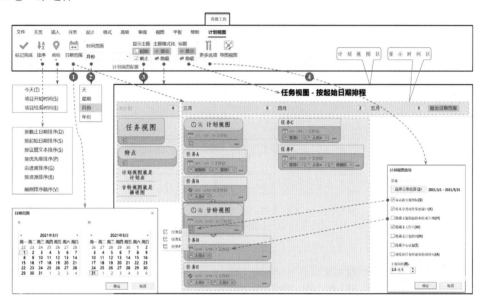

图8-19

📖 提示：计划视图也可以通过主菜单【任务】→【计划】打开。

8.4.2 甘特图

在标准视图中，选择主菜单【视图】→【显示Gantt Pro】或【任务】→【显示Gantt Pro】（图8-20），将在新窗口中打开Gantt Pro（甘特）视图（图8-21），除了操作菜单，就是标准的工期甘特图表。

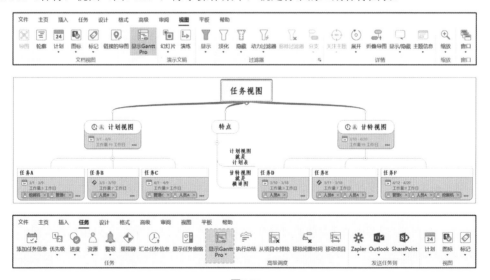

图8-20

Gantt Pro（甘特）视图包括甘特图表和资源图表。在Gantt Pro（甘特）视图（图8-21）中，单击菜单【资源图表】，将显示资源图表视图（图8-22），再单击菜单【甘特图表】，将返回甘特图表视图（图8-21）；单击菜单【返回导图】，将关闭Gantt Pro（甘特）视图。

在资源图表视图（图8-22）中，红色表示该资源超量使用。

在甘特图中，上部是菜单，左边是表、右边是图，可以编辑主题与任务信息、设置图形与信息显示，也可以打印与导出图表，以供阅读与交流。

图8-21

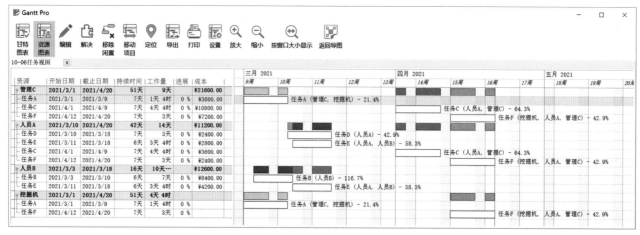

图8-22

（1）编辑表格

在甘特图（图8-23）中可以进行如下操作。

- 可直接双击表格单元格进行任务信息编辑，或右击表格行，通过右键菜单进行编辑（其中【去除弛豫】就是压缩自由时差）。
- 选择Gantt Pro（甘特）视图中的【移动项目】、或选择主菜单中的【任务】→【移动项目】，可以修改项目的起始日期和结束日期，并顺延调整所有任务类主题的工期安排。
- 选择Gantt Pro（甘特）视图中的【移除闲置】、或选择主菜单中的【任务】→【移除闲置时间】，可以压缩所选主题的自由时差。
- 选择Gantt Pro（甘特）视图中的【解决】，MindManager将按内置规则对项目的工期、资源进行系统性优化。
- 选择Gantt Pro（甘特）视图中的【编辑】可对所做编辑进行撤销与重做，也可用标准视图中的快捷工具【撤销】和【重做】实现。

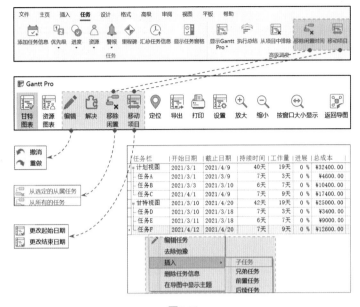

图8-23

（2）观察图形

通过【任务】主菜单和Gantt Pro（甘特）视图菜单（图8-24），可以进行下面的操作。

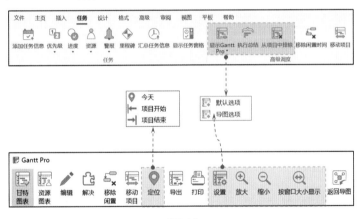

图8-24

- 选择视图中的【放大】、【缩小】、【按窗口大小显示】，将缩放甘特图（图8-21、图8-22）中横道图部分。
- 将鼠标光标置于甘特图横道图任意位置，按住鼠标左键，当光标变成横向双箭头↔时，可左右拖动时间轴查看横道图。
- 选择视图菜单中的【定位】，将根据选择，将当天时间线、项目开始时间线、项目结束时间线呈现于图中。
- 选择视图菜单中的【设置】、或主菜单【任务】→【显示Gantt Pro】→【默认选项】/【导图选项】，可设置时间刻度、非工作时间显隐及颜色、显示信息类型、主题排序规则。相关设置请参阅"（4）选项设置"。
- 在标准视图中，选择主题（图8-25（b）），选择主菜单【任务】→【执行总结】，将该主题设为"摘要任务"主题（图8-25（c）），或者撤销"摘要任务"主题；选择主菜单【任务】→【从项目中排除】，所选主题将被标识为排除（图8-25（c））。摘要任务主题有标识 ⇌、排除任务主题有标识 ⬚。设为摘要任务的主题将自动汇总任务信息（图8-25（a）），设为排除任务的主题枝将不显示在甘特图中（图8-25（a）、（d）对比）。

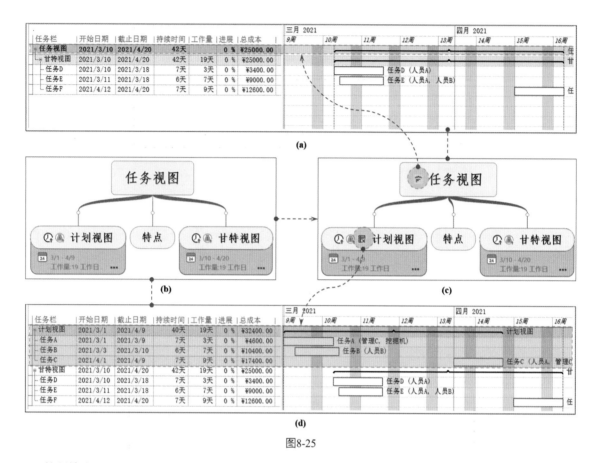

图8-25

（3）软硬输出

甘特图可打印输出，或复制、另存文件进行软输出。

在甘特视图（图8-26）中，选择菜单中的【打印】，可打印当前图表；选择菜单中的【导出】，可将图表复制到粘贴板上，或保存为图像或*.csv格式文件。

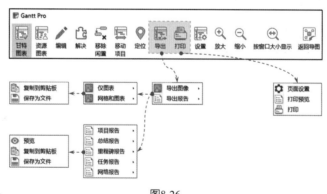

图8-26

（4）选项设置

选项分默认选项和导图选项。前者相当于"通用设置"，适用于本机上所有MindManager导图文档；后者相当于"个性设置"，仅对本导图有效。

在标准视图中，选择主菜单【任务】→【显示Gantt Pro】→【默认选项】、【导图选项】（图8-24），分别打开默认选项与导图选项设置框（图8-27）。

图8-27

默认选项和导图选项的设置项是相同的，可设置项目可视化相关、非工作时间显隐、显示信息类型、图表排序规则等。在导图选项中，勾选【使用此导图的默认选项】，只能使用默认选项；去掉勾选，可进行设置。

8.5 演示视图

类似于常用桌面软件，MindManager导图可以用幻灯播放方式来展示和聚焦主题交流。MindManager提供了自动幻灯播放（演练视图）和自定义幻灯播放（幻灯片视图）两种方式的演示视图。演练视图是将全部导图主题自动生成幻灯片，幻灯片视图是针对选择的主题制作幻灯片。

8.5.1 演练视图

演练视图以幻灯片形式，按顺序分枝演示导图。

在标准视图中，选择主菜单【视图】→【演练】（图8-28），将打开自动演练视图，最大化演示窗口后将仅展现中心主题和主要主题并使导图适应窗口居中（图8-29（a）），窗口底部有演练菜单（图8-29（b）），各菜单的作用如表8-2和图8-29（c）所示。设置好演示选项，并根据需要设置倒计时，单击【上一步】、【下一步】就可按顺序分枝播放演示。

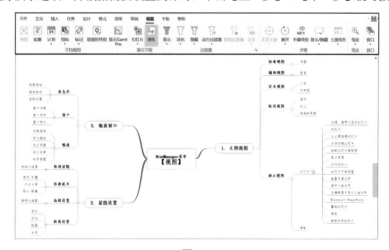

图8-28

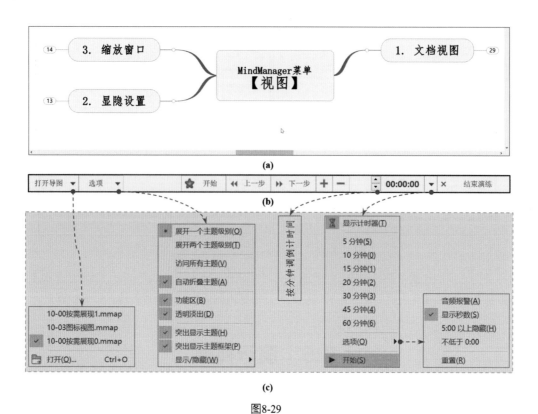

图8-29

表8-2

编号	菜 单		作 用
1	打开导图		在演练视图中打开导图文档继续演示
1.1		导图文件	打开在标准视图已经打开的导图文档
1.2		打开	打开在文件夹中的导图文档
2	选项		设置演练视图选项
2.1		展开一个主题级别	展开当前演练主题下一级主题
2.2		展开两个主题级别	展开当前演练主题下二级主题
2.3		访问所有主题	演练所有主题（默认演练至倒数第二级主题）
2.4		自动折叠主题	折叠演练过的主题（默认演练过的主题不自动折叠）
2.5		功能区	显示主菜单（默认不显示）
2.6		透明淡出	更换幻灯片方式
2.7		突出显示主题	突出显示当前演练主题
2.8		突出显示主题框架	突出显示当前演练主题框架
2.9		显示/隐藏	设置主题信息显隐
3	开始		折叠所有主题并使导图适应窗口居中
4	上一步		选择当前演示主题的上一个主题展开演示
5	下一步		选择当前演示主题的下一个主题展开演示
6	+（加号）		放大窗口显示内容
7	-（减号）		缩小窗口显示内容
8	计时器设置		设置倒计时
8.1		显示计时器	显示计时器（关闭后需在标准视图状态栏中设置显示）

续表

编号	菜　　单			作　　用
8.2		5分钟		选择演示倒计时时间
8.3		10分钟		
8.4		15分钟		
8.5		20分钟		
8.6		30分钟		
8.7		45分钟		
8.8		60分钟		
8.9		选项		计时器选项设置
8.9.1			音频报警	按报警规则使用音频报警
8.9.2			显示秒数	倒计时显示秒数
8.9.3			5：00以上隐蔽	倒计时不少于5分钟时隐藏倒计时
8.9.4			不低于0：00	倒计时不出现负计时
8.9.5			重置	结束倒计时并归零
8.10		开始/暂停		倒计时开始或暂停
9	结束演练			结束演示并返回至标准视图（按Esc键）

8.5.2　幻灯片视图

通过将需要的主题（枝）设置为幻灯片，并以设置的顺序播放。幻灯片视图包括创建与删除、编辑与播放、打印与导出幻灯片。

（1）创建幻灯片

可批量、逐张创建幻灯片，也可创建空白幻灯片。

批量创建幻灯片。在标准视图中，选择主菜单【视图】→【幻灯片】（图8-30（e））→【自动创建幻灯片】（图8-30（f））→【（当前导图文件名）】（图8-30（d）），将把当前导图按中心主题、主要主题枝为内容，自动创建幻灯片，存入当前导图文件中，并打开【幻灯片】窗格（图8-30（c））。选择【新文件夹】或其他文件夹（图8-30（d）），创建的幻灯片将存入所选文件，在关闭此文件时，会提示保存并可修改文件名。

逐张创建幻灯片。在标准视图中，单选或多选主题，选择主菜单【视图】→【幻灯片】（图8-30（e））→【从选区创建幻灯片】（图8-30（f）），接下来的操作同"批量创建幻灯片"。

创建空白幻灯片。单击幻灯片窗格右上角的+号按钮（图8-30（c）），或选择幻灯片缩略图右键菜单中的【新幻灯片】（图8-30（b）），将在本组幻灯片尾部添加空白幻灯片。

> 提示：创建的幻灯片存放在当前导图文件时，创建幻灯片的主题上显示有幻灯片标识🗐，存放到其他文件时，没有此标识。导图幻灯片文件格式为*.mdeck或*.xmdeck。

（2）删除幻灯片

可全部或逐张删除幻灯片。

逐张删除幻灯片。在幻灯片窗格中，选择欲删除幻灯片缩略图右键菜单中的【删除】（图8-30（b）），即可将该张幻灯片删除。

删除全部幻灯片。单击幻灯片窗格按钮【⚙设置】→【删除所有幻灯片】（图8-30（a）），将删除本组全部幻灯片。

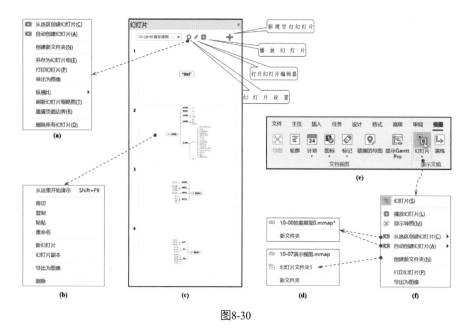

图8-30

（3）编辑幻灯片

编辑幻灯片包括复制、移动幻灯片，设置幻灯片宽高比以及编辑幻灯片。

复制幻灯片。在幻灯片窗格中，选择欲剪切/复制幻灯片缩略图右键菜单中的【剪切】/【复制】（图8-30（b）），即可剪切/复制目标幻灯片；再选择欲粘贴幻灯片前一张幻灯片缩略图右键菜单中的【粘贴】（图8-30（b）），则在该幻灯片后粘贴目标幻灯片。选择目标幻灯片缩略图右键菜单中的【幻灯片副本】（图8-30（b）），则在目标幻灯片后粘贴一张目标幻灯片。

移动幻灯片。在幻灯片窗格中，直接拖动缩略图来调整幻灯片顺序。

设置幻灯片宽高比。单击幻灯片窗格按钮【⚙设置】→【纵横比】（图8-30（a）），可将幻灯片宽高比设为4:3或16:9。

编辑幻灯片内容。在标准视图中，单击幻灯片窗格按钮【✏打开幻灯片编辑器】（图8-30（c）），或者单击幻灯片窗格中的幻灯片缩略图，将打开幻灯片编辑器（图8-31），包括顶部的幻灯片名称①、幻灯片边界按钮②、显示导图按钮③和幻灯片编辑区④。在幻灯片编辑区可使用导图编辑方式进行幻灯片内容编辑，并修改相应的导图内容。

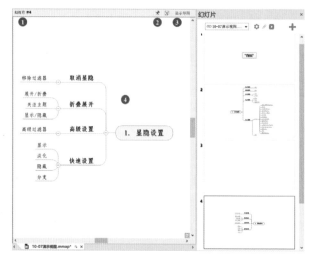

图8-31

（4）播放幻灯片

可从第一张或指定幻灯片开始播放。

从第一张幻灯片开始播放。选择主菜单【视图】→【幻灯片】→【播放幻灯片】（图8-30（f）），或单击幻灯片窗格按钮【▶播放幻灯片】（图8-30（c）），从第一张开始播放幻灯片，播放器底部有播放按钮（图8-32）。

图8-32

从目标幻灯片开始播放。选择目标幻灯片缩略图右键菜单中的【从这里开始演示】（图8-30（b）），将从目标幻灯片开始播放。

退出播放状态。单击Esc键或播放器底部按钮【✎打开幻灯片编辑器】（图8-32），退出播放状态。

（5）打印幻灯片

选择主菜单【视图】→【幻灯片】→【打印幻灯片】（图8-30（f）），或单击幻灯片窗格按钮【⚙设置】→【打印幻灯片】（图8-30（a）），可打开【打印幻灯片】对话框（图8-33（a））并打印指定幻灯片。

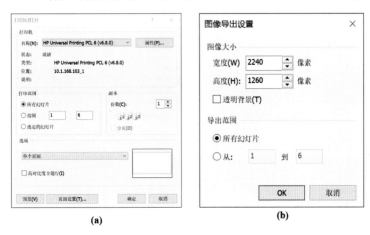

图8-33

（6）导出幻灯片

选择主菜单【视图】→【幻灯片】→【导出为图像】（图8-30（f）），或单击幻灯片窗格按钮【⚙设置】→【导出为图像】（图8-30（a）），或选择幻灯片缩略图右键菜单中的【导出为图像】（图8-30（b）），可打开【图像导出设置】对话框（图8-33（b））并导出指定幻灯片。

8.6 自定义视图

MindManager在提供制式视图的基础上，还提供了自定义视图，以便更灵活地来展示导图内容。制式视图是通过分类来看导图，自定义视图是通过显隐、过滤主题组成内容，展折主题枝来看导图，两者可以叠加使用。自定义视图包括过滤显隐主题、折叠与展开主题、设置显隐主题信息、窗口与缩放显示导图。

8.6.1 过滤显隐主题

显隐分为显示、淡化与隐藏3种模式。过滤主题是指显隐符合过滤条件的主题，过滤条件可以是组成主题内容的各种信息和格式、样式要素；显隐信息是指显隐主题的部分信息，显隐信息可以是组成主题内容的各种信息。过滤设置分为单条件快速过滤显隐主题与多条件组合过滤显隐主题。

（1）单条件快速过滤显隐主题

选择主菜单【视图】→【显示】/【淡化】/【隐藏】（图8-34），选择过滤条件（任务过滤器下各项），符合条件的主题将显示、淡化显示、隐藏；在单选或多选主题的前提下，将显示、淡化显示、隐藏所选主题（枝）；在通过过滤器设置过滤条件并保存为过滤条件文件的前提下，可单击保存的查询条件文件，符合查询条件文件的主题将显示、淡化显示、隐藏；选择【移除过滤器】，将清除过滤条件，恢复所有主题的显示。

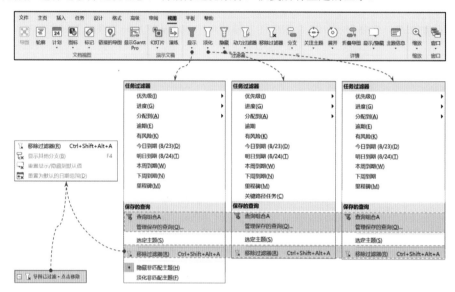

图8-34

"显示"是指对符合过滤条件的主题进行显示，不符合过滤条件的其他主题依所选"淡化非匹配主题""隐藏非匹配主题"进行淡化显示或隐藏；"淡化"是指对符合过滤条件的主题进行淡化显示，并显示其他主题；"隐藏"是指对符合过滤条件的主题进行隐藏，并显示其他主题（图8-35）。

提示：设置了过滤条件显示的导图，在标准视图绘图区左下角显示有"导图已过滤"标签，单击可打开【移除过滤器】，将清除过滤条件，恢复所有主题的显示。

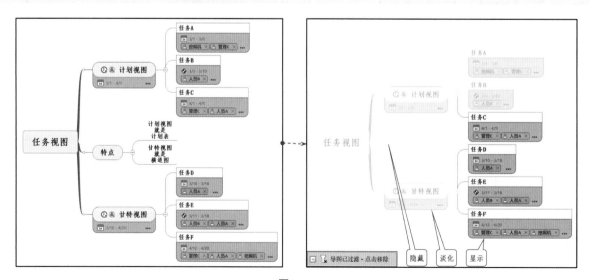

图8-35

（2）多条件组合过滤显隐主题

选择主菜单【视图】→【动力过滤器】，打开【动力过滤器】对话框（图8-36（d）），可通过标识、任务信息、主题样式以及选项等设置组合过滤条件，单击按钮【显示】/【淡化】/【隐藏】，将依所设过滤条件，显示、淡化显示、隐藏主题。

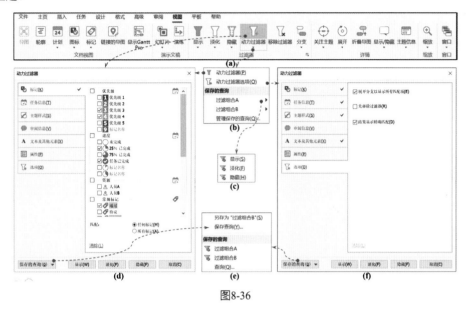

图8-36

（3）设置组合过滤条件显隐主题

在【动力过滤器】对话框（图8-36（d）或（f））中：

● 选择【保存的查询】→【保存查询】，可将当前组合设置保存为过滤条件文件；

● 选择【保存的查询】→【（过滤条件文件）】，可将该过滤条件调出，单击按钮【显示】/【淡化】/【隐藏】使用，也可修改过滤条件后保存或另存过滤条件文件；

● 选择主菜单【视图】→【动力过滤器】→【（过滤条件文件）】（图8-36（b））可直接调出使用。

> 提示：主菜单【视图】→【显示】/【淡化】/【隐藏】（图8-34）仅能对主题任务信息和所选主题进行显隐单条件过滤设置，可看作是【动力过滤器】的简化版。
>
> 在导图存有过滤条件文件时，选择主菜单【视图】→【动力过滤器】，调出的【动力过滤器】对话框显示为最近使用过的过滤条件文件信息。
>
> 通过【动力过滤器】对话框中的【保存的查询】→【查询】（图8-36（e））、或选择主菜单【视图】→【动力过滤器】→【管理保存的查询】（图8-36（b）），可对保存的过滤条件文件进行改名、删除。
>
> 【动力过滤器】应翻译为【高级过滤器】或【自定义过滤器】更合适。

（4）撤销显隐主题过滤条件设置

需要移除所设过滤条件时，单击导图右下角的【导图已过滤-点击移除】→【移除过滤器】（图8-34），或选择主菜单【视图】→【移除过滤器】（图8-36（a））、【视图】→【显示】/【淡化】/【隐藏】→【移除过滤器】（图8-34），或按组合键Shift+Ctrl+Enter+A移除所设置的过滤器、清除过滤条件，恢复所有主题的显示。

8.6.2　设置显隐主题信息

显隐主题信息分为主题信息卡的折展与显隐、主题信息显隐。

（1）主题信息显隐快速设置

选择主菜单【视图】→【显示/隐藏】（图8-37（f）），勾选目标信息，将在所有主题中显示目标信息；去掉勾选，将在所有主题中隐藏目标信息。选择主菜单【视图】→【显示/隐藏】→【重置为默认值】，将恢复系统默认的显隐信息设置。

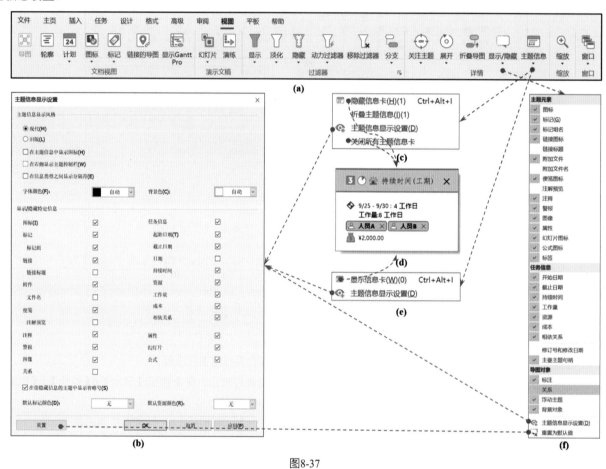

图8-37

（2）主题信息显隐高级设置

选择主菜单【视图】→【主题信息】→【主题信息显示设置】（图8-37（a）、（c））、或主菜单【视图】→【显示/隐藏】→【主题信息显示设置】（图8-37（f）），打开【主题信息显示设置】对话框（图8-37（b）），可进行如下设置。

● 勾选某特定信息后的复选框，在主题中则显示该类信息。

● 勾选【在带隐藏信息的主题中显示省略号】复选框，则在有隐藏信息的主题中显示隐藏信息标识（图8-38（b））。

● 可以设置信息字体颜色、背景颜色、标记及资源颜色。

● 勾选【在主题信息中显示图标】复选框，则图标信息显示在信息卡中，否则显示在主题关键词左侧（图8-38（a））。

● 勾选【在右侧显示主题控制栏】复选框，则在主题右侧显示主题控制栏（图8-38（d））。

● 勾选【在信息类型之间显示分隔符】复选框，则在不同类型信息间显示分隔线（图8-38（e））。

● 单击【重置】，将恢复系统默认的显隐信息设置。

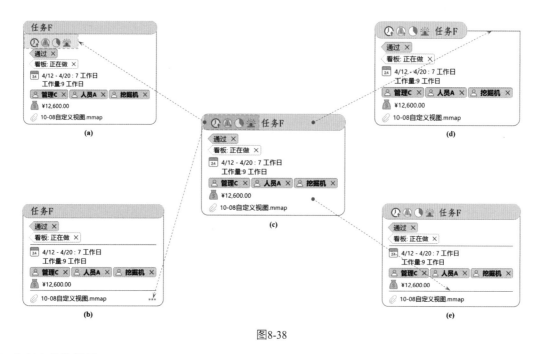

图8-38

（3）信息卡显隐设置

单选或多选目标主题，选择主菜单【视图】→【主题信息】→【显示信息卡】（图8-37（e）），将在所选主题附近显示各自独立的信息卡，包括隐藏的信息（图8-39（c）），可移动的信息卡，可直接关闭的信息卡，也可以选择主菜单【视图】→【主题信息】→【关闭所有主题信息卡】/【隐藏信息卡】（图8-37（c）），关闭或隐藏信息卡。

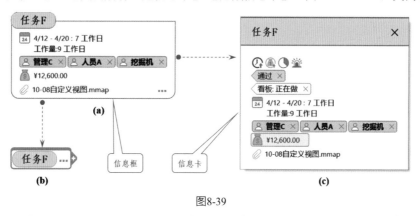

图8-39

（4）信息卡展折设置

单选或多选目标主题，选择主菜单【视图】→【主题信息】→【折叠主题信息】（图8-37（c）），将折叠所选主题的信息框（图8-39（b））；选择主菜单【视图】→【主题信息】→【显示信息卡】（图8-37（e）），将展开所选主题的信息框。

8.6.3 折叠与展开主题

主题的折叠与展开分为同级别主题的折叠与展开、所选主题枝的折叠与展开以及聚焦展示所选主题。选择主菜单【视图】→【分支】/【关注主题】/【展开】/【折叠导图】，即可实现（图8-40）。实际上主菜单【视图】→【展开】基本上包括了所有功能。

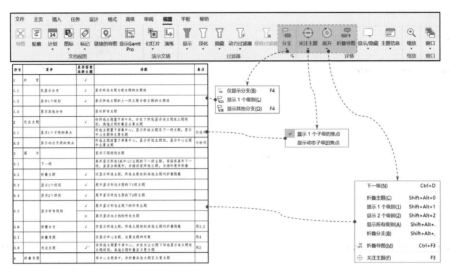

图8-40

问题：【折叠主题】与【折叠分支】是否有区别？

8.6.4　使用缩放与窗口显示导图

缩放与窗口主要用于MindManager导图在屏幕上的展示，以更方便快捷操作。缩放是用于放大与缩小视图展示比例，窗口用于分割屏幕显示。

（1）使用缩放显示导图

选择主菜单【视图】→【缩放】（图8-41（a）），在其下拉菜单（图8-41（d））中，自上而下可分为四组功能：一是【放大】/【缩小】，与状态栏上的缩放滑块两侧的"+""-"号功能一致，每单击一次缩放一次，每次缩放的比例不定，大致是在现有显示比例的基础上放大或缩小10%；二是【适应导图】/【适应选择】及状态栏，亦即全屏最大化显示导图或所选内容；三是显示百分比；四是【迷你视图】，在屏幕右下角提供了一个缩略图（图8-41（b）），通过拖动方框来快速定位内容并显示到屏幕适当位置。

另外，通过状态栏上的缩放比例、缩放滑块、适应导图（图8-41（e））按钮也可以快速进行缩放操作。

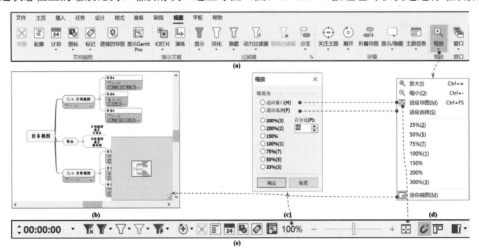

图8-41

（2）窗口多屏显示多个导图

通常，在一个屏幕上一次只能显示一个导图。如果要显示多个导图，可以进行显示切换，或者分割成多窗口显示多个导图或同一个导图。

选择主菜单【视图】→【窗口】（图8-42（a）），在其下拉菜单（图8-42（b））中，可分为三组：一是【排列】，用于分屏同时显示多个导图；二是【拆分】，用于分屏同时显示同一个导图；三是【切换】，用于多个导图单屏显示下的切换。

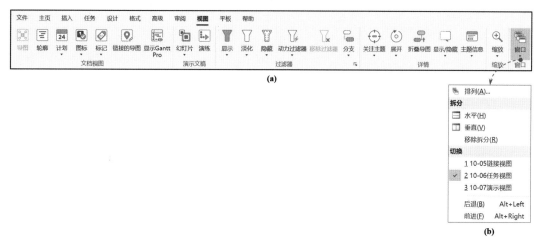

图8-42

● 窗口切换

在下拉菜单（图8-42（b））中，单击导图文件名或【后退】、【前进】，可在屏幕上切换显示指定的导图。同时打开多个导图时，MindManager提供了层叠式（图8-43（a））和标签式（图8-43（b））两种显示模式。

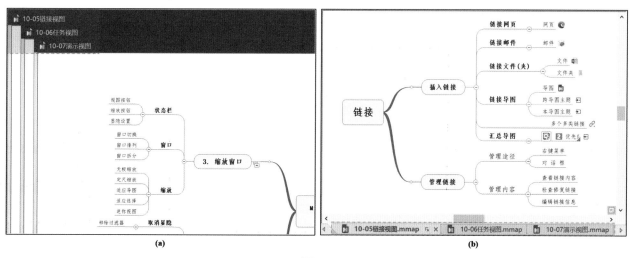

图8-43

通过MindManager选项设置（请参阅"10.2.1（8）显示工作簿选项卡"），勾选【工作簿选项卡】时，显示为标签模式，否则显示为层叠模式。标签模式显示时，勾选【工作簿选项卡中的文件名】时，选项卡上显示导图文件名称（图8-44（b）），否则显示导图中心主题关键词（图8-44（a））；同时可以选择工作簿标签放置为"上"（图8-44（a））或"下"（图8-44（b））。

标签模式（图8-44）显示多导图时，可直接单击标签切换到需要显示的导图。层叠模式（图8-43（a））显示多导图时，可通过全部最小化窗口或最大化窗口时单击【视图】→【窗口】下拉菜单（图8-42（b））中的导图文件名称、【前进】、【后退】来切换当前导图。

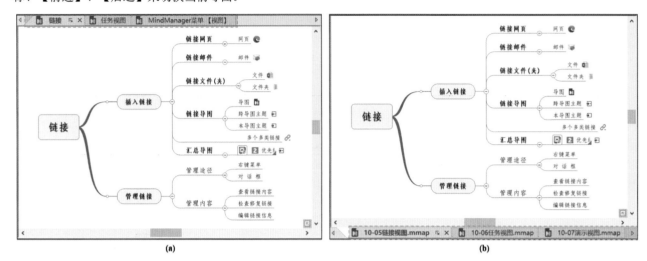

图8-44

● **窗口排列**

通过窗口排列可以分割屏幕以显示多个导图。

　　对**层叠模式**（图8-45（a）），选择主菜单【视图】→【窗口】→【排列】（图8-42），打开【Select window（排列窗口）】对话框（图8-45（c）），多选导图，点击【Cascade（层叠）】、【Tile Horizontally（水平平铺）】、【Tile Vertically（垂直平铺）】，其排列效果如（图8-45（d）、（f）、（b））所示。拖动分区边框、窗口最大化/最小化按钮，可改变分区或取消分区。

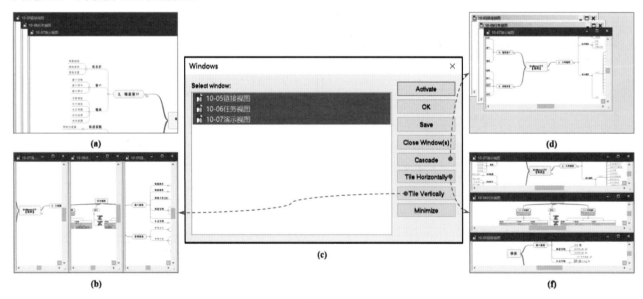

图8-45

　　对**标签模式**（图8-46（a）），选择标签右键菜单（图8-46（c））中的【拆分工作区】→【拆分为新的水平（垂直）选项卡组】（图8-46（e）），进行水平（图8-46（d））或垂直（图8-46（f））分区显示。在多于1个标签的分区，可继续选择标签右键菜单中的【拆分工作区】，继续拆分；选择标签右键菜单中的【拆分工作区】→【移动到上（下）一个制表符组】（b），可进行标签分组间的移动与合并。

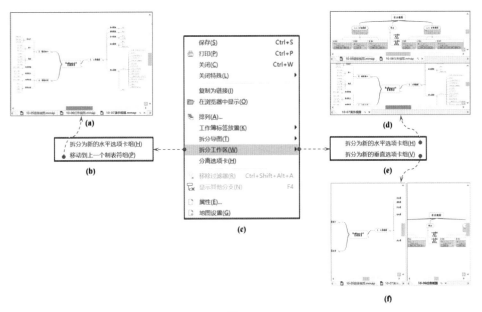

图8-46

提示：右击标签前，注意要激活该标签（先单击标签、再右击）。

（3）窗口拆分显示同一导图

通过窗口拆分来分割屏幕以显示同一个导图。

选择主菜单【视图】→【窗口】→【水平】/【垂直】（图8-47（e）），在标签显示模式下也可选择标签右键菜单（图8-47（a））中的【拆分导图】→【水平】/【垂直】（图8-47（c）），可将当前导图显示在两个窗口中（图8-47（b）（d））。选择【移除拆分】或重复选择【水平】/【垂直】（图8-47（c）（e））可取消窗口拆分。

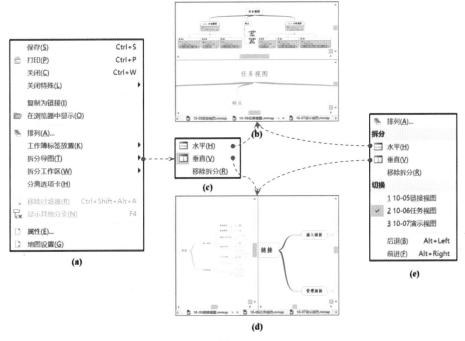

图8-47

📄 提示：可通过直接拖曳各窗口的分区线，来调整、排列与拆分窗口。

窗口排列与拆分可同时使用。

8.6.5　状态栏设置

状态栏按钮（图8-3）主要与视图有关，可通过状态栏右键菜单（图8-48）中相关选项的复选框勾选来设置。

图8-48

单击状态栏过滤器按钮右侧下拉箭头（图8-3），可打开对应的菜单，单击视图按钮，可实现快速视图切换，比使用菜单方便。缩放操作参阅"8.6.4（1）使用缩放显示导图"。

8.7　本章总结

绘制好的导图，需要按需展现，以更方便、直接地从不同的侧重点和视角来思考、判断与解读导图，这就是导图展现要解决的需求，也称"视图"，包括导图视图、轮廓视图、图标视图、标记视图、链接导图视图、计划视图、甘特图、幻灯片视图、演练视图，以及自定义视图和窗口缩放（图8-49）。

基本视图、标识视图、任务视图、演示视图统称为制式视图，可以用（图8-50）来描述视图之间的关系：制式视图为三维坐标系的Z轴，过滤与显隐主题与主题信息为三维坐标系的X轴，折叠与展开为三维坐标系的Y轴，窗口与缩放则是这个三维坐标系的底座，制式视图、过滤与显隐、折叠与展开可以在窗口与缩放上相互交叉、组合使用，以更好地展现按需导图。

图8-49

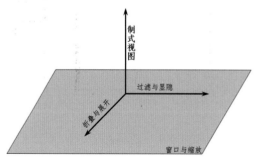

图8-50

9
协同共享

在创建导图时，一方面期待借用已有成果来提高效率，同时分享导图成果，这就是导图成果的共享，包括使用导图模板、引用其他格式文档数据、导图文档分享；另一方面，创建一个导图，可能需要多人、多种途径协作完成，这就是导图制作的协同，包括协同制作导图、审阅导图、使用Zapier、与SharePoint协作和与Microsoft Office协作（图9-1）。

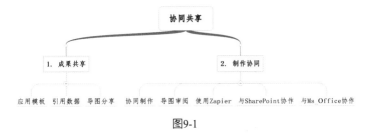

图9-1

提示：MindManager与MS-Office、SharePoint相互协作程度较深，既共享，又协同，内容较多，在本章将单独介绍。

9.1 应用导图模板

在"2.1新建导图文档"节了解到，MindManager导图是基于模板，围绕主题来绘制，且MindManager预置了一批导图模板。本节内容主要介绍预置模板，以及模板的新建、删除与修改，以便更好地选用既有模板，引用其他适用模板，创建具有用户特色的模板（图9-2）。

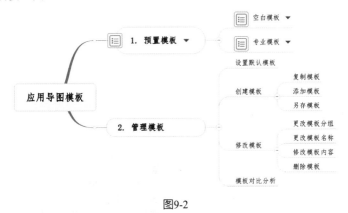

图9-2

MindManager模板含有多种默认格式、样式，甚至包含有主题内容，扩展名为.mmat、.xmmat的导图，包含预置的空白模板（图9-3①）与专业模板（图9-3⑤），引入与创建的第三方模板即我的模板（图9-3④）。

选择主菜单【文件】→【新建】（图9-3（c）），或自定义快速访问工具栏中的【创建导图】→【从模板】（图9-3（b）），可进入模板主页（图9-3（d）），除了模板分组显示可供选用，还有【添加模板】（图9-3③）按钮可供添加我的模板以及标识有五角星的默认空白模板（图9-3②）。

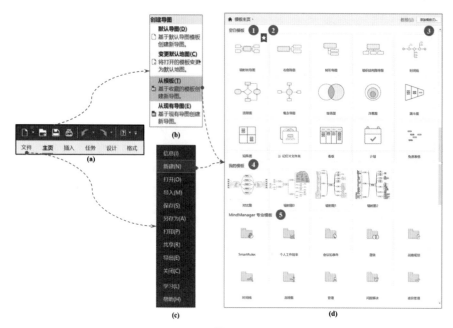

图9-3

MindManager预置模板，存放在"C：\Users\（计算机用户名）\AppData\Local\Mindjet\MindManager\22（MindManager版本号）\Library\CHS\Templates"目录下（图9-4）。

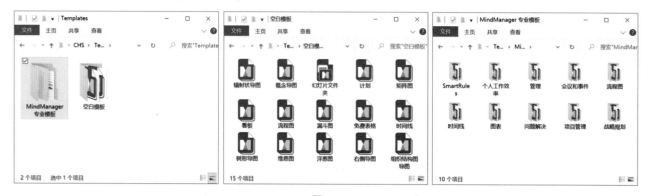

图9-4

我的模板存放在"C：\Users\（计算机用户名）\Documents\我的导图\我的模板"目录下（图9-5），用于保存、显示用户创建的模板，随用户创建的模板不同而不同。

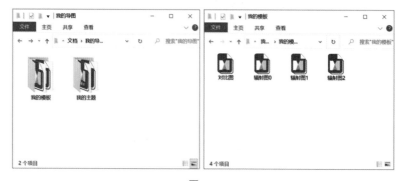

图9-5

MindManager可以创建新模板，删除现有模板和修改现有模板的内容、名称，调整模板分组归类。

9.1.1 认识预置模板

预置模板包括空白模板与专业模板。专业模板是半成品导图，不仅配置了相应的布局、样式与格式，还提供了各级主题的参考内容，进行了必要的主题信息设置，甚至还进行了一定程度的美化设置。MindManager将专业模板分为SmartRules（智能规则）、个人工作效率、会议和事件、图表、战略规划、时间线、流程图、管理、问题解决、项目管理10个组、提供了76个模板（图9-6）。

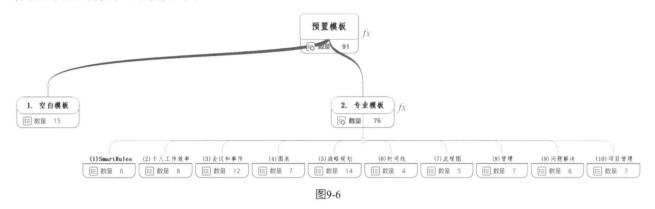

图9-6

预置模板以文件形式保存在指定目录下，可以通过文件管理，如修改模板文件名与文件夹名称，复制、移动、删除模板文件，来更改模板名称、分组名称、增减模板与改变模板分组。

（1）空白模板

对应导图分类（请参阅"1.1.1导图类型"），空白模板分为经典、非经典导图模板。经典导图模板包括辐射状导图、右侧导图、树形导图、组织结构图导图，非经典导图模板包括时间线、流程图、概念图、维恩图、洋葱图、漏斗图、矩阵图、幻灯片、看板图、计划图和表格图（图9-7）。

空白模板配置了相应的布局，设置了默认的样式与格式，不含主题内容，主要从布局来考虑选用。

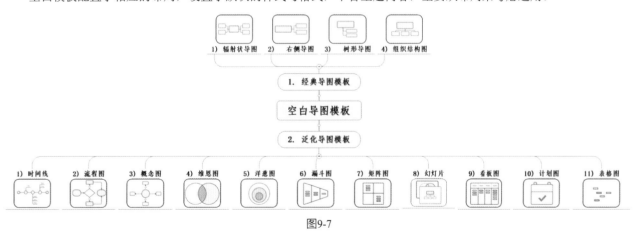

图9-7

（2）SmartRules

MindManager预置了6个SmartRules（智能规则）专业模板（图9-8），以对应的空白导图模板（表9-1）为基础，进行了美化设置。

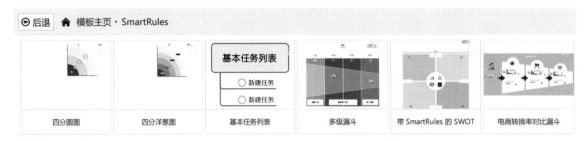

图9-8

表9-1

序号	专业模板	对应空白模板
1	四分圆图	洋葱图
2	四分洋葱图	洋葱图
3	基本任务列表	树形导图
4	多级漏斗	漏斗图
5	带 SmartRules的SWOT	矩阵图
6	电商转换率对比漏斗	漏斗图

（3）个人工作效率

MindManager预置了8个高效工作类专业模板（图9-9），以对应的典型空白导图模板（表9-2）为基础，增加了主题参考内容和美化设置，尤其是进行了主题信息设置。

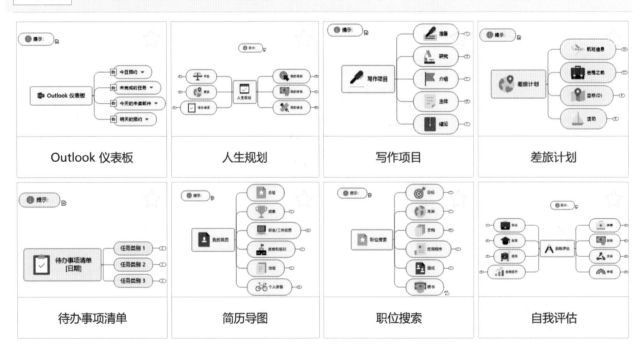

图9-9

表9-2

序号	专业模板	对应空白模板	序号	专业模板	对应空白模板
1	OutLook仪表板	右侧导图	5	待办事项清单	右侧导图
2	人生规划	辐射状导图	6	简历导图	右侧导图
3	写作项目	右侧导图	7	职位搜索	右侧导图
4	差旅计划	右侧导图	8	自我评估	辐射状导图

（4）会议和事件

MindManager预置了12个会议事件类专业模板（图9-10），以对应的典型空白导图模板（表9-3）为基础，增加了主题参考内容和主题信息设置。

图9-10

表9-3

序号	专业模板	对应空白模板	序号	专业模板	对应空白模板
1	事件计划-基本	右侧导图	7	反馈会议	右侧导图
2	事件计划-详细	右侧导图	8	头脑风暴	右侧导图
3	会前调查	右侧导图	9	工作会话	右侧导图
4	会议	右侧导图	10	日程-正式	右侧导图
5	信息会议	右侧导图	11	站立会议	右侧导图
6	决策制定会议	右侧导图	12	问题解决会议	右侧导图

（5）图表

MindManager预置了7个图表类专业模板（图9-11），以对应的空白模板（表9-4）为基础，增加了主题的美化、并扩展了主题。

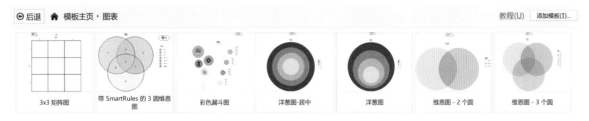

图9-11

表9-4

序号	专业模板	对应空白模板	序号	专业模板	对应空白模板
1	3×3矩阵图	矩阵图	5	洋葱图	洋葱图
2	带SmartRules的3圆维恩图	维恩图	6	维恩图-2个圆	维恩图
3	彩色漏斗图	漏斗图	7	维恩图-3个圆	维恩图
4	洋葱图-居中	洋葱图			

（6）战略规划

MindManager预置了14个战略规划类专业模板（图9-12），以对应的空白导图模板（表9-5）为基础，增加了主题参考内容和主题信息设置。

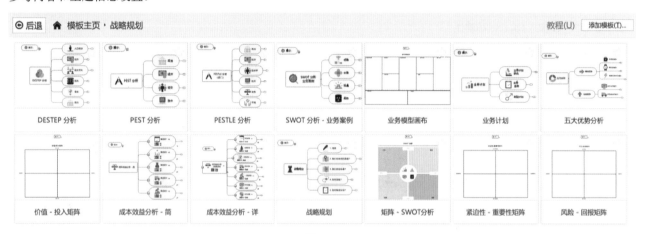

图9-12

表9-5

序号	专业模板	对应空白模板	序号	专业模板	对应空白模板
1	DESTEP分析	右侧导图	8	价值-投入矩阵	矩阵图
2	PEST分析	右侧导图	9	成本效益分析-简	右侧导图
3	PESTLE分析	右侧导图	10	成本效益分析-详	右侧导图
4	SWOT分析-业务案例	右侧导图	11	战略规划	右侧导图
5	业务模型画布	矩阵图	12	矩阵-SWOT分析	右侧导图
6	业务计划	右侧导图	13	紧迫性-重要性矩阵	矩阵图
7	五大优势分析	右侧导图	14	风险-回报矩阵	矩阵图

（7）时间线

MindManager预置了4个时间类专业模板（图9-13），以对应的时间线空白导图模板（表9-6）为基础，增加了主题信息设置。

图9-13

表9-6

序号	专业模板	对应空白模板	序号	专业模板	对应空白模板
1	天	时间线	3	季度	时间线
2	月	时间线	4	年份	时间线

（8）流程图

MindManager预置了5个流程类专业模板（图9-14），以对应的流程图空白导图模板（表9-7）为基础，增加了泳道与美化。

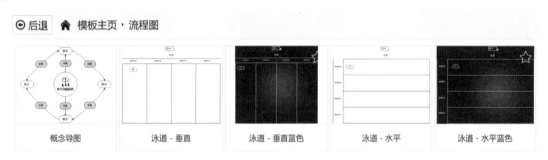

图9-14

表9-7

序号	专业模板	对应空白模板	序号	专业模板	对应空白模板
1	概念导图	概念导图	4	泳道-水平	流程图
2	泳道-垂直	流程图	5	泳道-水平蓝色	流程图
3	泳道-垂直蓝色	流程图			

提示：当使用流程图时，主菜单【主页】【插入】出现专门绘制流程图的功能，即加了【新决策】功能（图9-15）。

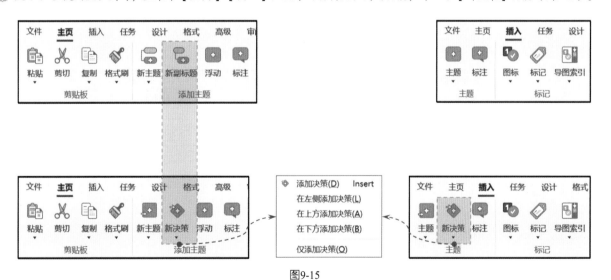

图9-15

（9）管理

MindManager预置了7个管理类专业模板（图9-16），以对应的空白导图模板（表9-8）为基础，增加了主题参考内容和主题信息设置。

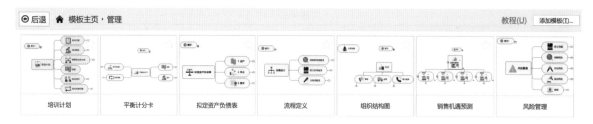

图9-16

表9-8

序号	专业模板	对应空白模板	序号	专业模板	对应空白模板
1	培训计划	右侧导图	5	组织结构图	组织结构图导图
2	平衡计分卡	辐射状导图	6	销售机遇预测	组织结构图导图
3	拟定资产负债表	右侧导图	7	风险管理	右侧导图
4	流程定义	右侧导图			

（10）问题解决

MindManager预置了6个问题解决类专业模板（图9-17），以对应的空白导图模板（表9-9）为基础，增加了主题参考内容和主题信息设置。

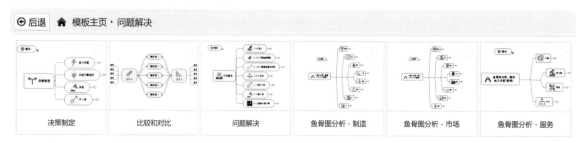

图9-17

表9-9

序号	专业模板	对应空白模板	序号	专业模板	对应空白模板
1	决策制定	右侧导图	4	鱼骨图分析-制造	右侧导图
2	比较和对比	辐射状导图	5	鱼骨图分析-市场	右侧导图
3	问题解决	右侧导图	6	鱼骨图分析-服务	右侧导图

（11）项目管理

MindManager预置了7个项目管理类专业模板（图9-18），以对应的空白导图模板（表9-10）为基础，增加了主题参考内容和主题信息设置。

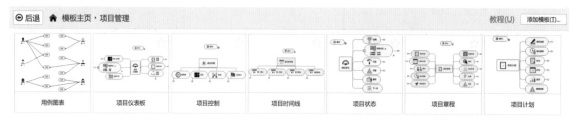

图9-18

表9-10

序号	专业模板	对应空白模板	序号	专业模板	对应空白模板
1	用例图表	概念导图	5	项目状态	右侧导图
2	项目仪表板	辐射状导图	6	项目章程	辐射状导图
3	项目控制	组织结构图导图	7	项目计划	右侧导图
4	项目时间线	组织结构图导图			

9.1.2 设置默认模板

MindManager为用户提供了将某个常用模板设置为默认模板，使得MindManager可以方便基于默认模板创建新导图（请参阅"2.1（1）基于默认模板新建导图"）的功能。

默认模板右上角有一个高亮五角星🌟标识（图9-19（d））。改选默认模板有两条途径：一是在模板主页（图9-19（d）），直接单击目标模板右上角的浅色"五角星"，或右击目标模板，在打开的【模板主页】单击目标模版，则目标模板设为默认模板；二是在自定义快速访问工具新建导图📄右侧下拉菜单中的【变更默认地图】中（图9-19（b）），选择目标模板（图9-19（c）），即设为默认模板。

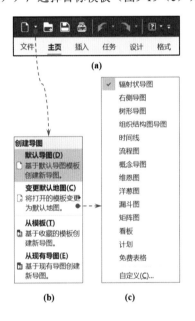

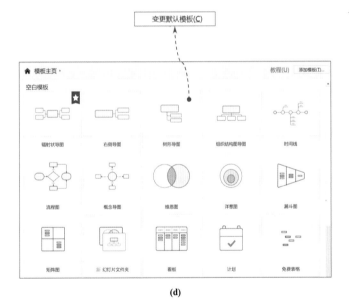

图9-19

9.1.3 创建模板

MindManager提供了3条途径来创建新模板：一是复制模板文件，二是添加模板文件，三是另存为模板文件。

（1）复制模板文件

将获取的扩展名为.mmat、.xmmat的文件直接复制到空白模板、专业模板、我的模板对应的文件夹中，即可供调用。

（2）添加模板文件

添加的模板只能添加到"我的模板"里，并存放在"C：\Users\（计算机用户名）\Documents\我的导图\我的模板"目录中。

选择【模板主页】→【添加模板】（图9-19（d）），调出【添加新导图模板】对话框（图9-20），选择扩展名为.mmat、.xmmat的文件，将从专业论坛、资源分享网站、他人制作的导图模板打开即可将此模板添加到"我的模板"中供选用。

图9-20

（3）另存模板

另存模板可以将模板或导图文件另存为模板文件，添加到"我的模板"或"空白模板"、"专业模板"里，并存放在对应的文件目录中。模板或导图文件可以是自己常用的导图，或专业论坛、资源分享网站、他人制作的导图或模板文件。

打开目标导图或模板文件，选择主菜单【文件】→【另存为】，调出【另存为】对话框（图9-21），选择文件类型为"MindManager模板"，存放目录选择"C：\Users\（计算机用户名）\Documents\我的导图\我的模板"，或"C：\Users\（计算机用户名）\AppData\Local\Mindjet\MindManager\22（MindManager版本号）\Library\CHS\Templates"，单击【保存】即可。

图9-21

📄 提示：创建新模板的3条途径，前两条途径的源文件都是导图模板文件，后一条途径的源文件可以是导图模板文件或导图文档文件。

9.1.4 修改模板

修改模板包括更改模板分组与模板名称、修改模板内容和删除模板。MindManager提供了简易与主菜单修改途径。

（1）通过文件资源管理修改模板
● **更改模板分组与模板名称**。通过文件管理，直接在文件夹中操作。将模板文件在不同的文件夹中移动，就可改变其所在类型与分组；直接修改模板所在文件夹名称，就更改了模板分组名称；直接修改模板文件名称，调用模板时看到的模板名称随之改变。

- 修改模板内容。模板内容是指导图布局、主题格式、导图样式、导图背景、默认文本以及主题内容与信息。通过调用该目标模板新建导图，参照本书前述章节有关内容进行导图编辑操作，完成修改后，再通过"另存为模板"来实现模板内容的修改。
- 删除模板。直接在对应的文件目录中删除目标模板文件。

📖 提示：原则上不要去修改空白模板的内容。其他模板内容在修改前，原则上做个模板备份，这样可以在修改不成功时，恢复模板内容。

（2）通过主菜单修改模板

选择主菜单【设计】→【主题编辑器】（图9-22（a）），打开【模板组织者】对话框，在【导图模板】选项卡中（图9-22（c））使用【添加新导图模板】可新建空白模板，或从当前导图、现有模板新建导图模板；使用文件夹命令，可对导图模板进行分类、分组管理；使用模板命令【复制】【删除】【重命名】，可以对导图模板文件进行管理，亦即添减导图模板；使用模板命令【修改】，可以对导图模板内容直接进行修改。其操作同自定义导图样式相同，请参阅"7.3.2自定义导图样式"。

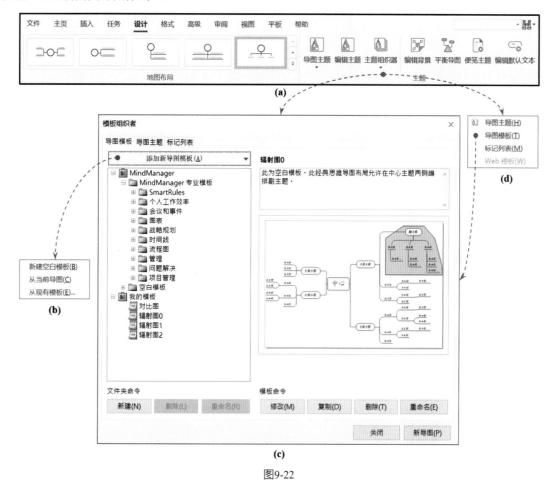

图9-22

9.1.5 模板对比

由于三类模板表现为不同的形态，所以也具有了不同的优缺点与适用性（表9-11）。

表9-11

模板类型	形 态					特 点		
	综合	框架布局	主题内容	主题信息	导图美化	优 点	缺 点	适用性
空白模板	原料品	✓				用户需要规划和设计主题内容，没有可供参考的内容，为创新思考提供了空间	不能给用户以启迪	适用于需要对事物全面掌握的工作者
专业模板	半成品	✓	✓	✓	✓	能够给没有成熟想法的用户以启发，提供思路上的借鉴	在一定程度上限制了用户的思维与发挥，且容易因疏忽而出错，难有创新思考	适用于初学者
我的模板	近成品	✓	✓	✓	✓	可以直接使用	容易雷同，会忘记因事、因时而变化，有可能因疏忽而出错，难有创新思考	适用于类似或重复工作

9.2　导图分享

导图分享有多种方式，如打印出来分享，转换为其他文档格式供其他软件引用，电子邮件传递，云存储共享。分享的途径包括将主题发送到Zapier，通过邮件和在线发布导图文档，将导图文档或所选主题导出为CSV电子表格、Microsoft Word、Excel、Project、图像、HTML5、OPML、Web网页、ZIP压缩等多种格式文件，方便其他软件所引用。

9.2.1　共享发布

导图的共享发布可以通过主菜单【文件】【主页】来实现，其功能相同，下面以主菜单【文件】操作来说明。

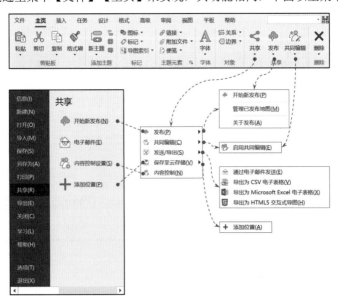

图9-23

（1）【主页】→【发布】→【开始新发布】将导图文档示意图在线发布到私人URL中（图9-24），其他共享者使用浏览器通过URL来查看导图文档（即使其他共享者没有安装MindManager软件）。

图9-24

（2）【文件】→【共享】→【电子邮件】用于将导图文档作为邮件附件、审阅附件或HTML5交互式导图格式邮件附件发送给共享使用者（图9-25左）。

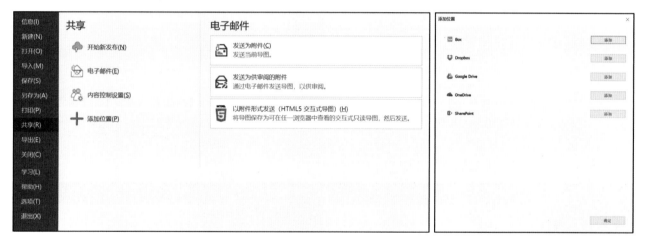

图9-25

（3）【文件】→【共享】→【添加位置】用于添加云端位置（图9-25右），共享到云端进行存储共享。

9.2.2 导出

将导图文件导出为其他格式的文件，可以在其他软件中共享导图文件内容。MindManager通过主菜单【文件】→【导出】（图9-26（a）、（c）、（d）），【主页】→【共享】（图9-26（a）、（b）），所选主题右键菜单中的【发送主题到】（图9-26（e）、（f）），将导图文件或所选主题导出为CSV电子表格，Microsoft Word、Excel、Project，图像，HTML5、OPML、Web网页，ZIP压缩等多种格式文件。

📄 提示：通过主菜单【文件】→【导出】以及【主页】→【共享】导出，其导出对象是整个导图文件；通过所选主题右键菜单中的【发送主题到】导出，其导出对象是所选导图主题。导出的设置都是相同的，下面简化为以主菜单【文件】→【导出】操作为例来介绍。

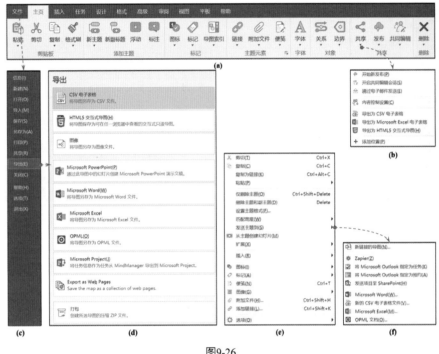

图9-26

（1）导出为CSV电子表格文件

选择主菜单【文件】→【导出】→【CSV电子表格】（图9-26（d）），打开【CSV导出设置】对话框（图9-27（a））。选择"快速导出"单选按钮，单击"导出"按钮，MindManager将把导图按默认选项快速导出为CSV电子表格文件；选择"自定义导出"单选按钮，对导图内容和样式进行选择后（图9-27（b）），单击"导出"按钮，MindManager将把导图按自定义选择导出为CSV电子表格文件。

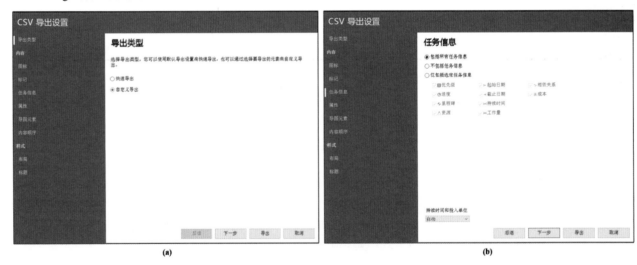

图9-27

（2）导出为Microsoft Word格式文件

选择主菜单【文件】→【导出】→【Microsoft Word】（图9-26（d）），打开【Microsoft Word导出设置】对话框（图9-28）。进行各项选择后，单击"导出"按钮，MindManager将把导图按所做选择导出为Microsoft Word格式文件。

图9-28

（3）导出为Microsoft Excel格式文件

选择主菜单【文件】→【导出】→【Microsoft Excel】（图9-26（d）），打开【Excel导出设置】对话框（图9-29（a））。选择"快速导出"单选按钮，单击"导出"按钮，MindManager将把导图按默认选项快速导出为Microsoft Excel格式文件；选择"自定义导出"单选按钮，对导图内容和样式进行选择后（图9-29（b）），单击"导出"按钮，MindManager将把导图按自定义选择导出为Microsoft Excel格式文件。

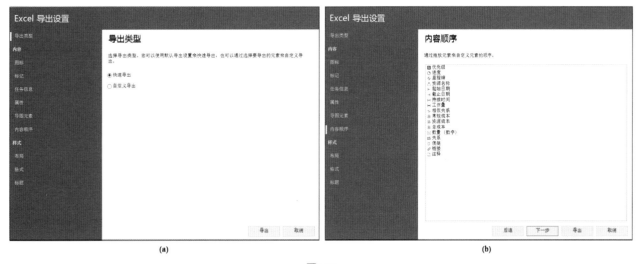

（a）　　　　　　　　　　　　　　　　　（b）

图9-29

提示：导出为Microsoft Excel格式文件与导出CSV电子表格操作相同、效果相近，仅导出格式不同。

（4）导出为Microsoft Project格式文件

选择主菜单【文件】→【导出】→【Microsoft Project】（图9-26（d）），或单击主菜单【文件】→【另存为】，选择"保存类型"为Microsoft Project文件，打开【Microsoft Project导出设置】对话框（图9-30），进行各项选择后，单击"导出"按钮，MindManager将把导图按所做选择导出为Microsoft Project格式文件。

图9-30

📋 **提示**：MindManager导出为Project，创建任务时不使用任务截止日期，仅包含起始日期和截止日期，在导出到Project时将导致任务持续时间为"0小时"，可以通过在MindManager中给主题设置起始日期和持续时间值来解决。

Project只支持导出单个链接，如果主题有多个链接，则仅导出第一个链接。可以通过对主题上的链接重新排序把要导出的链接放到第一个。

Project仅导出可见主题。这意味着你可以应用过滤器来隐藏你不想包含在项目中的主题。

（5）导出为图像格式文件

选择主菜单【文件】→【导出】→【图像】（图9-26（d）），打开【图像导出设置】对话框（图9-31）。进行各项选择后，单击"确定"按钮，MindManager将把导图按所做选择导出为图像格式文件，可选图像格式包括bmp、gif、jpeg、jpg、png、emf、wmf。

（6）导出为HTML5交互式导图文件

选择主菜单【文件】→【导出】→【HTML5交互式导图】（图9-26（d）），MindManager将把导图导出为HTML格式文件，使用浏览器可方便阅读（图9-32）。

图9-31

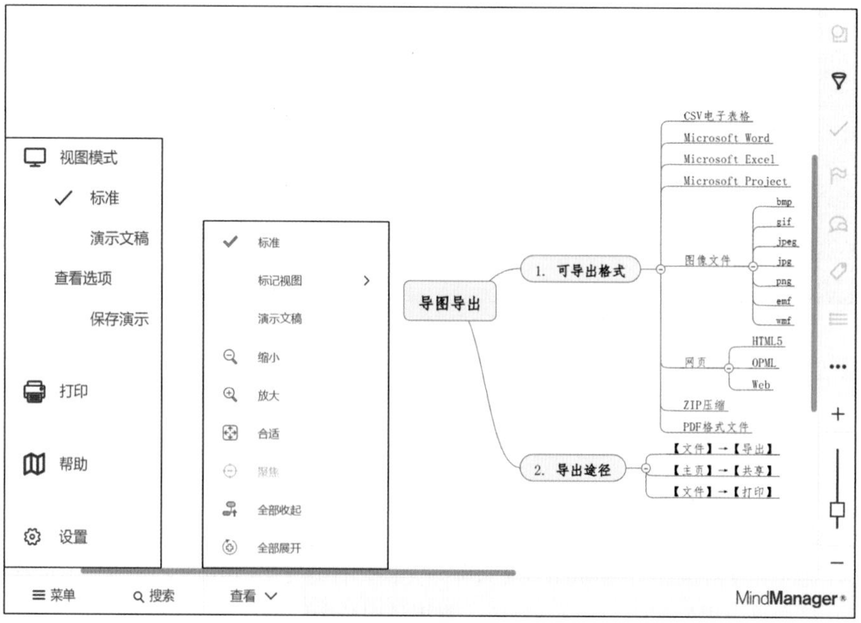

图9-32

（7）导出为OPML格式网页文件

选择主菜单【文件】→【导出】→【OPML】（图9-26（d）），MindManager将把导图导出为OPML格式网页文件。

（8）导出为Web网页文件

选择主菜单【文件】→【导出】→【Export as Web Pages】（图9-26（d）），MindManager将把导图导出为Web网页文件。

提示：在中文版中，由于"C：\Users\（计算机名称）\AppData\Local\Mindjet\MindManager\22（MindManager版本号）\Library\CHS\Web\Static Outline\Dark Blue"中的"Static Outline\Dark Blue"文件夹翻译成了汉字"静态轮廓\深蓝色"，导出时会出现出错提示（图9-33），可从"C：\Users\（计算机名称）\AppData\Local\Mindjet\MindManager\22（MindManager版本号）\Library\ENU\Web\"目录下拷贝"Web\Static Outline\Dark Blue"文件夹到"C：\Users\（计算机名称）\AppData\Local\Mindjet\MindManager\22（MindManager版本号）\Library\CHS\Web\"目录下进行解决。

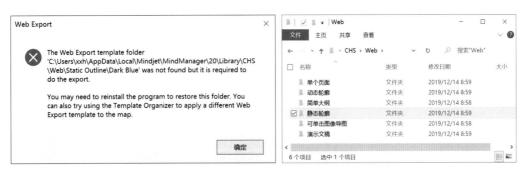

图9-33

（9）打包为ZIP压缩文件

选择主菜单【文件】→【导出】→【打包】（图9-26（d）），打开【打包向导】对话框（图9-34）。选择需要打包的链接文件，修改ZIP压缩文件的存放位置，单击"完成"按钮，MindManager将把导图及其链接文件压缩到一个ZIP文件中。

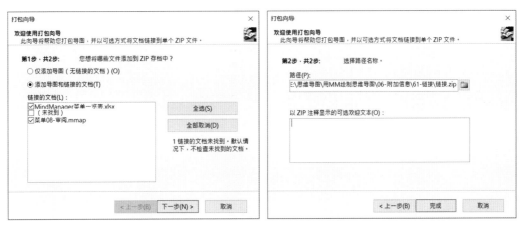

图9-34

提示：将导图中的链接文件一并打包，使得使用者在任何地方通过该压缩文件打开该导图时，都可阅读到导图中链接的文件。

9.2.3 打印

选择主菜单【文件】→【打印】（图9-35），从对象来看，可以打印导图，便笺与主题属性；从内容来看，可以打印整张导图，所选主题与指定分页（图9-36（a））；从输出方式来看，选择PDF打印机时直接打印输出到PDF文件上，选择实体打印机时直接打印输出到纸张上（图9-36（a）），同时可以对页面进行设置（图9-36（b））。

图9-35

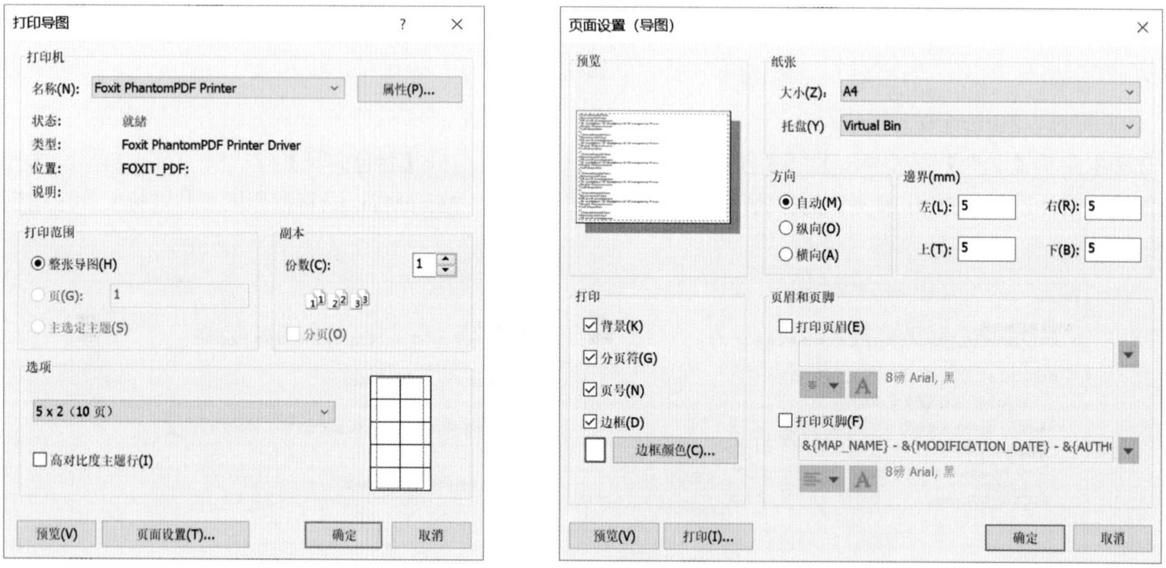

（a）   （b）

图9-36

9.3　协同制作

协同制作包括共同编辑，导入与使用MindManager Snap。

9.3.1 共同编辑

MindManager提供的共同编辑功能，是一种基于云的安全服务，当协作成员参与到共同编辑中时，他们会立即收到文件的最新版本，并可实时查看其他人对文件所做的更改，从而消除因为文件版本差异带来的工作误会和损失，实现团队的无缝协作。使用共同编辑需要具备如下条件：

- **工具条件**。使用订阅的MindManager个人专业版或企业版。
- **存储条件**。用于共同编辑的文件必须存储在Microsoft OneDrive、Dropbox、Google Drive、Box 或 Microsoft SharePoint中。
- **权限条件**。参与协作者必须具有对文件的编辑权限。
- **文档条件**。必须从MindManager复制的共同编辑链接打开文件。

开展共同编辑，包括准备工作以及启动、邀请、参与、暂停与结束共同编辑工作。

（1）准备工作

添加MindManager支持的云盘存储，并将欲共同编辑的导图文件保存到云盘上，并使用云盘中的文件共享选项，将编辑权限授予所需的共同编辑参与者。

📄 提示：添加云盘并将导图文件保存到云盘上，请参阅"2.2管理导图文档"与图2-7。

（2）启用共同编辑

在MindManager选项设置中启用共同编辑。选择主菜单【文件】→【选项】，打开【MindManager选项】对话框（图9-37），在"打开保存"组，勾选"启用共同编辑功能，打开云存储文件"复选框，设置默认状态下启用共同编辑。

图9-37

设置默认状态下启用共同编辑后，所有存储在云盘上的导图文件都是允许进行共同编辑的。打开存储在云盘上的导图文件，绘图区右上角会出现共同编辑标识（图9-38（b）），通过其右键菜单（图9-38（d））或主菜单【主页】→【共同编辑】（图9-38（e）），可以暂停或禁用共同编辑。

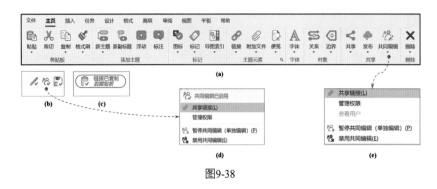

图9-38

（3）邀请共同编辑

共同编辑需要发起者发出邀请，为邀请其他用户参与共同编辑，MindManager提供了2条途径：一是选择主菜单【主页】→【共同编辑】→【共享链接】（图9-38（e））；二是单击共同编辑标识人物图标（图9-38（b））右键菜单中的【共享链接】（图9-38（d））；当前文件链接会被复制到剪贴板（图9-38（c）），将链接粘贴到信息或者电子邮件中，即可发送给共同编辑受邀者。

（4）参与共同编辑

共同编辑受邀者通过信息或邮件单击该链接，将打开【MindManager共享链接】对话框（图9-39），可以选择是在其桌面应用程序还是基于 Web 的应用程序 MindManager Web 中打开并共同编辑导图文件。

📑 提示：受邀者只有使用了订阅的MindManager个人专业版或企业版后才能参与共同编辑。

当有受邀者加入共同编辑会话时，任务窗格顶部会添加一个【参与者】选项卡按钮，显示参与者的数量（图9-40），单击此按钮，可以查看共同编辑参与者的用户名称，根据其编辑状态进行分组并按字母顺序列出。

图9-39   图9-40

在共同编辑时，当某个共同编辑参与者选择了一个主题后，系统使用代表该用户的颜色和用户名称标识该主题，其他用户不能对该主题的内容进行修改，但可以查看该主题包含的某些元素和附件，并且可以为该主题添加父主题、兄弟主题或子主题（图9-41）。

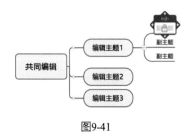

图9-41

提示：在共同编辑期间，无法编辑 SmartRules、宏、主题样式、主题、过滤器和甘特图中的网格。如果想使用这些功能，则需要先暂停共同编辑。

共同编辑期间，对文件的修改不能大于10MB。

在共同编辑期间，自动保存功能会自动启用。

（5）暂停共同编辑

选择共同编辑标识右键菜单（图9-38（d））或主菜单【主页】→【共同编辑】（图9-38（e））中的【暂停共同编辑】，可以暂停共同编辑。

（6）结束共同编辑

选择共同编辑标识右键菜单（图9-38（d））或主菜单【主页】→【共同编辑】（图9-38（e））中的【禁用共同编辑】，可以结束共同编辑。

9.3.2　导入

MindManager通过主菜单【文件】→【导入】（图9-42）共享Microsoft Word、Excel、Project文档和OPML文档，以及通过FreeMind和XMind导图文件（源文件）数据新建并经过内容、格式等补充、完善与修改而形成的导图文档。

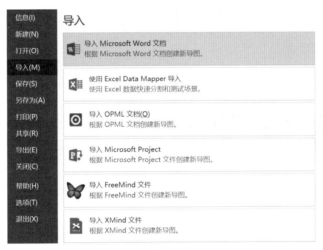

图9-42

（1）Microsoft Word源文档

导入MS_Word源文档，将创建新导图。如果MS_Word采用正文样式，则第一个段落导入为一个主题的关键词，其他段落导入为该主题的便笺内容；如果MS_Word使用标题、正文、表格等样式，则每个标题导入为一个主题的关键词，该标题下的正文导入为该主题的便笺内容，该标题下的表格导入为该主题的自定义信息，主题间隶属关系依据标题层级关系创建。

（2）Microsoft Excel源文档

请参阅"3.3.8通过导入Excel数据添加主题"。

（3）Microsoft Project源文档

● 导入Project整个项目任务

选择主菜单【文件】→【导入】→【导入Microsoft Project】，选择要导入的Project文件，弹出【Microsoft Project导入设置】对话框（图9-43），进行相关选择并单击"导入"按钮完成导入。

图9-43

添加任务到中心主题：项目根映射到中心主题，所有1级任务都成为导图中的主要主题。

将任务添加到新主题：项目根作为新的主题插入，所有1级任务都成为这个新主题的子主题。

跳过标记为已完成（100%）的任务：如果任务标记为100%完成，则会从导入中跳过它们。

优先级—设置如何将项目优先级1000-1对应到MindManager优先级1-9。

● 导入Project中选定的项目任务

先打开MindManager导图并选择目标主题，再在Project中选择任务，选择Project主菜单【任务】→【发送到MindManager】，弹出【导出设置】（图9-44），如上进行相关选择后，单击"导出"按钮，即将所选Project项目任务导入到MindManager所选目标主题的子主题。

图9-44

📋 **提示**：当MindManager从 Project中导入一组任务时，它会将 Project中的任务信息转换为相应的MindManager任务信息，并为每个任务创建一个包含一个主题的新导图。

（4）OPML源文档

OPML是Outline Processor Markup Language（大纲处理标记语言）生成的文档，是建立在XML上的一种文件保存格式。

（5）FreeMind和XMind源文件

FreeMind和XMind源文件为两种导图软件生成的导图类文档，FreeMind文档扩展名为.mm，XMind文档扩展名为.xmap。

9.3.3　使用Snap

MindManager Snap是一个灵感和内容捕捉工具，通过桌面客户端、浏览器扩展插件和移动客户端三种途径来捕获内容并发送到MindManager主程序。

📖 提示：只有在登录了MindManager账户的情况下才能使用 MindManager Snap。
只有订阅版的用户才能使用 MindManager Snap的团队分享功能。

（1）在桌面客户端使用Snap

MindManager Snap会随同MindManager主程序一同安装到桌面客户端（请参阅"1.2（2）软件的进入与退出"），启动MindManager Snap（图9-45）可进行如下设置。

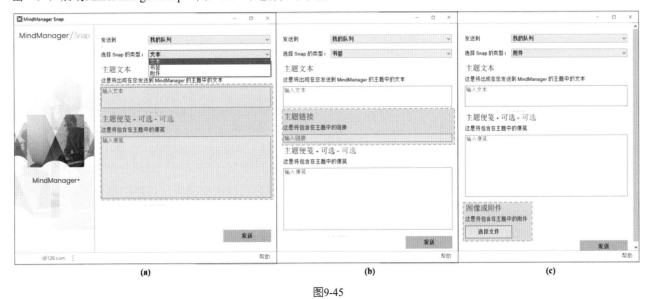

图9-45

● 发送到：从下拉菜单里选择一个发送队列（"我的队列"或"团队队列"）。

📖 提示：只有订阅版的用户才能使用 MindManager Snap的团队分享功能。

● 选择Snap的类型：可选文本、书签与附件（图9-45（a））。选择文本时，其下方的主题文本、主题便笺框中内容将作为文本与便笺出现在导图的主题中（图9-45（a））；选择书签时，在浏览器中复制URL并将其粘贴到其下方的主题链接框中，该URL将作为主题的链接（图9-45（b））；选择附件时，在下方的图像与附件框中单击【选择文件】进行文件选取，该文件将作为主题的附件（图9-45（c））。在对应的主题文本、主题便笺、主题链接、图像与附件框中填写内容，单击【发送】，该内容就会作为一个单独的主题发送到MindManager主程序。如果想得到更多内容，可以重复以上操作。

（2）在浏览器中使用Snap

在Chrome或Edge浏览器中可以捕获网址、图像与文本为MindManager主题所用。

● 捕获网页URL。右击网页任意位置，选择其右键菜单中的【MindManager Snap】→【Snap书签到MindManager】（图9-46），网页URL将出现在"主题链接"框（图9-45（b））中。

● 捕获网页图像。右击图像，选择其右键菜单中的【MindManager Snap】→【Snap图像到MindManager】（图9-46），所选图像将出现在"图像或附件"框（图9-45（c））中。

● 捕获网页文本。选择网页文本，右击文本，选择其右键菜单中的【MindManager Snap】→【Snap选择到MindManager】（图9-46），选定的文本出现在"主题文本"框（图9-45（a））中。

📖 提示：在Chrome或Edge浏览器中使用MindManager Snap，必须先从Chrome Web Store或者Microsoft Store获得并安装相应的MindManager Snap扩展插件。

图9-46

（3）在移动客户端使用Snap

MindManager Snap的移动客户端叫MindManager/Go，可查看和存储在MindManager支持的云盘导图，但不能进行编辑。使用安卓系统的移动端可从谷歌Play中下载MindManager/Go，使用苹果iOS系统的移动端可从苹果App Store中下载MindManager/Go。

在移动设备中打开MindManager/Go，可以把移动设备的照相机拍摄图像或者从相册中选择的图像发送到MindManager，也可以发送文本到导图主题（图9-47）。

（4）将MindManager Snap传送信息插入到MindManager主题

使用Snap收集的信息，可以通过发送保存在【Snap队列】中。

启动MindManager，通过主菜单【插入】→【MindManager Snap】或窗格按钮，打开【Snap队列】窗格（图9-48），【Snap队列】中显示接收到的所有Snap信息，可直接拖曳到导图中作为目标主题的子主题；也可以在【Snap队列】窗格中通过添加用户、创建团队队列，跟其他用户分享导图中的部件和Snap队列中的内容（本功能只有使用订阅版的用户才能使用）。

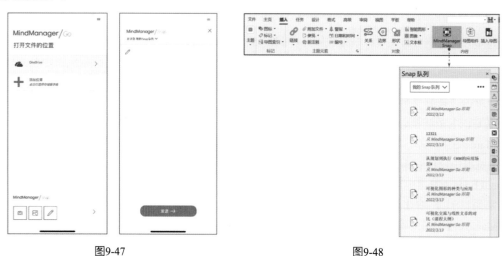

图9-47   图9-48

9.4 审阅导图

导图绘制后，可能需要交予他人审阅与修改。为此，MindManager提供了导图审阅功能，包括检查、注释、修订与更改（图9-49）。

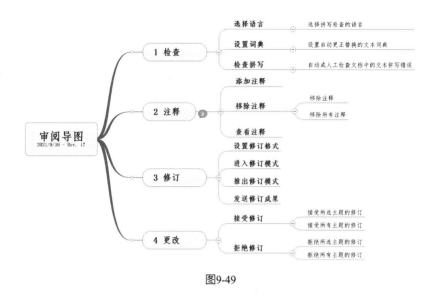

图9-49

📖 知识：注释类似于常用办公软件的批注，修订类似于常用办公软件的带痕迹修订，更改类似于常用办公软件对带痕迹修订是否接受。

9.4.1 拼写检查

导图的拼写检查包括选择（拼写检查）语言、设置（自动更正）词典、进行拼写检查。

（1）选择语言

用于设置拼写检查的语种。选择主菜单【审阅】→【设置语言】（图9-50（a）），调出【语言】设置对话框（图9-50（d）），选择要进行拼写检查的语种，设置是否将该语种设为拼写检查的默认语种（图9-50（c）），勾选是否在所选主题的文本与便笺中禁用拼写检查（图9-50（d））。

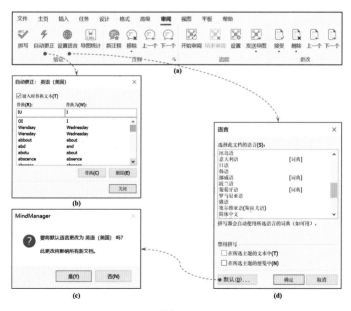

图9-50

（2）设置词典

用于设置自动更正替换的文本词典。选择主菜单【审阅】→【自动更正】（图9-50（a）），调出【自动更正】设置对话框（图9-50（b）），可以增删替换词组，勾选是否在【键入时替换文本】复选框（或启动本功能时集中自动替换）。

提示：如果选择了"键入时替换文本"复选框，则在主题键入该词典所列替换词组时，在键入完成时会实时进行替换。

在【语言】设置对话框（图9-50（d））中，选择语种后面列有"词典"时，才可使用【自动更正】进行词典设置。

（3）检查拼写

按选择的语言和自定义词典，对导图中的文本自动进行拼写错误检查与替换。如果在设置词典时（图9-50（b）），勾选了"键入时替换文本"复选框，则MindManager会在拼写错误输入时就按词典设置即时自动替换；否则，可进行人工检查并选择是否更改。

选择主菜单【审阅】→【拼写】，对文档中选择的语言文本进行拼写检查。如没有拼写错误，将打开"拼写检查已完成，未找到错误"的提示信息；如有拼写错误，将显示拼写错误文本，并调出【拼写】错误修改建议对话框（图9-51（a）），可以方便地进行错误选择及更正，同时可以通过其【拼写选项】进行有关【拼写】的选项设置（图9-51（c）、（b）、（d））。

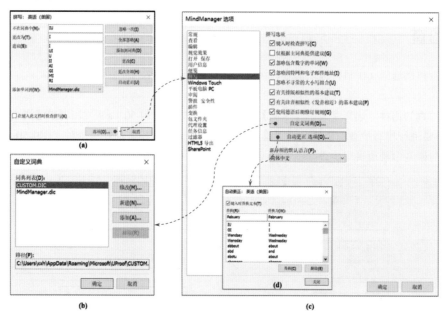

图9-51

提示：选择主菜单【文件】→【选项】，可以调出【MindManager选项】对话框。在【拼写】对话框中，不仅可以进行拼写检查的各项设置，还可以自定义词典和设置替换词组，请参阅"10.2.5（2）设置拼写检查选项"。

9.4.2 注释

注释包括添加、移除、查看注释（图9-52）。

选择欲添加注释的主题（图9-52（d）），选择主菜单【审阅】→【新注释】、或者直接单击新注释菜单组的下三角图标（图9-52（a）），打开【主题注释】窗口（图9-52（c），空白无内容），填入注释，单击【主题注释】窗口外任意一处，完成注释添加，在所选主题上添加了注释标识（图9-52（d））。

- 注释标识数字表示该主题注释的条数（图9-52（d））。
- 鼠标光标悬浮注释标识上，可以查看该注释内容（图9-52（f））。
- 单击注释标识（图9-52（d）），或选择注释标识右键菜单中的【注释】（图9-52（e）），可打开【主题注释】窗口（图9-52（c））。
- 在【主题注释】窗口上部（图9-52（c）），依次为添加注释、移除注释、查看上一个/下一个注释和自动隐藏、关闭【主题注释】窗口按钮。

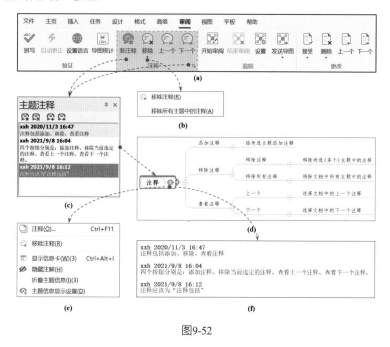

图9-52

添加、删除、查看注释的操作详见表9-12。

表9-12

菜单作用	添加注释		删除注释		查看注释	
菜单名称	注释	添加注释	移除注释	移除所有主题中的注释	上一个	下一个
主菜单	打开主题注释窗口	对所选主题添加注释	删除所选主题（所有）注释	删除所有主题注释	查看上一个注释	查看下一个注释
主题注释窗口菜单		对所选主题添加注释	删除当前主题所选一条或多条注释		查看上一个注释	查看下一个注释
注释标识右键菜单	打开当前主题的注释窗口		删除所选主题注释			

9.4.3 修订

修订包括自定义修订显示格式，进入与退出修订模式，发送修订成果。

（1）设置修订显示格式。选择主菜单【审阅】→【设置】（图9-53（a）），调出【审阅设置】对话框（图9-53

（g）），设置主题、便笺修订显示格式，并可将此设置保存为默认设置或者使用默认设置（图9-53（f））。

（2）进入审阅模式。选择主菜单【审阅】→【开始审阅】（图9-53（a）），打开【审阅导图】开关（图9-53（c）），进入修订模式。

（3）在修订模式下进行的主题、便笺操作按设置的格式显示，直至退出修订模式。

（4）退出审阅模式。选择主菜单【审阅】→【结束审阅】（图9-53（a）），退出修订模式。

（5）发送修订成果。选择主菜单【审阅】→【发送导图】（图9-53（a）、（b）），将以邮件途径，将本修订导图发送。

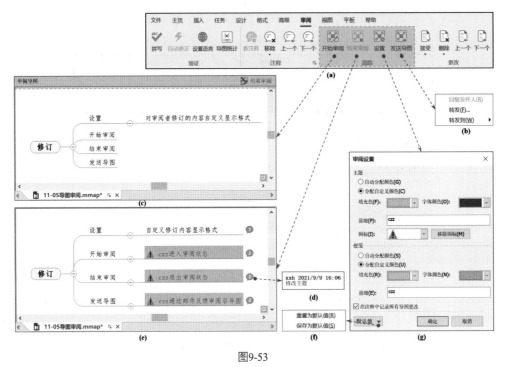

图9-53

> 提示：【设置】类似于Word修订显示设置，【开始审阅】【结束审阅】类似于Word修订打开与关闭。【更改】类似于Word更改，即是否接受审阅修订内容，分为【接受】【删除】修改和查看【上一个】【下一个】修订（图9-53）。
> 审阅状态下，修改与增加的主题，除了按设置的格式显示，其主题上还将添加注释标识（图9-53（d））。
> 修订显示格式的设置，请参阅"10.2.5（3）设置修订显示格式"。

9.4.4 更改

对于修订，可以选择是接受还是拒绝更改。

（1）接受修订。单选带有注释标识的主题（图9-54（b）），选择主菜单【审阅】→【接受】→【接受审阅主题】（图9-54（a）、（e）），将接受主题修订（图9-54（c））；选择主菜单【审阅】→【接受】→【接受所有审阅主题】（图9-54（a）、（e）），将接受所有主题的修订。

（2）拒绝更改。单选带有注释标识的主题（图9-54（b）），选择主菜单【审阅】→【删除】→【删除审阅主题】（图9-54（a）、（d）），将拒绝主题修订，即删除修订（图9-54（c））；选择主菜单【审阅】→【删除】→【删除所有审阅主题】（图9-54（a）、（d）），将拒绝所有主题的修订，即删除所有修订。

（3）修订定位。选择主菜单【审阅】→【上一个】/【下一个】（图9-54（a）），将定位到修订的上一个或下一个修订主题上。

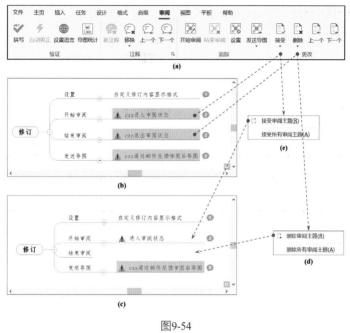

图9-54

📄 提示：修订和更改时，中心主题上会有版本标记（图9-49）。

9.5　使用Zapier进行共享

Zapier是一个在线无代码集成工具平台，使用这个平台，不需要开发专门的接口程序，利用可视化设置界面，就可以将一个系统中的数据自动发送到另外一个系统中，或者让一个系统触发另外一个系统执行任务。MindManager通过Zapier，可以向700多个其他应用程序（包括数十个项目和任务管理应用程序）发送选定的导图主题或任务数据，并可以在导图中接收查询到的第三方数据。分为注册Zapier账号，建立应用间联系和发送与接收主题内容。

（1）注册Zapier账号

使用Zapier，需要先访问Zapier.com并注册账户，使用注册账户登录Zapier后，选择目标应用并登录相应的应用账户和授予Zapier对该账户文件的访问权限。

📄 提示：Zapier 提供的服务分为免费和付费两种，可以访问Zapier.com来查看其具体服务项目和操作指南。

（2）建立了MindManager与目标应用之间的连接

登录Zapier，选择创建Zap，然后在Zapier.com网站应用列表中选择MindManager，并登录MindManager账户授权网站访问发送的导图，然后再选择想对接的应用并创建相应的账户（如果需要的话），接下来选择触发条件和响应动作，就完成了一个Zap的创建，建立了MindManager与目标应用之间的连接。

（3）发送与接收主题内容

选取主题，选择主菜单【任务】/【高级】→【Zapier】→【发送选定主题到Zapier】（图9-55（d）），发送成功后，在被发送主题上显示有Zapier发送标识（图9-55（c）），在【导图索引-元素】窗格中也有显示（图9-55（b））。

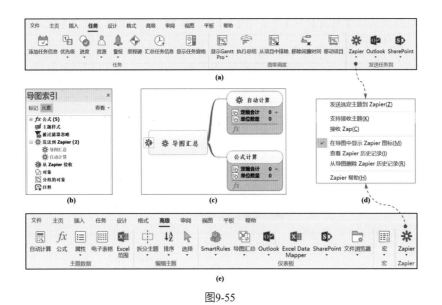

图9-55

同样，选取主题，选择主菜单【任务】/【高级】→【Zapier】→【接收Zap】接收成功后，在接收主题上显示有
Zapier接收标识（图9-55（c）），在【导图索引-元素】窗格中也有显示（图9-55（b））。

此后在MindManager中进行相应操作后，就会促发目标应用的自动执行，并呈现执行结果。

9.6　与SharePoint协作

SharePoint是一个基于Web的企业协作服务平台，尽管其以高度结构化的方式存储数据、任务和文档，但需要查看
的信息可能分散在多个SharePoint站点中，为此MindManager提供了一种组织和使用 SharePoint 数据的新方法，可在一
个导图里聚合来自多个 SharePoint 站点的项目和数据信息。

通过【任务】/【高级】→【SharePoint】可以实现MindManager与SharePoint的相互协作（图9-56）。

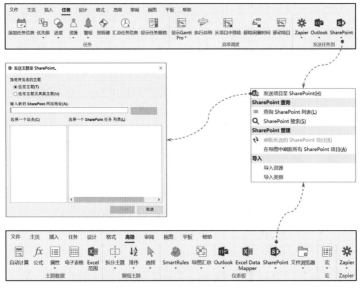

图9-56

- 选取主题，选择【任务】→【SharePoint】→【发送项目至SharePoint】，可以将所选主题发送到SharePoint指定站点或任务列表（图9-56）。
- 选择【任务】→【SharePoint】→【SharePoint搜索】（图9-56），可以按照设定的过滤条件，使用MindManager在SharePoint 多个站点中搜索要查看的项目信息（图9-57）；选择【任务】→【SharePoint】→【查询SharePoint列表】（图9-56），MindManager在SharePoint 站点中搜索匹配的项目，并将结果显示为一组与实时SharePoint链接的主题（图9-57）。

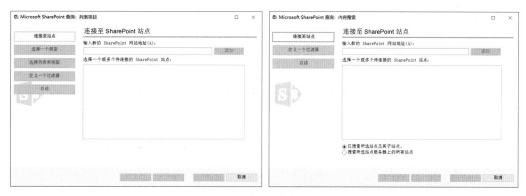

图9-57

- 选择【任务】→【SharePoint】→【导入资源】【导入类别】（图9-56），可以从SharePoint搜索并导入选择的资源与类别（图9-58）。

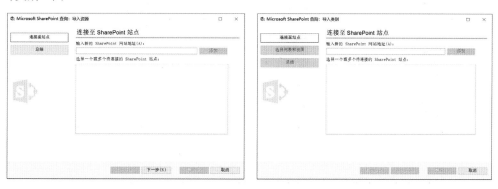

图9-58

- 从SharePoint添加到导图的项目以及作为任务发送到SharePoint的主题会与相应的 SharePoint 项目建立实时链接。每次打开导图或更改过滤条件时，都会自动更新或定时刷新。也可以选择【任务】→【SharePoint】→【刷新所选的SharePoint项目】【在导图中刷新所有SharePoint项目】（图9-56），来手动刷新主题、查看最新结果。

9.7 与MS-Office协作

MindManager 可以与Microsoft Office中Word、Excel、Project、Outlook等软件紧密协作，将Office文档中的数据集成到导图中或将导图中的内容添加到Office文档中。

Microsoft Office 集成功能由MindManager中的Office插件提供，这些插件在安装MindManager时会自动安装，并将相应的功能添加到MindManager的主菜单【文件】→【导出】/【导入】、【文件】→【另存为】的另存为菜单列表；

主菜单【任务】中的"发送任务到"功能组；主菜单【高级】中的"主题数据"和"仪表板"功能组（图9-59），以及主题右键菜单的【发送主题到】（图9-63（a）、（b））。

> 提示：必须安装Microsoft Office或更高版本才能进行MindManager与Microsoft Office的相互协作。
>
> 如果在菜单中没有看到上述集成的命令，则该插件可能被禁用，应在MindManager选项中启用它（图9-60（b）），请参阅"10.2.1（11）选择插件"。
>
> MindManager包含的Microsoft Office插件会将MindManager按钮添加到Office相应的应用程序的界面。如果Office应用程序中缺少这些命令（Word除外），则该插件可能被禁用，必须在Office应用程序中，通过其【选项】→【加载项】加载MindManager插件来启用它（图9-60（a））。MindManager的插件只能在32位版本的Office软件中添加按钮，如果使用的是64位版本则不会在Office软件中看到MindManager的按钮。

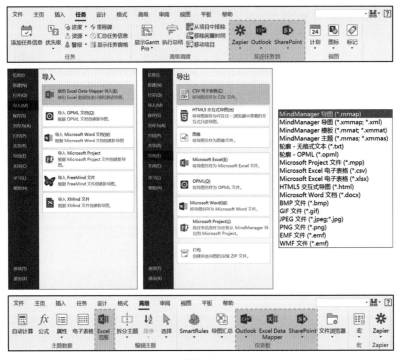

图9-59

(a)　　　　　　　　　　　　　　　　(b)

图9-60

9.7.1 与Microsoft Word协作

MindManager与Microsoft Word的协作，主要通过导入、导出来实现。

● 导图导出为word文档请参阅"9.2.2（2）导出为Microsoft Word格式文件"。
● Word文档导入为导图请参阅"9.3.2（1）Microsoft Word源文档"。

9.7.2 与Microsoft Excel协作

MindManager与Microsoft Excel的协作，主要通过将Excel 中的数据发送到MindManager作为主题或主题附加信息，以及导入与导出来实现。

● Excel文档导入为导图请参阅"9.3.2（2）Microsoft Excel源文档"。
● 导图导出为Excel文档请参阅"9.2.2（3）导出为Microsoft Excel格式文件"。
● 将Excel 中的数据导入作为MindManager主题请参阅"3.3.8通过导入Excel数据添加主题"。
● 将Excel 中的数据发送到MindManager作为主题附加信息请参阅"4.6.2导入Excel范围为主题的附加信息"。
  也可在Excel文档中选取拟发送数据范围，直接单击Excel主菜单【开始】→【发送到MindManager】（图9-61）。此时，如果MindManager处于打开状态，则将所选Excel内容作为主要主题（未选择任何主题）或作为当前选定主题的子主题，添加到当前导图中；如果MindManager程序处于未打开状态，它会自动打开并创建一个包含Excel内容的新导图。

📄 提示：MindManager 不支持 Excel 公式。
MindManager主题中的Excel数据，以及格式、行高和列宽等只能在Excel中进行编辑修改，并通过【刷新】更新到导图中。
要同时刷新导图中的多个链接Excel数据范围，可选择导图背景右键菜单中的【刷新所有主题】（图9-62）或按组合键Shift+F5。

图9-61　　　　　　　　　　　　　　　　图9-62

9.7.3 与Microsoft Project协作

MindManager可以将全部或部分主题任务从导图导出到Microsoft Project，也可以从Project导入全部或部分任务到导图。Project导入导出为一次性操作，Project任务与MindManager主题之间不保留任何链接。

● 将整个导图导出到Microsoft Project文件，请参阅"9.2.2（4）导出为Microsoft Project格式文件"。
● 将选定主题导出到Microsoft Project 文件。在Project中打开或者新建一个要添加任务的文件，在MindManager中

　　选择要导出的导图主题，选择右键菜单中的【发送主题到】→【Microsoft Project…】，进行相关选择，单击"发送到"按钮（图9-63），所选导图主题将被导出并添加到当前项目的末尾。

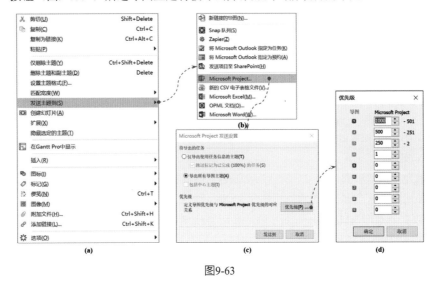

图9-63

● 将整个或部分Project项目任务导入为MindManager主题，请参阅"9.3.2（3）Microsoft Project源文档"。

9.7.4 与Microsoft Outlook协作

　　导图中的主题可以包含与Outlook的链接，链接的对象包括邮件、便笺、任务、约会和联系人。

（1）通过导图创建Outlook中的任务或约会

　　在导图中选择主题，选择右键菜单中的【发送主题到】→【将Microsoft Outlook指定为任务】或【将Microsoft Outlook指定为预约】（图9-64（b）、（c）），或者选择主菜单【任务】/【高级】→【Outlook】→【发送项目至Outlook】（图9-64（a）、（e）、（d）），操作完成后，所选主题内容会显示在Outlook【我的任务】中（图9-65），且在主题上显示与Outlook建立关联的标识。

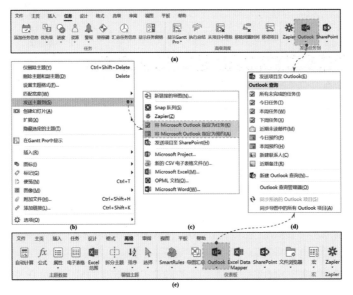

图9-64

图9-65

📑 **提示**：MindManager的"预约"对应Outlook的"约会"，为了符合习惯，后续以"约会"代称"预约"。通过主菜单【发送项目至Outlook】，只能将主题作为任务发送到Outlook。

将主题作为约会发送到Outlook时，相关属性默认值如下：

- 起始日期 = 主题起始日期（如果存在），否则使用主题截止日期（如果存在），否则使用今天。
- 起始时间 = 与当前时间最接近的整点或者半点时间（顺时针向前）。
- 持续时间 = 主题持续时间（如果存在），否则为30分钟。

将主题作为任务发送到Outlook时，相关属性默认值如下：

- 起始日期 = 主题起始日期（如果存在），否则无起始日期。
- 截止日期 = 主题截止日期（如果存在），否则主题开始日期（如果存在），否则没有截止日期。

可以针对这些属性，在导图中进行编辑，并通过选择Outlook关联标识右键菜单中的【与Outlook同步】，将编辑结果同步到Outlook（图9-66）。

图9-66

（2）将 Outlook 项目或文件夹发送至导图

先打开导图并选择目标主题，再在Outlook中选择一个或多个项目，或文件夹，选择对应的主菜单【发送到MindManager】或【发送文件夹到MindManager】，即将任务发送为导图所选目标主题的子主题。

（3）将Outlook项目拖至导图

先打开导图并选择目标主题，再在Outlook中选择一个或多个项目（邮件、便笺、任务、约会或联系人），将它们拖到导图视图或大纲视图中的主题中。

（4）将Outlook项目添加至导图

默认情况下，返回任务或约会的查询会将任务或约会受邀者添加到导图的资源列表中。如果涉及自己的查询，可禁用。

- 创建Outlook查询

在导图中选择一个主题，选择主菜单【任务】/【高级】→【Outlook】→【新建 Outlook 查询】（图9-64（a）、 （e）、（d）），或单击【Outlook】任务窗格中的【+】（图9-67（b）），弹出【Outlook查询】对话框（图9-67（a））进行新查询创建。

【Outlook查询】对话框中各字段含义如下。

查询名称：该查询在Outlook查询列表中显示的名称。

文件夹与包含子文件夹：限制查找匹配项目的位置。

排序依据与排序：为查询结果选择排序依据与规则。

最大结果数与同步附加文件：将查询结果的前n个项目返回，并同步其附件。如果不选中【同步附加文件】复选框，则同步项目上的附件将不会包含在导图中。

主题包含：输入一个或多个关键字作为查询条件。

类别与按类别对主题进行分组：将搜索范围缩小到特定类别，按类别对结果进行分组。

日期：将搜索限制在给定时间范围内的项目。

邮件状态（如果你选择任务文件夹）：指定邮件的匹配状态。

任务优先级（仅限任务）：仅返回具有指定优先级的任务。

跟踪（仅限电子邮件）：仅返回具有指定的标志状态的邮件。

任务分配至：仅查询分配给特定人员的任务。

添加Outlook任务接受人到导图，以供作为资源使用：当查询返回已分配给某人的一项或多项任务时，自动在导图的资源列表中添加此人。

● 添加Outlook查询结果

选择主菜单【任务】/【高级】→【Outlook】→【Outlook查询管理器】（图9-64（a）、（e）、（d）），选择要使用的查询并将其拖到导图主题中；或选择目标主题，在【Outlook】任务窗格中，选择查询条件或查询结果右键菜单中的【添加到导图】（图9-67（b）），即将符合该查询条件或所选的查询结果，添加为目标主题的子主题。

📄 提示：如果想在将其添加到导图之前查看查询结果，可单击查询结果右键菜单中的【运行】。

默认情况下，返回任务或约会的查询结果时会将任务接受人或约会受邀者添加到导图的资源列表中，可以在将查询结果添加到导图之前，选择查询结果的右键菜单中的【编辑】查询来禁用此选项。

(a)

(b)

图9-67

9.8　本章总结

本章介绍的内容，归纳起来就是绘制导图共享的三个重要内容。

第一个共享的重要内容是引用导图模板。创建并应用自己的导图模板，是高效、高质绘制导图的一条捷径。搞清楚模板的概念，以及创建、修改模板是顺利应用模板的基础。

第二个重要内容是MindManager与其他软件工具共享数据。包括五方面：一是导入既有数据即其他格式文件的数据；二是导出导图数据供其他软件工具引用；三是发布在MindManager平台上供其他用户使用；四是MindManager导图与MS-Office、SharePoint文档保持相互链接，一方修改将引发另一方同步刷新获得最新成果；五是打印出来供交流使用。掌握导入源文件的数据格式及导出选择是共享数据的基础。

第三个重要内容是协同编辑与审阅导图。掌握好协同编辑与审阅导图的基础环境配置是前提。

10
窗格选项与平板

在MindManager中任务窗格使用频繁；MindManager选项是软件环境与个性化设置的窗口，设置好选项可为高效操作提供基础环境；通过平板电脑或触摸屏设备可以对导图进行少量编辑，本章集中简要介绍任务窗格、选项设置与平板模式。

10.1　任务窗格

任务窗格是MindManager一个重要的交互操作与资源集散地。MindManager设有多个任务窗格（图10-1），除通过主菜单打开部分任务窗格，还提供了快捷使用的任务窗格通道，包括显示任务窗格菜单按钮、任务窗格选项卡，设置任务窗格选项，打开与使用任务窗格。

图10-1

显示任务窗格菜单按钮。右击状态栏，在打开的【状态栏配置】右键菜单（图10-2（e））中勾选"任务窗格"复选框，则在任务栏上显示任务窗格菜单按钮 ▼（图10-2（f））。

显示任务窗格选项卡。单击任务窗格菜单按钮 ▼，在打开的任务窗格菜单（图10-2（b））中勾选"显示任务窗格选项卡"复选框，在窗口右侧将显示任务窗格选项卡（图10-2（c））。

设置任务窗格选项。【任务窗格选项卡】上显示哪些窗格按钮是可选择的。选择任务窗格菜单（图10-2（b））中的"管理任务窗格选项卡"，在打开的【管理任务窗格选项卡】（图10-2（d））中，通过勾选来选取任务窗格选项卡（图10-2（c））上显示的窗格按钮。

打开任务窗格。有两条快捷途径，一是直接单击【任务窗格选项卡】（图10-2（c））上的任务窗格按钮，二是选择任务窗格菜单（图10-2（b））中的任务窗格名称，都可打开该任务窗格（图10-2（a））。

使用任务窗格。任务窗格针对不同的任务，其显示的信息、操作的内容千差万别，包括资源的存放目录、资源显隐设置、任务窗格菜单、资源右键菜单，其使用请参阅本书相关章节内容。

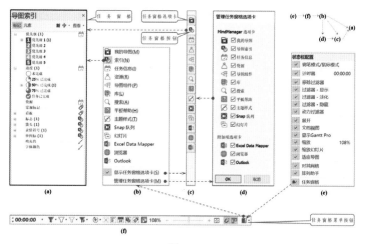

图10-2

📑 **提示：** MindManager默认任务窗格与垂直滚动条位于窗口的右侧，也可通过选项设置将任务窗格置于窗口的左侧（请参阅"10.2.1（6）调整任务窗格位置"）。

【任务窗格选项卡】也可以通过选项设置来显示（请参阅"10.2.1（7）显示任务窗格选项卡"）。

"我的导图"任务窗格按钮与选项需要通过相同选项进行设置（请参阅"10.2.1（3）开启'我的导图'窗格"）。

10.2　选项设置

为适应用户的不同偏好与不同使用场景的需要，MindManager提供了选项设置。

选择主菜单【文件】→【选项】，打开【MindManager选项】对话框（图10-3），其中提供了20个选项组。下面就一些重要常用的选项设置分五类进行简要介绍（图10-4）。

图10-3

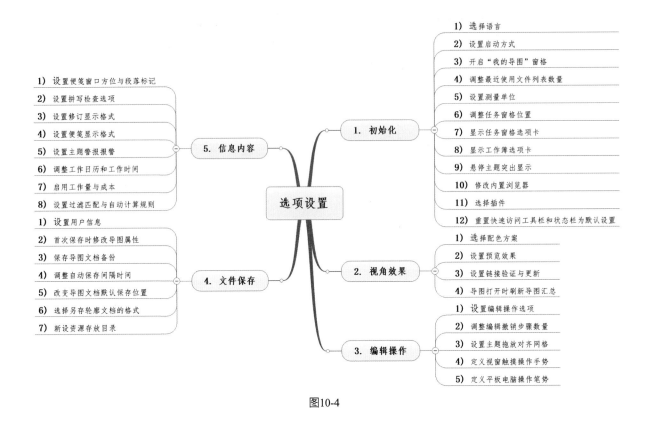

图10-4

10.2.1 初始化

MindManager习惯使用的相关选项设置，包括显示语言、启动方式、常用显示方式与初始内容。

（1）选择语言

在【常规】选项组的【语言】下拉列表中（图10-5①），选择MindManager使用的语言。

（2）设置启动方式

在【常规】选项组中，通过勾选（图10-5②），可以设置启动MindManager时，是重新打开上一次的本地导图，基于默认模板新建导图文档，还是打开指定的现有导图文档。

（3）开启"我的导图"窗格

在【常规】选项组中，通过勾选（图10-5③），可以设置是否启用"我的导图"任务窗格，以及是否在启动MindManager时打开"我的导图"任务窗格。

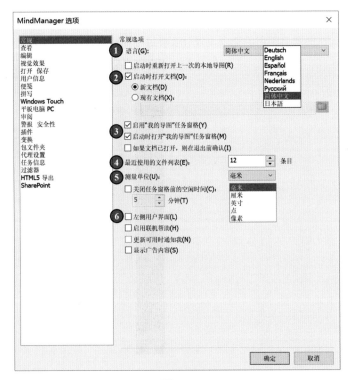

图10-5

提示："我的导图"任务窗格，只有在选项里选择启用，在任务窗格选项卡中才有此项按钮。

（4）调整最近使用文件列表数量

在【常规】选项组中，通过调整数量（1～15）（图10-5④）来调整MindManager最近使用的文件列表数量。

（5）设置测量单位

在【常规】选项组中，通过【测量单位】下拉列表（图10-5⑤），可以选择MindManager测量使用的计量单位。

（6）调整任务窗格位置

MindManager默认任务窗格与垂直滚动条位于窗口的右侧。在【常规】选项组中，通过勾选【左侧用户界面】复选框（图10-5⑥），可以将其调整到窗口的左侧，以更好地符合使用左手用户的习惯。

（7）显示任务窗格选项卡

在【查看】选项组中，可以通过勾选（图10-6①），选择是否显示任务窗格选项卡。

提示：可以通过状态栏的任务窗格按钮 ▦▾来设置是否显示相应窗格（参考"12.1任务窗格"）。

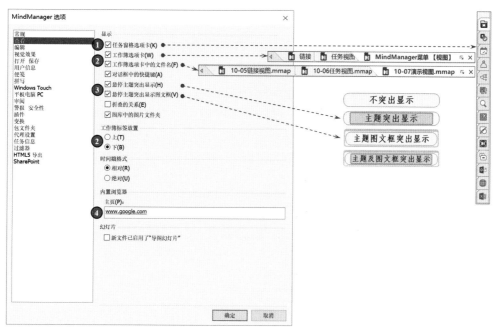

图10-6

（8）显示工作簿选项卡

在【查看】选项组中，通过勾选（图10-6②），可以选择是否显示工作簿选项卡、显示位置是在窗口上部还是下部、显示中心主题名称还是文件名称。

提示：请参阅"8.6.4（2）窗口多屏显示多个导图"。

（9）悬停主题突出显示

在【查看】选项组中，通过勾选（图10-6③），可以设置鼠标光标悬停主题时，不突出显示、主题突出显示、主题图文框突出显示、主题及图文框突出显示。

（10）修改内置浏览器

在【查看】选项组中，在【主页】网址栏直接输入浏览器网址（图10-6④），即可改变MindManager内置浏览器。

（11）选择插件

在【插件】选项组中，通过勾选（图10-7），可以选择所需要的插件。

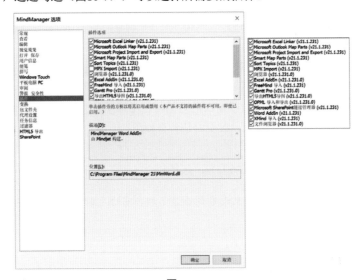

图10-7

（12）重置快速访问工具栏和状态栏为默认设置

在【打开 保存】选项组中，通过单击【重置】按钮（图10-8⑤），可以将MindManager快速访问工具栏和状态栏恢复为默认设置。

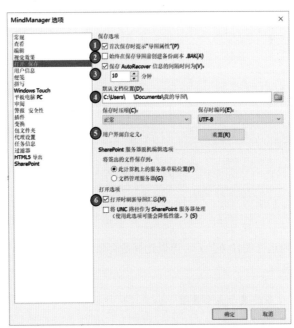

图10-8

10.2.2　视觉效果

与MindManager配色、预览及后台计算控制相关的选项设置。

（1）选择配色方案

在【视觉效果】选项组的【配色方案】下拉列表中（图10-9①），可以选择MindManager的配色方案。

（2）设置预览效果

在【视觉效果】选项组中，通过勾选 （图10-9③），可以设置调整主题文本、图像大小时，是否显示预览效果。

（3）设置链接验证与更新

在【视觉效果】选项组中，通过勾选（图10-9②），可以设置链接文件是否动态验证、是否动态更新"我的导图"链接、是否显示web链接的Favicon（网站图标）。

（4）导图打开时刷新导图汇总

在【打开 保存】选项组中，通过勾选（图10-8⑥），可以设置导图打开时是否自动刷新导图汇总。

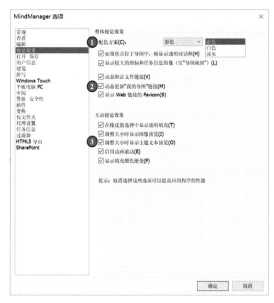

图10-9

10.2.3　编辑操作

与编辑操作相关的选项设置。包括双击导图元素的操作、粘贴格式、对齐网格，以及视窗触摸、平板操作选项。

（1）设置编辑操作选项

在【编辑】选项组中，通过勾选，确定在有选择项时是必须选择、还是可以输入对应信息来替换选择（图10-10①），粘贴时是否使用原始格式（图10-10②），双击导图背景无效，双击导图背景以插入浮动主题，还是双击导图背景以插入主要主题，或者单击导图背景以插入浮动主题（图10-10③），双击选择图文框以设置主题格式（图10-10④），是否需要自动平衡新的主要主题，是否自动插入关系标注，是否自动插入摘要边界标注（图10-10⑤），以及设置图像的插入比例（图10-10⑥）。

（2）调整编辑撤销步骤数量

在【编辑】选项组中，通过调整【最大撤销数】（3～100）（图10-10⑦），可以调整导图编辑过程中撤销与重做的最大步骤数量。

（3）设置主题拖放对齐网格

在【编辑】选项组中，通过勾选（图10-10⑧），可以设置主题拖放是否对齐网格、是否使用排列助手以及网格大小。

图10-10

（4）定义视窗触摸操作手势

在【Windows Touch】选项组中，通过勾选（图10-11），可以定义视窗触摸操作时的各种笔势。

（5）定义平板电脑操作笔势

在【平板电脑PC】选项组中，通过勾选（图10-12），可以定义平板电脑使用触屏笔操作时的各种笔势效果。分为常规选项、墨迹文本、墨迹草图三部分。

图10-11

图10-12

- 显示笔势的可视提示—在使用笔势（手势）进行操作时，显示MindManager对该操作的提示。
- 启动时使用钢笔模式—启动MindManager时自动启用钢笔模式。
- 减小导图中墨迹的大小—其百分比表示在墨迹文本控件中输入或编辑过程中显示的文本大小与编辑完成后实

际显示在导图中的文本大小的比例，调整范围为30%～100%，默认值75%。

- 墨迹输入字段的高度—在墨迹文本控件中输入文本字体的高度，范围为30～100像素，默认值为60像素。
- 减小导图中墨迹的大小—其百分比表示在墨迹草图控件中输入或编辑过程中显示的草图大小与编辑完成后实际显示在导图中的草图大小的比例，调整范围为30%～100%，默认值75%。
- 默认高亮颜色—当插入新的墨迹草图时，此颜色用作默认背景填充的高亮颜色。
- 使用压敏钢笔—在墨迹草图控件中打开/关闭压感笔的使用（不影响主题的墨迹文本控件），默认为开启。

10.2.4　文件保存

保存相关的设置，包括用户信息、导图属性、备份文档、自动保存、默认保存位置。

（1）设置用户信息

在【用户信息】选项组中键入用户名、电子邮件与组织名称（图10-13），设置为MindManager默认的用户信息，这些信息将自动带入到MindManager所建导图属性中。

（2）首次保存时修改导图属性

在【打开 保存】选项组中，通过勾选（图10-8①），可以设置导图在首次保存时自动打开【导图属性】对话框（图10-14），以提醒并修改有关信息。导图属性中的作者、电子邮件、组织来自于【用户信息】的设置，在本导图文档保存时可以修改。

图10-13　　　　　　　　　　　　　　　图10-14

（3）保存导图文档备份

在【打开 保存】选项组中，通过勾选（图10-8②），可以设置导图在保存时，是否创建备份副本。

（4）调整自动保存间隔时间

在【打开 保存】选项组中，通过调整时间（1～60分钟）（图10-8③），可以设置导图自动保存的间隔时间。

（5）改变导图文档默认保存位置

MindManager默认的导图文档保存位置是"C：\Users\（计算机名）\Documents\我的导图"。在【打开 保存】选项组中，通过输入或打开一个新的文档目录位置（图10-8④），可以改变保存导图的默认文档位置。

（6）选择另存轮廓文档的格式

在【变换】选项组中，通过勾选（图10-15（a）），可以选择导图另存为的轮廓存档类型。如果不选择，另存文档格式类型不可选（图10-15（b））。

（7）新设资源存放目录

主题、主题形状、导图组件、模板、图像、背景图像、图标、标记、Web导图模板统称为MindManager资源，默认存放在C：\Users\（计算机名）\AppData\Local\Mindjet\MindManager\22（MindManager版本号）\Library\CHS\目录下，可以设置新的存放目录并可分类存放。

在【包文件夹选项】中，通过【新建】按钮（图10-16），可以按资源分类设置存放目录。新建目录路径可以删除与修改，但原来默认存放目录路径不可修改与删除。

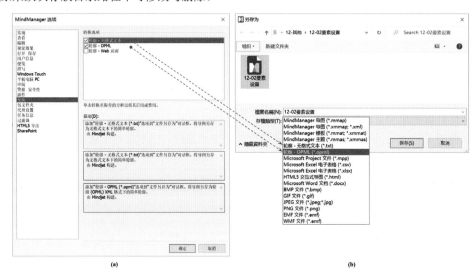

图10-15

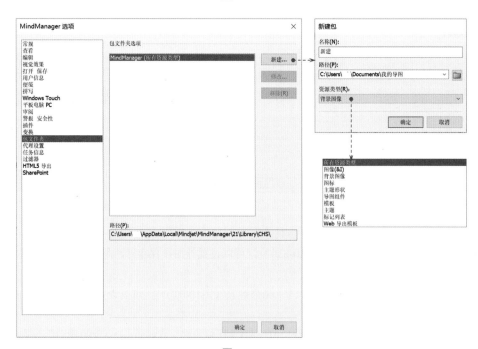

图10-16

10.2.5　信息内容

与导图组成元素相关的信息展现设置包括便笺、拼写、修订、警报、任务信息、视图过滤、自动计算规则的设置。

（1）设置便笺窗口方位与段落标记

在【便笺】选项组中，通过勾选（图10-17②），可以设置【便笺窗口放置】的方位（图10-17①）。

提示：选择主菜单【插入】→【便笺】，直接插入的便笺窗口，即以这里设置的便笺窗口方位为默认方位。

（2）设置拼写检查选项

在【拼写】选项组中，可以设置拼写检查的默认语言（图10-18⑦）、自定义词典（图10-18⑤）、设置自动更正选项（图10-18⑥）；通过勾选，可以设置是否在键入时检查拼写（图10-18①），是否忽略包含数字的单词（图10-18②）、因特网和电子邮件地址（图10-18③）、不寻常的大小写组合（图10-18④）。

图10-17

图10-18

提示：拼写检查选项主要涉及"9.4.1拼写检查"的应用。

（3）设置修订显示格式

在【审阅】选项组中，可以设置修订时的显示格（图10-19①）。

提示：与通过主菜单【审阅】→【设置】调出的【审阅设置】对话框基本相同（参考"9.4.3修订"）。

（4）设置便笺显示格式

在【审阅】选项组中，通过点选或选择（图10-19②），可以设置便笺的显示格式。

提示：与通过主菜单【审阅】→【设置】调出的【审阅设置】对话框基本相同（参考"9.4.3修订"）。

（5）设置主题警报报警

在"4.4设置预警信息"插入主题警报后，是否在Outlook日程中建立预警信息；到了预警时间，在不启动

MindManager、不打开导图的情况下都会报警，需要在MindManager选项中设置。

在【警报 安全性】选项组中，通过勾选（图10-20①），可以设置"主题警报"服务在Windows启动时就可提供，使用"主题警报"播放声音以及是否在Outlook日程中同步建立预警信息。

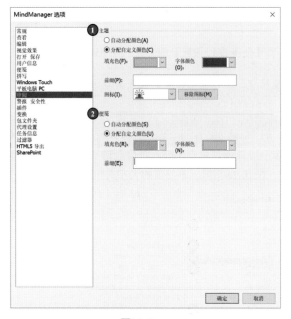

图10-19   图10-20

（6）调整工作日历和工作时间

在添加任务信息、计算工期时，涉及工作日、非工作日以及每天的工作时间设置，可以在【任务信息】选项组中，通过勾选每周的工作日（图10-21①），指定节假日（图10-21②），工作日的工作时间（图10-21③）来设定。

提示：通过【任务信息】窗格中的【日历任务选项】（图10-21（c））打开的【日历任务选项】对话框也可以设置工作日、非工作日以及每天的工作时间，可参考"4.5设置任务信息"。

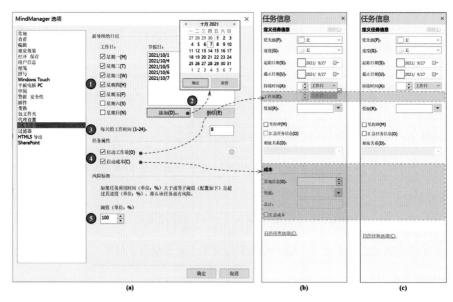

(a)   (b)   (c)

图10-21

（7）启用工作量与成本

在【任务信息】选项组中，可以通过勾选（图10-21④）设定是否启用任务信息中的工作量与成本属性。

未启用工作量与成本属性时，相同选项在【任务信息】窗格中将不可选，启用与不启用的区别如图10-21（b）、（c）所示。

（8）设置过滤匹配与自动计算规则

在视图中使用过滤器时，可设置过滤的规则。

在【过滤器】选项组中，通过勾选（图10-22①），可选择过滤匹配的规则。在主题被过滤器过滤后，是否重新编号、是否重新计算公式、重新计算SmartRules，可在【过滤器】选项组中，通过勾选（图10-22②）来选择。

图10-22

10.3　平板模式

MindManager特意为使用平板电脑或具备触摸屏设备的用户开发了一些针对性的功能，可以利用这些功能来方便地编辑导图。前提是在平板电脑或触摸屏设备上安装MindManager，会显示有【平板】主菜单（图10-23）。使用平板模式包括平板模式的设置、钢笔模式与鼠标模式的切换、平板模式下的操作。

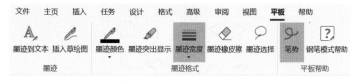

图10-23

（1）设置平台模式

通过主菜单【文件】→【选项】→【平板电脑PC】，可以使用平板模式进行设置（请参阅"10.2.3（5）定义平板电脑操作笔势"），其中"默认高亮颜色"也可通过主菜单【平板】→【墨迹颜色】（图10-23）更改，默认为浅黄色。

> 提示：在钢笔模式下，大纲视图、链接导图视图、调整主题大小等功能被禁用。
> 习惯在平板上使用左手的用户，可以通过设置"左侧用户界面"（请参阅"10.2.1（6）调整任务窗格位置"）
> 来更好地使用。

（2）切换钢笔模式与鼠标模式

平板操作需要在钢笔模式下才能进行。在状态栏的左侧（图10-24），通过点击钢笔模式或鼠标模式，可以快速地在两种操作模式间切换，鼠标模式时光标为 ，钢笔模式时光标为 ⊙。

图10-24

（3）在钢笔模式下进行操作

在钢笔模式下，可以使用主菜单【平板】→【插入草绘图】，光标转为 ，敲击绘图区，将出现墨迹输入框（图10-25（a）），可以使用钢笔工具绘制文本。此时主菜单【平板】下的所有菜单都可用，【墨迹颜色】和【墨迹宽度】可选择墨水宽度和墨水颜色，【墨迹橡皮擦】可以擦除，【墨迹选择】通过套索选择墨迹对象进行移动或调整大小，【笔势】打开【平板帮助】任务窗格（图10-26），通过绘制笔势来执行命令以在导图上创建或编辑主题和草图。

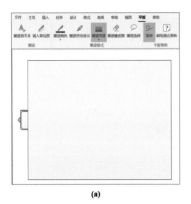
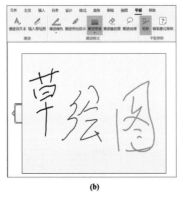

图10-25

图10-26

提示：【墨迹突出显示】实际上是模拟使用荧光笔的效果，该功能只有在主题中绘制草图的时候才能使用。

右击可以在绘制与擦除间快速切换。

可以在导图任何位置绘制手势，且必须从空白开始（不接触对象），但可以在穿过或覆盖对象上绘制。

手势的绘制大小至少要超过2.5厘米，这样才能保证系统能正确识别。

大多数手势是 Microsoft 定义的标准手势，少数手势是 MindManager 特有的。

附表
阅读建议

序号	目　　录	初学者	熟练者	探索者	页码
		阅读建议			
1	前言	√			
2	**1 认识MindManager**				1
3	1.1 MindManager思维导图	√			1
4	1.2 启用MindManager	√			9
5	**2 创建与管理导图文档**				14
6	2.1 新建导图文档	√			14
7	2.2 管理导图文档				17
8	2.2.1 打开导图文档	√			17
9	2.2.2 保存、关闭导图文档与退出MindManager	√			18
10	2.2.3 保护导图文档		√		19
11	2.2.4 瘦身文档		√		20
12	2.2.5 通过任务窗格管理导图文档		√		21
13	2.3 查看导图文档属性		√		23
14	**3 创建主题**				25
15	3.1 主题分类	√			25
16	3.2 选取主题	√			26
17	3.3 添加主题				31
18	3.3.1 通过常规方法添加主题	√			31
19	3.3.2 通过复制导图文档添加主题		√		35
20	3.3.3 通过复制非导图文档添加主题		√		40
21	3.3.4 通过主题拆分添加主题		√		41
22	3.3.5 通过插入导图添加主题			√	42
23	3.3.6 通过插入导图部件添加主题			√	43
24	3.3.7 通过导图汇总添加主题			√	47
25	3.3.8 通过导入Excel数据添加主题			√	49
26	3.4 删除主题	√			53
27	3.5 调整主题关系		√		55
28	3.6 编辑主题内容	√			57
29	**4 附加信息**				62
30	4.1 使用链接		√		62
31	4.2 使用附件		√		74
32	4.3 使用便笺		√		79
33	4.4 设置预警信息		√		83
34	4.5 设置任务信息				85
35	4.5.1 认识任务信息		√		85
36	4.5.2 插入任务信息		√		86

续表

序号	目　录	阅读建议			页码
		初学者	熟练者	探索者	
37	4.5.3 修改与删除任务信息		✓		87
38	4.5.4 管理资源目录			✓	89
39	4.5.5 设置日历任务选项			✓	91
40	4.5.6 高效阅读任务信息导图			✓	91
41	4.6 使用表格			✓	92
42	4.7 自定义信息			✓	98
43	5 添加标识				111
44	5.1 设置编号		✓		111
45	5.2 使用图标		✓		113
46	5.3 使用标记		✓		123
47	6 插入对象				138
48	6.1 连接关系		✓		138
49	6.2 标识边界		✓		140
50	6.3 使用形状			✓	142
51	6.4 使用图像			✓	148
52	6.5 使用文本框			✓	150
53	6.6 使用图形			✓	153
54	6.7 使用对象群组			✓	156
55	6.8 使用智能规则			✓	159
56	7 美化导图				165
57	7.1 调整主题布局		✓		165
58	7.2 设置主题格式				172
59	7.2.1 设置主题内容格式	✓			172
60	7.2.2 设置主题形状大小	✓			174
61	7.2.3 设置主题形状格式		✓		176
62	7.2.4 复制与清除主题格式		✓		178
63	7.3 配置导图样式			✓	181
64	7.4 装饰导图背景		✓		189
65	8 按需展现				194
66	8.1 标准视图	✓			194
67	8.2 辅助视图	✓			195
68	8.3 标识视图		✓		195
69	8.4 任务视图			✓	201
70	8.5 演示视图			✓	207
71	8.6 自定义视图				211
72	8.6.1 过滤显隐主题			✓	211
73	8.6.2 设置显隐主题信息			✓	213
74	8.6.3 折叠与展开主题		✓		215
75	8.6.4 使用缩放与窗口显示导图			✓	216
76	8.6.5 状态栏设置			✓	220
77	9 协同共享				221

续表

序号	目　　录	阅读建议			页码
		初学者	熟练者	探索者	
78	9.1 应用导图模板				221
79	9.1.1 认识预置模板		√		223
80	9.1.2 设置默认模板		√		229
81	9.1.3 创建模板			√	229
82	9.1.4 修改模板			√	230
83	9.1.5 模板对比			√	231
84	9.2 导图分享				232
85	9.2.1 共享发布			√	232
86	9.2.2 导出		√		233
87	9.2.3 打印	√			238
88	9.3 协同制作			√	238
89	9.4 审阅导图			√	244
90	9.5 使用Zapier进行共享			√	249
91	9.6 与SharePoint协作			√	250
92	9.7 与MS-Office协作			√	251
93	**10 窗格选项与平板**				258
94	10.1 任务窗格			√	258
95	10.2 选项设置				259
96	10.2.1 初始化		√		260
97	10.2.2 视觉效果			√	262
98	10.2.3 编辑操作			√	263
99	10.2.4 文件保存			√	265
100	10.2.5 信息内容			√	267
101	10.3 平板模式			√	269